ABITUR 2011

Übungsaufgaben mit Lösungen

Deutsch
Gymnasium
Bayern

STARK

ISBN 978-3-86668-200-9

© 2009 by Stark Verlagsgesellschaft mbH & Co. KG
www.stark-verlag.de

Das Werk und alle seine Bestandteile sind urheberrechtlich geschützt. Jede vollständige oder teilweise Vervielfältigung, Verbreitung und Veröffentlichung bedarf der ausdrücklichen Genehmigung des Verlages.

Inhalt

Vorwort

Hinweise und Tipps zum Abitur (G8)

1 Grundlagen I
2 Prüfungsstoff III
3 Aufgabenarten V
4 Anforderungsbereiche und Operatoren XI
5 Tipps, Hinweise zu den Bewertungskriterien XV

Übungsaufgaben im Stil des neuen Abiturs

Übungsaufgabe 1
Erschließung eines poetischen Textes
    Georg Heym, *Der Krieg* / Günter Eich, *Latrine* 1

Übungsaufgabe 2
Erschließung eines poetischen Textes
    Friedrich Schiller, *Don Karlos* 11

Übungsaufgabe 3
Erschließung eines poetischen Textes
    Heinrich Mann, *Der Untertan* 23

Übungsaufgabe 4
Verfassen einer vergleichenden Analyse von Sachtexten
    Thomas Keller, *Wir wollen doch nur unseren Sport*
    Heribert Prantl, *Privilegierte Schützen* 35

Übungsaufgabe 5
Verfassen einer vergleichenden Analyse von Sachtexten
und Stellungnahme in einem Brief
    Friedrich Dürrenmatt, *Theaterprobleme*
    Bertolt Brecht, *Kann die heutige Welt durch Theater
    wiedergegeben werden?* 45

Übungsaufgabe 6
Verfassen einer literarischen Erörterung
    Gesellschaftskritische Aspekte in einem Werk des 19. Jahrhunderts 57

Übungsaufgabe 7
Verfassen einer materialgestützten Erörterung
   Gesellschaftliche Funktionen und diesbezügliche Probleme des
   Spitzensports 66

Übungsaufgabe 8
Verfassen einer materialgestützten Erörterung
   Wandel des traditionellen Familienbildes in Deutschland 78

Übungsaufgabe 9
Verfassen eines Kommentars auf der Grundlage eines Sachtextes
   Nikolas Westerhoff, *Die Macht des Klischees* 88

Übungsaufgabe 10
Verfassen eines Kommentars auf der Grundlage eines Sachtextes
   Julia Bonstein: *Prosecco statt Popcorn* 98

Offizielle Musteraufgaben des bayerischen Kultusministeriums

Musterabitur 1
Verfassen einer Rede auf der Grundlage eines Sachtextes
   Grußwort von Bundespräsident Horst Köhler im Berliner Ensemble
   am 17. 04. 2005 anlässlich der Matinee zum 200. Todestag Schillers 109

Musterabitur 2
Verfassen einer materialgestützten Erörterung
   Möglichkeiten und Grenzen der Sprachpflege 119

Autorinnen und Autoren:

Ute Badum, Stefanie Offergeld (Übungsaufgaben 1, 4, 6, 8, 10,
Lösungen zum Musterabitur 1, 2)
Dr. Klaus Gladiator (Übungsaufgaben 2, 3, 5, 7, 9)

Vorwort

Liebe Abiturientinnen und Abiturienten,

Sie werden 2011 die schriftliche G8-Abiturprüfung im Fach Deutsch ablegen. Dieser Band wird Ihnen dabei helfen, sich optimal auf diese Prüfungen vorzubereiten!

Das einführende Kapitel „**Hinweise und Tipps**" informiert Sie über die offiziellen Rahmenvorgaben, macht Sie mit dem Prüfungsstoff sowie den Aufgabenarten vertraut und erläutert die Arbeitsanweisungen (Operatoren). Hier erhalten Sie auch konkrete Hinweise, wie Sie die verschiedenen Aufgabenarten am besten lösen können. Praktische Tipps sowie Hinweise zu den Bewertungskriterien runden diesen Teil ab.

Die **zehn Übungsaufgaben im Stil des neuen Abiturs** sowie die **zwei offiziellen Musteraufgaben** zeigen Ihnen, was im Abitur auf Sie zukommt, und sind optimales Trainingsmaterial. Die Übungsaufgaben richten sich zum einen nach den gültigen Richtlinien und Lehrplänen Deutsch für die gymnasiale Oberstufe in Bayern. Zum anderen greifen sie die ministeriellen Vorgaben für das Zentralabitur Deutsch auf und berücksichtigen alle Schwerpunktthemen und verbindlichen Inhaltsfelder.

Zu jeder Aufgabe finden Sie eine mögliche **Gliederung** sowie einen ausführlichen **Lösungsvorschlag**, mit dem Sie Ihren eigenen Aufsatz vergleichen können. Den Lösungsvorschlägen vorangestellt sind ✍ **Hinweise und Tipps**, die Ihnen bei der Erschließung der einzelnen Arbeitsanweisungen helfen. Wesentliche **Fachbegriffe** in den Lösungsvorschlägen sind durch Fettdruck hervorgehoben, die Angabe der **Gliederungsebene am Rand** erleichtert Ihnen die Orientierung im Musteraufsatz.

Vergegenwärtigen Sie sich bei Ihrer Vorbereitung immer wieder die genaue Fragestellung und die verwendeten Operatoren und lesen Sie wiederholt die Erklärung der unterschiedlichen Aufgabenarten in den Hinweisen nach. Auf diese Weise wiederholen Sie auch die im Unterricht gelernten Inhalte und Methoden.

Wir wünschen Ihnen eine effektive Abiturvorbereitung und eine erfolgreiche Prüfung!

Die Autoren und der Verlag

Hinweise und Tipps zum Abitur (G8)

1 Grundlagen

1.1 Vorgaben für die Abiturprüfung in Deutsch

Die Einführung des achtjährigen Gymnasiums in Bayern hat zu einer Neugestaltung der Oberstufe und der Abiturprüfung geführt. Neben Mathematik und einer Fremdsprache rückt Deutsch als Leitfach mehr als bisher in den Fokus: **Alle** Schülerinnen und Schüler müssen sich jetzt einer **schriftlichen** Abiturprüfung unterziehen. Die Wahlmöglichkeit zwischen einer mündlichen Prüfung (Colloquium) oder einer schriftlichen Abiturprüfung als drittem Prüfungsfach gibt es dagegen nicht mehr.

Dies bedeutet, dass die Anforderungen aus dem Lernbereich „Schreiben", wie sie im Fachlehrplan Deutsch festgelegt sind, sehr genau studiert werden müssen.[1] Im Vergleich mit den Prüfungsaufgaben des neunjährigen Gymnasiums haben sich die Gewichte leicht verschoben. Zwar werden die drei literarischen Gattungen nach wie vor nach dem bekannten Muster abgeprüft, aber auch neue Ansätze sind erkennbar.

Zwei Tendenzen zeichnen sich bei diesen Neuerungen ab: Zum einen spielen **Sachtexte** eine größere Rolle als bisher, zum anderen werden nun auch gestalterische Aufgaben zugelassen, die vom Prüfling **adressatenorientiertes Schreiben** und **freiere Formen des Argumentierens** verlangen. In anderen Bundesländern hat dies eine längere Tradition. Deshalb ist es durchaus ratsam, sich die Prüfungsaufgaben auch außerhalb der bayerischen Grenzen einmal näher anzuschauen.[2] Allen Bundesländern ist gemeinsam, dass sie die bundesweit verbindlichen „Einheitlichen Prüfungsanforderungen in der Abiturprüfung" (EPA)[3] einhalten müssen. Am Ende dieses Einführungskapitels wird deshalb noch etwas genauer auf die EPA-Vorgaben eingegangen.

---

[1] Den Lehrplan kann man in seiner jeweils aktuellen Fassung einsehen unter: Fachlehrplan Deutsch, München: Bayerisches Staatsministerium für Unterricht und Kultus, als Online-Version verfügbar unter www.isb.bayern.de

[2] Musterbeispiele finden sich u. a. bei den Bildungsservern der jeweiligen Länder und in den einschlägigen Veröffentlichungen des Stark Verlags

[3] im Internet zu finden unter: http://www.kmk.org/doc/beschl/epa_deutsch.pdf

1.2 Zeitrahmen und Hilfsmittel

In der Abiturprüfung im Fach Deutsch werden Ihnen fünf unterschiedliche Aufgaben vorgelegt, von denen Sie **eine** auswählen und bearbeiten müssen. Dafür stehen Ihnen 270 Minuten (einschließlich Auswahl- und Einlesezeit) zur Verfügung. Als Hilfsmittel ist ein Wörterbuch der deutschen Rechtschreibung zugelassen.

Wer für eine schriftliche Arbeit viereinhalb Stunden Zeit hat, denkt zunächst, dass dies mehr als genug ist. Bald wird man aber feststellen, dass die Zeiger schneller laufen, als einem lieb ist. Deshalb ist eine richtige Planung der Schreibarbeit ganz wichtig! Alles beginnt mit der **Wahl des Themas**. Von der „richtigen" Aufgabe hängt ganz wesentlich der Erfolg der Arbeit ab. Aus Ihren Erfahrungen im Unterricht wissen Sie schon, ob Ihnen eher textgebundene oder erörternde Aufgaben liegen. Dennoch sollten Sie alle fünf Aufgabenstellungen wenigstens überfliegen und genau überlegen:

- Welche Aufgabe fordert mich heraus? Wo kann ich meine Stärken und Kenntnisse einbringen?
- Spricht mich ein Text inhaltlich oder aufgrund der Entstehungszeit, des Verfassers oder der Gattung besonders an?
- Welches sind die Schwerpunkte des Erschließungsauftrags? Liegen sie mir?
- Kommt die Grundthese der Erörterungsaufgabe meinen Interessen und meinem Wissen entgegen?
- Ausschlaggebend sollte nicht die vermeintliche Leichtigkeit der Aufgabe sein, sondern die Möglichkeit, sie auf ergiebige und gehaltvolle Weise zu lösen. Auch die Gelegenheit, Kenntnisse aus dem Unterricht einzubringen, ist ein Aspekt bei der Entscheidungsfindung.

Ist die Entscheidung gefallen, sollten Sie möglichst nicht mehr wechseln, denn das wäre verschenkte Zeit.

Der weitere Verlauf der Prüfung könnte sich dann wie folgt darstellen:

Sie haben eine Aufgabe ausgewählt.
Lesen Sie jetzt die **Aufgabenstellung** genau durch!
Sichten Sie das **Textmaterial** – konzentrieren Sie sich dabei erst einmal auf die Informationen, die für die Aufgabe wichtig sind.
Machen Sie sich erste **Notizen**.
→ *Für die ersten Schritte sollten Sie sich ungefähr 30 Minuten Zeit nehmen.*

Gehen Sie anschließend an die **genaue Textarbeit**! Arbeiten Sie mit den Ihnen vertrauten Markierungen, mit Farben und Randnotizen.
→ *Dafür sind ca. 60 Minuten reserviert.*

Ihre Notizzettel sind nun schon gut gefüllt. Ergänzen Sie, versuchen Sie Ordnung in die Aufzeichnungen zu bekommen. Lesen Sie, wenn nötig, einzelne Textpassagen noch einmal gründlich durch. Entwerfen Sie eine **Gliederung**!
→ *Das müsste in 30 Minuten machbar sein.*

Beginnen Sie mit der **Ausarbeitung** Ihres Aufsatzes! (Jeder Schreiber hat eine eigene Strategie – schreiben Sie aber nie einfach darauf los.) Arbeiten Sie Punkt für Punkt der Gliederung ab. Vergewissern Sie sich immer wieder am Text, ob die Argumentation stimmig und überzeugend ist.

→ *Dafür müssen Sie mindestens 90 Minuten einplanen.*

Sie haben immer noch 60 Minuten Zeit. Jetzt geht es an den **Feinschliff**: Prüfen Sie Ihre Argumentation und ergänzen Sie unvollständige Absätze. Bestimmte Aufgaben fordern einen ganz besonderen Sprachstil. Hier müssen Sie sicher nachbessern!

Am Ende der Arbeitszeit können Sie Rechtschreibung und Grammatik kritisch durchgehen. Beruhigt geben Sie die Arbeit dann ab.

2 Prüfungsstoff

Sie haben sich in den letzten beiden Jahren Ihrer gymnasialen Schullaufbahn mit literarischen (und kulturellen bzw. kulturgeschichtlichen) Entwicklungen von der Klassik bis hin zur Gegenwart beschäftigt. Dabei haben Sie auch immer wieder Sachtexte gelesen, ausgewertet und genauer analysiert. In der Jahrgangsstufe 10 haben Sie entweder die Aufklärung oder den Sturm und Drang näher kennengelernt. Die einzelnen Epochen der deutschen Literaturgeschichte wurden im Unterricht an ausgewählten Textbeispielen besprochen, typische Merkmale herausgearbeitet und Verbindungen zwischen den Strömungen hergestellt. Einen verbindlichen Literaturkanon hat es dabei nicht gegeben, sieht man einmal davon ab, dass in Bayern von jedem Abiturienten verlangt wird, dass er „seinen" Faust beherrscht. Sie sollten am Ende in der Lage sein, ein romantisches von einem expressionistischen Gedicht zu unterscheiden, und Sie sollten die Kennzeichen der Epochen im Überblick beherrschen. Vermeiden Sie es aber, dieses Wissen den vorgelegten Texten aufzuzwingen! Vielmehr geht es bei den ersten drei Prüfungsaufgaben darum, **die literarischen Texte in ihrer Eigenart zu erfassen**. Dazu müssen Sie nicht nur einen Einblick in Epochentypisches haben, sondern vor allem das Handwerkszeug der Texterschließung beherrschen.

Wie gesagt, einen Kanon gibt es nicht. Wenn Sie aber dennoch eine Lektüreliste abarbeiten wollen, dann lesen Sie zum Beispiel: Georg Büchners Drama „Woyzeck"; ein Drama des Naturalismus, z. B. Gerhart Hauptmanns „Vor Sonnenaufgang", und ein episches Drama von Bert Brecht („Der gute Mensch von Sezuan"). Relevante epische Texte sind z. B. Theodor Fontanes „Effi Briest", Alfred Döblins „Berlin Alexanderplatz" und Franz Kafkas Erzählungen. Es schadet auch nicht, wenn Sie den ein oder anderen aktuellen Roman gelesen haben und sich vergegenwärtigen, worum es in diesen Büchern geht: „Schlafes Bruder" von Robert Schneider, „Der Vorleser" von Bernhard Schlink oder „Das Parfum" von Patrick Süskind.

Die Reihe ließe sich natürlich unendlich fortsetzen, Sie sollten nur wissen, dass es Ihnen viel leichter fallen wird, die **Aufgaben 1 bis 3** zu bearbeiten, wenn Sie das ein oder andere Werk aus der Literaturgeschichte und aus der aktuellen Literatur kennen.

Übrigens: Sie haben ja seit der 8. Klasse immer wieder Lektüren besprochen, nicht nur im Deutschunterricht. Stellen Sie einmal eine Liste zusammen, die Ihnen vor Augen führt, was alles gelesen wurde, und frischen Sie Ihre Erinnerungen ein wenig auf. Unter Umständen können Sie auch Ihre Privatlektüre Gewinn bringend einsetzen.

In der Abiturprüfung steht traditionell die Interpretation eines **Gedichts** am Anfang. Das Handwerkszeug für diese Erschließungsaufgabe haben Sie seit der fünften Klasse erworben. Vor allem die formalen Beschreibungen eines lyrischen Textes sind Ihnen geläufig, zumal alle Schulbücher das entsprechende Grundwissen (Reim, Versmaß, Strophenformen) ausführlich einüben. Daneben ist es wichtig zu erkennen, dass
- ein lyrischer Sprecher als „Ich" explizit oder implizit im Gedicht anwesend ist,
- Klang und Rhythmus eines Gedichts für die Interpretation wichtig sind,
- sprachliche Bilder und rhetorische Figuren intensiver eingesetzt werden als bei den anderen Gattungen,
- formale Beobachtungen erst in Bezug auf inhaltliche Aussagen Sinn ergeben.

Die zweite Aufgabe widmet sich dem **Drama**. Sie haben neben Goethes „Faust" vermutlich ein Drama aus dem 19. oder dem 20. Jahrhundert erschlossen. Hier sollten sie unter anderem gelernt haben, dass
- ein Drama eine Handlung in Dialogen und Monologen vorstellt,
- die Figuren vor allem durch Gespräche charakterisiert werden,
- die Beziehungen der Figuren in der Kommunikationssituation deutlich werden,
- der Autor (manchmal mehr, manchmal weniger) Regieanweisungen gibt, um die Aussage zu verstärken,
- Mittel der Theatersprache eingesetzt werden, z. B. die Teichoskopie, das Beiseitesprechen, das Sprechen in Sentenzen …,
- jede Epoche eine eigene Theatersprache entwickelt hat.

Wenn Sie auch ein Drama aus der Zeit nach 1945 kennen gelernt haben, dann wissen Sie, dass moderne Dramatik neue Wege sucht, die – manchmal radikal – mit den Traditionen des Theaters brechen. Achten Sie darauf, ob in der Ihnen vorgelegten Szene eine Handlung rekonstruiert wird oder ob nur eine Aussage auf die Bühne gebracht werden soll (Postdramatik).

Neben Gedichten und Dramen haben Sie eine längere Erzählung (oder eine Novelle oder einen Roman) des 19. Jahrhunderts und mit Sicherheit Romane und Erzählungen des 20. bzw. 21. Jahrhunderts gelesen. Sie haben unter anderem gelernt, dass
- ein **epischer Text** einen Erzähler hat, der die Geschichte in seiner Art und Weise dem Leser vermittelt,
- Erzählzeit und erzählte Zeit in der Regel nicht identisch sind,
- die Figuren direkt und indirekt charakterisiert werden,
- neben den dargestellten Figuren auch Raum und Zeit Bedeutung konstituieren,
- der historische Kontext des Werkes eine große Rolle spielen kann.

Bei epischen Texten muss die inhaltliche Zusammenfassung gut beherrscht werden, denn eine Erzählung entwickelt eine Geschichte stringent aus dem Erzählverlauf (das heißt aber nicht, dass die Chronologie immer eingehalten wird).

Bei allen Formen der literarischen Texterschließung geht es darum, Hypothesen zur Textaussage durch **überzeugende Textbelege** so zu untermauern, dass der Leser der Interpretation zustimmen kann. Das Schöne daran ist: Die eine richtige Interpretation gibt es nicht!

Wer sich nicht so recht für literarische Fragestellungen erwärmen kann, hat in der Abiturprüfung die Möglichkeit, sich mit Problemstellungen allgemeiner Art auseinanderzusetzen. Dafür werden Ihnen die **Aufgaben 4 und 5** angeboten. Hier geht es um zweierlei Kompetenzen: Sie müssen zeigen, dass Sie einen **Sachtext auswerten** können. Dazu zählen

- die Gliederung eines Textes,
- die Informationsentnahme,
- die genaue Darstellung von Inhalt und Aufbau,
- das Erkennen der Argumentationsstruktur und der Intention.

Es ist nicht unwahrscheinlich, dass Ihnen die Aufgaben nicht nur einen, sondern mehrere Texte bieten. Je nach Aufgabenstellung müssen Sie dann unterschiedliche Arbeiten mit und an den Texten ausführen.

Sie müssen aber auch zeigen, dass Sie in der Lage sind, selbst **überzeugend** zu **argumentieren**. Der Zusammenhang von These und Argumentation sollte Ihnen geläufig sein. Neu ist, wie oben bereits angedeutet, dass der Lehrplan inzwischen auch freiere Formen der Argumentation zulässt. Diese Schreibhaltung kennen Sie vor allem aus dem journalistischen Bereich. Kommentare, Glossen, Reportagen, Essays sind Beispiele für Zeitungstexte, die zwar auch argumentieren, die dies aber in einer oft zugespitzten Art und Weise tun. Ein Schwerpunkt der Bewertung wird bei diesen Aufsatzformen bei der sprachlichen Umsetzung liegen.

3 Aufgabenarten

Die EPA unterscheiden drei wesentliche fachspezifische Erschließungsformen von Texten: das Untersuchen, das Erörtern und das Gestalten. Kombiniert man diese drei Methoden mit einer Textart (literarisch oder pragmatisch), erhält man die folgenden Aufgabenarten:

Erschließungsform	Textart	Aufgabenart
untersuchend	literarisch	Interpretieren von literarischen Texten
	pragmatisch	Analysieren von Sachtexten
erörternd	literarisch	literarisches Erörtern
	pragmatisch	Erörtern im Anschluss an einen oder mehrere Texte
	(ohne Textgrundlage)	Erörtern in vorgegebenen Formen
gestaltend	literarisch	gestaltendes Interpretieren
	pragmatisch	adressatenbezogenes Schreiben

Aus den zahlreichen Kombinationsmöglichkeiten werden die zentralen Abituraufgaben in Bayern jeweils fünf Schreibformen mit unterschiedlichen Schwerpunkten anbieten, die aus der Aufgabenstellung ersichtlich werden.

Die oft zweiteiligen **Aufgaben 1 bis 3** präsentieren jeweils einen Text oder Textausschnitt aus einer der **drei Literaturgattungen**, den Sie zunächst **erschließen** sollen, sei es unter selbst gewählten oder vorgegebenen Schwerpunkten. Der zweite Teil der Aufgabe gibt Ihnen die Möglichkeit, den Text **in einen größeren Zusammenhang** zu **stellen**. Dies kann z. B. dadurch geschehen, dass Sie weiterführendes Textmaterial vorgelegt bekommen, das Ihnen einen bestimmten Blick auf den Primärtext eröffnet. So ist denkbar, dass in einem Sachtext Zusatzinformationen stehen, die den zu interpretierenden Text in einem bestimmten Licht erscheinen lassen. Oder es wird ein zweiter Text des gleichen Autors vorgelegt, der eine ganz andere Sicht auf ein Thema erkennen lässt und deshalb die Interpretation in eine andere Richtung lenkt. Häufig werden Sie aber auch einfach aufgefordert, die von Ihnen erarbeitete Erschließung mit einem selbst gewählten Beispiel aus der Literaturgeschichte zu vergleichen.

Beachten Sie die Aufgabenformulierung immer ganz genau: Wenn es etwa heißt, dass „anhand eines literarischen Werks eines anderen Autors [verglichen werden soll], wie sich naturwissenschaftliche Vorstellungen auf Literatur auswirken" (Gk-Abitur Bayern 2007), dann sind Sie in Ihrer Wahl tatsächlich sehr frei: Sie bestimmen Autor, Werk und Epoche ganz allein. Es spricht auch nichts dagegen, ein Werk aus der fremdsprachigen Literatur zu wählen.

Die Aufgabe b) gibt Ihnen immer die Gelegenheit, Ihr literarisches Wissen und Ihre Fähigkeit zur literarischen Argumentation vorzuführen. Es ist sehr wichtig zu wissen, dass es kein Verbot gibt: Vielleicht sind Sie auf Science Fiction spezialisiert oder auf Kriminalliteratur oder Sie haben eben eine Vorliebe für französische Literatur – auch mit diesen Pfunden können Sie wuchern!

Die **Aufgaben 4 und 5** sind den **Sachtexten** und dem **Argumentieren** vorbehalten. Diese sollen unten genauer vorgestellt werden.

3.1 Erschließen eines poetischen Textes

Verlangt ist hier, einen Text nach **Form** und **Inhalt** zu analysieren, häufig unter vorgegebenen Schwerpunktsetzungen. Zu verfassen ist also eine **Textinterpretation** (vgl. auch Abschnitt 4: „Anforderungsbereiche und Operatoren").

Zugrunde liegt ein Textausschnitt aus einem lyrischen, epischen oder dramatischen Werk, der meist zusammenzufassen, zu erschließen und zu interpretieren ist. Es geht darum, ihn in seiner Besonderheit zu verstehen und dieses Verständnis sprachlich angemessen zum Ausdruck zu bringen. Sie beginnen damit, dass Sie den Text mehrfach lesen, Auffälliges markieren, Beobachtungen – vor allem hinsichtlich der angegebenen Schwerpunktsetzungen – notieren, Fragen an den Text stellen und sich überlegen, was charakteristisch und wesentlich daran ist. Erschrecken Sie nicht, wenn Ihnen zunächst nicht alles sofort klar ist: Gerade gute Texte möchten, dass sich der Leser schon etwas anstrengt! Wichtig ist in jedem Fall die **überzeugende und nachvollziehbare Argumentation**. Belege sind zunächst vor allem **Textbelege**. Erst wenn dieser Fundus ausgeschöpft ist, können Sie anfangen, außertextuelle Bezüge herzustellen.

3.2 Erörtern

Der Deutsch-Lehrplan für das achtjährige Gymnasium unterscheidet im Lernbereich „Schreiben" zwischen zwei Formen des Erörterns: Erörtern in vorgegebenen und in freieren Formen. Beide Schreibhaltungen gehen von einer Problemfrage oder einer These, etwa in Form eines Zitats, aus. Es kommt darauf an, einen komplexen Sachverhalt – oft aus dem Bereich der Sprachbetrachtung oder des literarischen bzw. des kulturellen Lebens – von verschiedenen Seiten zu beleuchten, mögliche Betrachtungsweisen abzuwägen und einen eigenen, kritisch reflektierten Standpunkt zu entwickeln.

Unter „**vorgegebenen Formen**" versteht der Lehrplan die klassische freie Erörterung, eine Form der Meinungsfindung also, die streng nach Argumenten aufgebaut ist und die oft beide Seiten abwägt und dadurch abschließend zu einem eigenständigen Urteil gelangt. Man nennt diese Herangehensweise „antithetisch".

Die „**freieren Formen**" des Erörterns erkennen Sie immer an der Angabe einer bestimmten Textsorte, die von Ihnen verlangt wird. Es heißt also z. B. „Schreiben Sie einen Kommentar", „Verfassen Sie einen Essay" usw. Diese Schreibformen sollten Sie im Unterricht seit der neunten Jahrgangsstufe immer wieder eingeübt haben. Wenn dies nicht der Fall ist, werden Sie die Aufgabe kaum adäquat bearbeiten können.

Im Grunde genommen ist der Unterschied zwischen den freieren und den vorgegebenen Formen aber nicht so groß. Beide Aufsatzarten verlangen eine **überzeugende Argumentation zu einer Leitthese**, die der Schreiber aufstellt. Die freieren Formen gehen nur bei der Beweisführung auf den Adressaten genauer ein, sie versuchen das oft mit bestimmten sprachlichen Mitteln. Dazu zählen beispielsweise rhetorische Fragen, ironische Wendungen und/oder bildhaftes Sprechen. Allerdings darf man diese Möglichkeiten nicht übertreiben, weil sonst die Überzeugungskraft darunter leidet.

3.3 Analysieren von Sachtexten

Neben der Auseinandersetzung mit poetischen Texten gibt es noch die Analyse von Sachtexten, die vermutlich in den nächsten Jahren eine zunehmend größere Rolle spielen wird. Bisher war die Sachtextanalyse in der Abiturprüfung eine Angelegenheit der Leistungskurse. Im G8 sind die Voraussetzungen aber anders. So haben Sie bereits seit der siebten Jahrgangsstufe gelernt, Sachtexte **zusammenzufassen**. Dies ist stets der erste Schritt der Analyse. Die Aufgabenstellung kann unter Umständen dabei den Schwerpunkt unterschiedlich setzen, z. B. wenn Wert darauf gelegt wird, dass vor allem die **Argumentationsstruktur** eines Textes erkannt wird, oder wenn **bestimmte Aspekte eines Themas** herausgearbeitet werden sollen. Das wiederum kennen Sie als „erweiterte Inhaltsangabe" seit der Jahrgangsstufe 9.

Sachtexte können unter zwei unterschiedlichen Gesichtspunkten eingesetzt werden. Entweder sind sie selbst Gegenstand der Untersuchung. Dann kann man davon ausgehen, dass sie anspruchsvoll sind und alle Aufmerksamkeit fordern, um die **Kernaussagen** zu erkennen. Oder sie dienen als Material für einen eigenen Argumentationsauftrag. In diesem Fall kann man damit rechnen, dass nicht nur zusammenhängende Texte, sondern auch sogenannte **diskontinuierliche Texte**, also Bilder, Grafiken etc. angeboten werden. Diese Form der Auswertung kennen Sie von den Deutschtests, die Sie in den Jahrgangsstufen 6 und 8 zu bestehen hatten.

Klar wird hier auch, dass **Sachtextanalyse und Erörtern von Thesen und Problemen kombiniert** sein können. Es ist für die Planung Ihrer Abiturarbeit ganz wichtig, dass Sie sich genau anschauen, was von Ihnen verlangt wird. Bei der Auswertung von Sachtexten kann der Schreibauftrag auch lauten: Verfassen Sie auf der Grundlage des Materials einen informativen Text. Auch hier können Sie davon ausgehen, dass Ihnen die Aufgabenstellung hilft, wenn es um die konkrete Textsorte geht. So z. B. könnten Sie aufgefordert werden, einen längeren Lexikonartikel zu erstellen. Die genaueren Hinweise, wie so ein Artikel auszusehen hat, finden Sie dann mit angegeben.

3.4 Textlänge

Eine Neuerung bei den Aufgaben des Lernbereichs „Schreiben" ist die Einführung von Textlängenbegrenzungen. Dies wird vor allem für die freieren Formen des Argumentierens gelten. Es heißt dann in der Aufgabenstellung: Ihr Text sollte ca. 800 Wörter enthalten. Sie dürfen das „ca." durchaus wörtlich nehmen. Es geht nicht darum, dass die Wörterzahl genau eingehalten wird, sondern eher um einen **Richtwert**. Die tatsächliche Anzahl darf ruhig um zehn Prozent über- oder unterschritten werden.

Der Sinn einer Begrenzung sollte darin gesehen werden, dass der Schreiber so gezwungen ist, mehr Energie und Konzentration auf die **sprachliche Ausarbeitung** zu verwenden. Sie sollten nicht einfach darauf losschreiben und Ihr gesamtes Wissen ausbreiten, sondern **bewusst auswählen** und auch bei den Formulierungen genau überlegen, was passend ist oder worauf Sie vielleicht verzichten können.

Nun ist der entscheidende Punkt bei einer Vorgabe der Textlänge, dass man seine Handschrift einschätzen kann: Wie viele Wörter passen bei mir auf eine geschriebene Seite? Schreibe ich gleichmäßig oder werden es am Ende mehr oder weniger Wörter pro Seite? Wenn Sie es ein paar Mal ausprobiert haben, dann werden Sie ein sicheres Gespür dafür entwickelt haben. Auch bei der Planung Ihres Textes sollten Sie die Längenbegrenzung schon im Auge haben: Wie viel Raum nimmt der Hauptpunkt ein? Wie viel verwende ich für die Einleitung, wie viel für den Schluss? Wie immer gilt auch hier: Übung macht den Meister!

Übrigens: Wie viele Wörter hat dieses Teilkapitel 3.4? *(Lösung auf Seite XVI)*

3.5 Weitere Tipps zur Arbeit mit Texten

Jeder gelungene Deutschaufsatz entsteht aus einem Zusammenspiel von genauem Eingehen auf die Aufgabenstellung und individuellem Zugang, also der Fähigkeit, das eigene Textverständnis und die eigene Problemerfassung überzeugend darzustellen. Für die Prüfungssituation ist es deshalb wichtig, über ein **Repertoire an Fragen** zu verfügen, mit denen man an literarische Texte und an Sachtexte herangeht.

Gedichtinterpretation

- Bestimmen Sie bei Gedichten nicht mechanisch das Metrum, wenn Sie nicht wissen, was es ausdrückt und bewirkt.
- Aus welcher Perspektive wird im Gedicht gesprochen?
- Welche Entwicklung findet vom ersten bis zum letzten Vers statt? Denn auch in Gedichten passiert etwas.
- Welche Versgruppen gehören zusammen?
- Wie ist ein Motiv durchgeführt und inwieweit wandelt es sich?
- Was ist mit dem Ich, das implizit oder explizit sich und seine Sicht der Welt zum Ausdruck bringt? Wie spricht es? Welche Sprache wählt es?
- Ergibt sich eher fließend ein Erlebniszusammenhang mit einer spürbaren Atmosphäre? Oder ist es ein eher spröder, intellektuell gedachter und gebauter Text, durchsetzt von Konjunktionen, Einsprüchen und Antithesen?

Sie sollten hinhören, überlegen, wie das Gedicht wirkt, und untersuchen, wodurch diese Wirkung zustande kommt. In der ersten halben Stunde einer Gedichtinterpretation sollten Sie den Text auf sich wirken lassen, Fragen sammeln und noch nicht losschreiben. Und noch etwas: Wie das eine oder andere letztlich zu verstehen ist, ist nicht immer eindeutig zu entscheiden. Gedichte haben einen offenen Deutungsraum um sich herum. Die Interpretation muss daher nach Plausibilität streben, indem sie sich nahe am Gedicht bewegt und die Thesen durch konkrete Textbelege stützt.

Interpretation einer dramatischen Szene

- Hier sollten Sie – immer vorausgesetzt, dass die Aufgabenstellung nicht ausdrücklich einen bestimmten Untersuchungsaspekt vorgibt – nach Kommunikationssituation und Redeanteilen fragen.
- Welche Spannung liegt in der Szene? Wie spitzt sich die Auseinandersetzung zu?

- Wo ist eventuell ein Höhe- und Wendepunkt?
- Welche Rolle spielen der Schauplatz und eventuell ein Requisit oder der Gang beziehungsweise eine Geste?
- Was tragen die Regieanmerkungen zum Verständnis bei?
- Was bleibt hinter dem gesprochenen Wort unausgesprochen, ist mitzudenken und lässt uns ahnen, wie es in der Figur wirklich aussieht und was sie vielleicht plant?
- Über das Textimmanente hinaus ist von entscheidender Bedeutung, welchen Platz die Szene im Handlungszusammenhang hat und welche Funktion ihr zukommt (Was wäre, wenn sie gestrichen wäre?).

Interpretation von epischen Texten

- Bei erzählender Literatur sollte man sich vor der Gefahr hüten, in der Fülle des Stoffes zu ertrinken und zu viel Inhaltliches zu rekonstruieren.
- Nachdem es sich i. d. R. um einen Textausschnitt handelt und Sie das Werk kaum kennen werden, ist eine Einbettung in den Gesamthandlungsverlauf nicht möglich. Sie wird auch nicht gefordert. Allerdings gibt es in der Hinführung meist wichtige Hinweise auf den Kontext.
- Konzentrieren Sie sich auf das Wesentliche des Textauszugs, finden Sie zunächst das Thema der Textstelle.
- Entscheidend für das Verständnis ist oft, die Erzählperspektive und Haltung des Erzählers zu erkennen und zu deuten. Weiß er nicht mehr, als die einzelne Figur wissen kann, erzählt er gleichsam aus ihr heraus personal? Oder hat er den Überblick und ist allwissend? Verschwindet er ganz hinter einem erzählenden Ich? Hegt der Erzähler Sympathie für seine Helden oder bleibt er ironisch distanziert?
- Wird linear-chronologisch erzählt oder gebrochen in Zeitsplittern, Facetten, Vorwegnahmen und Rückblicken?
- Entsteht ein Abbild unserer Wirklichkeit oder erscheint sie ins Artifizielle, Groteske, Absurde verfremdet?
- Welches Bild von der erzählten Zeit wird entworfen, mit welchen Fragen setzt sich der Autor in seinem Text auseinander?

Weitere Hinweise bietet der Band *Textinterpretation Lyrik – Drama – Epik* von Friedel Schardt aus der Reihe *Abiturwissen Deutsch* (Stark Verlag 2000, Titelnr. 944061).

Einen guten Eindruck macht es immer, wenn **korrekt zitiert** wird. Sie sollten nicht zu umfangreich zitieren oder dem Leser das Zitat wortlos „vor die Füße schieben". Zitate, oft nur ein Satzfetzchen oder ein besonderes Wort, werden gewählt, weil sie aufschlussreich und vielsagend sind: Man muss also damit arbeiten, sie erläutern und kommentieren. Überhaupt ist das A und O jeder Interpretation, in die eigene Sprache hineinzuholen, was man vorfindet. Wer sprachfaul nur wiederholt, was der Autor sagt, bleibt bei der Nacherzählung. Eine Interpretation verlangt immer auch einen abstrahierenden Zugriff auf den Text. Die Anstrengung, Fremdes selbstständig in der eigenen Sprache wiederzugeben, wirft unwillkürlich Fragen auf und bedeutet damit den ersten Schritt zum Verständnis eines Textes.

Sehr ratsam ist es, über ein paar **Fachbegriffe** so zu verfügen, dass über Erzähltes und Dargestelltes präzise gesprochen werden kann. Man sollte etwa schreiben können: „Die Figur tritt an dieser Stelle wie ein deus ex machina auf." Oder: „Hier wird der Beziehungsaspekt wichtiger als der Inhalt." Oder: „In diesen Ellipsen, diesen Kurzsätzen ohne Prädikat, drückt sich aus, wie …". – Wichtig ist, dass Sie Wortarten, Satzteile und Nebensatztypen korrekt bezeichnen können. Üben Sie sich darin, die wichtigsten rhetorischen Figuren zu erkennen, die gestalteter Sprache ihre Wirkung verleihen.

Eine gute Übersicht über rhetorische Figuren findet sich in dem Band *Prüfungswissen Oberstufe* von Werner Winkler (Stark Verlag 2000, Titelnr. 94400, dort S. 18–21).

Analysieren von Sachtexten
- Sachtexte sind keine fiktionalen Texte. In ihnen schreibt ein real existierender Autor über die Welt, er stellt Zusammenhänge dar, stellt Thesen und Behauptungen auf und versucht, Fragen zu beantworten. Es gibt also keine Zwischeninstanz, die interpretierend herausgearbeitet werden muss.
- Man kann davon ausgehen, dass der Autor eine Hauptthese und gegebenenfalls mehrere Unterthesen vertritt, die einen Bezug zur Hauptthese haben.
- Inhalt und Aufbau eines Sachtextes sollten strukturiert wiedergegeben werden. Es ist oft nötig, die einzelnen Abschnitte einem jeweiligen Verwendungszweck zuzuordnen: Werden Beispiele gegeben? Bezieht sich der Autor auf Autoritäten? Stellt er begründete Thesen auf? Wo stellt der Autor seine Thesen auf? Wo begründet er sie? Wo finden sich die Belege oder die Beispiele für seine Behauptungen?
- Sachtexte bestehen aus Sprechakten, die Sie in Ihrer Zusammenfassung benennen sollten: Der Autor behauptet, schlägt vor, kritisiert, polemisiert, wägt ab, bezieht sich auf, erkennt … usw. Mit der Frage nach den Sprechakten können Sie auch die Argumentationsstruktur des Textes klären.
- Wie bei der Interpretation der literarischen Texte ist auch bei der Analyse der Sachtexte die korrekte Zitierweise zu beachten. Rein inhaltliche Zusammenfassungen verzichten am besten ganz auf Zitate, weil so die Gefahr der bloßen Wiederholung des Ausgangstextes vermieden werden kann. Schlüsselstellen werden jedoch wörtlich zitiert, aber immer mit der Vorgabe, dass das Zitat auch im Zusammenhang erklärt und dann in seiner Funktion analysiert werden muss.

4 Anforderungsbereiche und Operatoren

4.1 Anforderungsbereiche (AFB)

In der EPA werden drei Anforderungsbereiche definiert, die sich in den unterschiedlichen Aufgaben auch wiederfinden. Sie müssen zeigen, dass Sie in der Lage sind, Texte und Problemstellungen zu verstehen, die Aufgabe argumentativ zu lösen und Ihre Überlegungen überzeugend darzustellen.

- **Anforderungsbereich I** betrifft die Reproduktion: die Wiedergabe von gelernten Sachverhalten sowie die wiederholende Zusammenfassung. Der im Unterricht erarbeitete Hintergrund an Lektüre- und Faktenwissen, fachspezifische Arbeitstechniken, Methoden der Texterschließung sowie Darstellungstechniken sollen zum Einsatz gebracht werden.
- **Anforderungsbereich II** zielt auf die Anwendung erworbener Arbeitsweisen, auf Reorganisation von Bekanntem und Transferleistungen. Darunter sind unter anderem selbstständiges Auswählen, Ordnen, Erläutern, Interpretieren oder Vergleichen zu verstehen. Erwartet wird von Ihnen eine eigenständige, argumentativ begründete Interpretation beziehungsweise Erörterung, die zeigt, dass Sie in der Lage sind, Gelerntes auch auf unbekannte Zusammenhänge anzuwenden. Auf dem AFB II liegt in der Abiturprüfung das Hauptgewicht.
- **Anforderungsbereich III** betrifft die gedankliche Selbstständigkeit der Leistung: Hier müssen Sachverhalte und Zusammenhänge eigenständig ausgewertet, durchdacht und begründet beurteilt oder gestaltet werden. Sie sollen zu einer differenzierten und kritischen Wertung von Texten und Sachverhalten gelangen und Ihre Fähigkeit zur Reflexion und Problemlösung beweisen.

Oftmals wird nur ein umfassender Operator (Arbeitsanweisung) wie „erörtern", „interpretieren" oder „analysieren" eingesetzt, der Leistungen in allen drei Anforderungsbereichen erfordert. Wird die Aufgabe nicht weiter differenziert, entfällt freilich auch eine erste Strukturierungshilfe, die die einzelnen Teilaufträge ansonsten bieten. Folglich haben Sie weniger Orientierungspunkte, aber auch mehr Freiraum beim Gliedern Ihres Aufsatzes.

4.2 Operatoren

Operatoren sind **Arbeitsanweisungen**. Sie machen deutlich, welche Art von Aufgabenstellung gemeint ist, lassen sich den einzelnen Anforderungsbereichen zuordnen und geben einen Hinweis auf das Gewicht der entsprechenden Aufgabe. Durch ihre konkreten Vorgaben dienen Operatoren sowohl dazu, Arbeitsaufträge eindeutig zu formulieren und voneinander abzugrenzen, als auch dazu, einheitliche Bewertungs- und Korrekturmaßstäbe zu setzen. Die folgende Operatorenliste basiert auf den Vorgaben der EPA und bietet ein breites Spektrum an Arbeitsaufträgen, die Ihnen in einer Abiturprüfung begegnen können.

Anforderungsbereich I (Reproduktion)

(be)nennen	Hier sollen Sie zielgerichtet Informationen zusammentragen, ohne diese zu kommentieren.	*Nennen Sie die wesentlichen Merkmale eines Sonetts.*
beschreiben	Textaussagen oder Sachverhalte müssen in eigenen Worten strukturiert und fachsprachlich richtig dargestellt werden.	*Beschreiben Sie die äußere Form des Gedichtes.*

wiedergeben	Sie sollen Informationen aus Ihrem Vorwissen bzw. dem Material zusammenfassend in eigenen Worten präsentieren.	*Geben Sie die Hauptgedanken* der Rede *wieder.*
zusammenfassen	Es wird von Ihnen erwartet, dass Sie Inhalte, Aussagen, Zusammenhänge komprimiert wiedergeben.	*Fassen Sie die* unterschiedlichen *Meinungen* zum Thema X *zusammen.*
darstellen	Sie haben die Aufgabe, einen Sachverhalt, Zusammenhang, eine methodische Entscheidung zu formulieren.	*Stellen Sie die Wirkungsabsicht dar,* die der Autor mit seinem Text verfolgt.

Anforderungsbereich II (Reorganisation und Transfer)

untersuchen, erschließen	Hier müssen Sie an Texten, Textaussagen, Problemstellungen, Sachverhalten kriterienorientiert arbeiten.	*Untersuchen Sie,* inwiefern *die rhetorischen Mittel* die Aussageabsicht verstärken. *Erschließen Sie* anhand der Bildsprache *die Grundstimmung des Textes.*
einordnen	Sie sollen einen Inhalt, eine Problemstellung, einen Sachverhalt auf einen vorgegebenen oder selbst gewählten Kontext beziehen.	*Ordnen Sie* dieses Naturgedicht *epochal ein.*
charakterisieren	Es wird erwartet, dass Sie eine Person oder Sache in ihren Eigenheiten darstellen, treffend und anschaulich schildern.	*Charakterisieren Sie den Protagonisten* in Goethes Drama *vor dem Hintergrund der Epoche* des Sturm und Drang.
vergleichen	Sie sollen Texte, Problemstellungen, Sachverhalte unter vorgegebenen oder selbst gewählten Aspekten einander gegenüberstellen, in Beziehung zueinander setzen und Gemeinsamkeiten und Unterschiede feststellen.	*Vergleichen Sie die Figurenkonstellation* mit derjenigen in Drama X. *Vergleichen Sie Art und Wirkung der Metaphorik* in beiden Gedichten.
kennzeichnen	Es kommt bei dieser Aufgabe darauf an, Typisches herauszustellen.	*Kennzeichnen Sie* das vorliegende Gedicht als expressionistischen Text.
erklären	Es wird von Ihnen erwartet, dass Sie Textaussagen und Sachverhalte auf der Basis von Kenntnissen differenziert darstellen.	*Erklären Sie* Brechts Dramentheorie *anhand des vorliegenden Textausschnittes.*
erläutern	„Erläutern" entspricht „erklären", enthält jedoch den zusätzlichen Aspekt, dass Sie Ihre Ergebnisse durch Zusatzinformationen und Beispiele veranschaulichen sollen.	*Erläutern Sie* Schillers Theaterverständnis, indem sie sich auch auf sein Drama X beziehen.

in Beziehung setzen	Sie haben die Aufgabe, Analyseergebnisse, Textaussagen, Sachverhalte, Problemstellungen mit vorgegebenen oder selbst gewählten Aspekten in Verbindung zu bringen.	*Setzen Sie Ihr Analyseergebnis in Beziehung zur aktuellen Medienkritik am Privatfernsehen.*

Anforderungsbereich III (Reflexion und Problemlösung)

beurteilen	Sie müssen zu einem Text, der ästhetischen Qualität eines Textes, einem Sachverhalt zu einem selbstständigen, begründeten Sachurteil gelangen, und zwar nicht gestützt auf subjektive Werte, sondern auf fachliches Wissen.	*Beurteilen Sie den Versuch des Autors*, die Ereignisse und Folgen des 11. September 2001 in lyrischer Form darzustellen.
bewerten	Es wird von Ihnen erwartet, dass Sie zu einem Sachverhalt, Text oder Problem selbstständig Stellung nehmen und ihn unter Bezug auf eine Wertordnung angemessen beurteilen.	*Bewerten Sie* Jandls lyrische „Sprachspiele" vor dem Hintergrund Ihres eigenen Verständnisses von der Aufgabe der Lyrik in der Gegenwart.
(kritisch) Stellung nehmen	Hier geht es darum, die Einschätzung einer Problemstellung, eines Sachverhaltes, einer Wertung auf der Grundlage fachlicher Kenntnis und Einsicht nach kritischer Prüfung und Abwägung zu formulieren.	*Nehmen Sie zu den Aussagen* des Autors *kritisch Stellung*, indem Sie Erkenntnisse der Sprachsoziologie berücksichtigen.
begründen	Es ist wichtig, dass Sie ein Analyseergebnis, Urteil, eine Einschätzung, eine Wertung fachlich und sachlich absichern (durch einen entsprechenden Beleg, Beispiele, eine Argumentation).	Schreiben Sie dem Verfasser eine Antwort; *begründen Sie* anschließend die von Ihnen gewählte Darstellungsform und die von Ihnen gewählten Stilmittel.
sich auseinandersetzen mit	Sie sollen zu einer (fachlichen) Problemstellung oder These eine Argumentation entwickeln, die zu einem begründeten und nachvollziehbaren Ergebnis führt.	*Setzen Sie sich mit der Position* des Schriftstellers vor dem Hintergrund Ihrer Kenntnisse des Vormärz *auseinander.*
prüfen, überprüfen	Hier müssen Sie eine Textaussage, These, einen Sachverhalt auf der Grundlage eigener Kenntnisse, Einsichten oder Textkenntnis auf ihre/seine Angemessenheit hin untersuchen.	*Überprüfen Sie die Stimmigkeit* der Aussage anhand der Gliederung und der rhetorischen Mittel.
interpretieren	**Literarische Texte:** Texterfassung, Textbeschreibung, Textdeutung (unter Berücksichtigung des Wechselbezuges von Textstrukturen, Funktionen und Intentionen, Erfassen zentraler strukturbildender, genretypi-	*Interpretieren Sie* das vorliegende Gedicht. *Interpretieren Sie* den Text im Zusammenhang mit den Ihnen bekannten Dramentheorien.

	scher, syntaktischer, semantischer und rhetorischer Elemente und ihrer Funktionen für das Textganze), kritische Reflexion und ggf. Wertung.	
analysieren	**Sachtexte:** Texterfassung, Textbeschreibung, Textuntersuchung (Zusammenhang von Textstruktur und Textintention, strukturbildende semantische, syntaktische Elemente unter Berücksichtigung der sprachlichen Funktion); Erfassen der pragmatischen Struktur des Textes unter besonderer Berücksichtigung der Argumentationsweise; Erkennen und ggf. Beurteilen des Zusammenspiels von Struktur, Intention und Wirkung im Rahmen des historischen und aktuellen Verstehenshorizontes.	*Analysieren Sie* die Rede unter Berücksichtigung der Anmerkungen. *Analysieren* Sie den vorliegenden Text *im Hinblick auf die Argumentationsstruktur.*
erörtern	Es wird von Ihnen erwartet, dass Sie eine These oder Problemstellung, eine Argumentation durch Für- und Wider- bzw. Sowohl-als-Auch-Argumente auf ihre Stichhaltigkeit hin prüfen und auf dieser Grundlage eine Schlussfolgerung bzw. eigene Stellungnahme dazu entwickeln.	*Erörtern Sie die Notwendigkeit* von Sprachförderkonzepten im Zusammenhang mit den Aussagen der beiden vorliegenden Texte.
diskutieren	Gegenüberstellung unterschiedlicher Argumente; abwägende Stellungnahmen zu deren Bedeutung bzw. Stichhaltigkeit; zusammenfassende Schlussfolgerung(en) – aber auch: Überprüfung einer gedanklichen Position anhand der darin erkennbaren Thesen und Argumente.	*Diskutieren Sie* die Haltbarkeit der Position von [...] zur Änderung des bayerischen Schulsystems.

5 Tipps, Hinweise zu den Bewertungskriterien

5.1 Praktische Tipps

Ein sinnvoller Aufbau spiegelt sich immer in einer überzeugenden **Gliederung** wider. Diese ist **Teil der Prüfungsleistung** und wird natürlich auch bewertet. Es gibt zwei Arten der Gliederung: die alphanumerische Gliederung (A-B-C) und die numerische Gliederung (1-2-3-4). Beispiele dafür finden sich in diesem Buch. Sie selbst entscheiden, welche Gliederungsform Sie verwenden, genauso wie Sie sich für den Nominal- oder den Verbalstil entscheiden. Wichtig ist nur, dass Sie die gewählte Form durchhalten! Im ausformulierten Aufsatz gibt es keine Zwischenüberschriften, als Serviceleistung für den Leser können Sie aber die Gliederungsnummern am Rand notieren. Auch diese Technik wird im vorliegenden Buch gezeigt.

Schreiben ist immer ein Prozess. Wer die einzelnen Phasen konzentriert angeht, wird am Ende ein vorzeigbares Produkt haben. **Bereiten** Sie die Arbeit gut **vor**, indem Sie z. B. die Texte farbig markieren und sinnvolle Randnotizen machen. **Sammeln** Sie Ihre Ideen in Clustern, Mindmaps oder in Stichworten. **Verfassen** Sie dann einen durchdachten und gut gegliederten Aufsatz, den Sie am Ende sorgfältig **überarbeiten**.

5.2 Hinweise zu den Bewertungskriterien

Wie bei allen Aufsätzen an bayerischen Gymnasien wird auch die Abiturnote nicht durch Addition der auf die Anforderungsbereiche bezogenen Teilnoten errechnet, sondern stellt eine Gesamtwürdigung der erbrachten Leistungen dar.

Bei der Punktevergabe werden folgende Bewertungskategorien berücksichtigt:
- inhaltliche Leistung,
- methodische Leistung,
- sprachliche Leistung/Darstellungsleistung. Bei den freieren Formen des Argumentierens spielt die sprachliche Leistung eine große Rolle. Es wird darauf geachtet werden, dass Ihr Text eine gewisse Attraktivität hat, dass er Sprachwitz wagt und den Leser zu unterhalten vermag. Aber keine Angst: Niemand wird von Ihnen einen perfekten Text verlangen. Es geht vielmehr darum, dass Sie den Mut haben, Ihre Ideen auch sprachlich entsprechend zu pointieren.

Besonders viel Gewicht wird in der Bewertung darauf gelegt, dass
- Ihre Ausführungen sachlich richtig sind,
- Ihre Aussagen folgerichtig und begründet sind,
- Ihre Darstellung und Ihr Verständnis der Thematik den prinzipiellen Ansprüchen des Deutschunterrichts in der Oberstufe entsprechen,
- Ihre Arbeit einen bestimmten Grad an Selbständigkeit, etwa in der Entwicklung von Gedankengängen, aufweist,
- der Aufsatz sinnfällig aufgebaut und klar formuliert ist,
- eine grundlegende Sicherheit im Umgang mit der Fachsprache und den entsprechenden Methoden unter Beweis gestellt wird,
- Ihre Ausführungen sprachlich richtig sind und
- die äußere Form Ihres Aufsatzes den Erwartungen entspricht.

Bei der Erörterungsaufgabe wird besonders darauf geachtet, dass
- das Thema präzise erschlossen ist,
- der Aufsatz schlüssig aufgebaut ist,
- plausibel argumentiert wird,
- ein angemessener Grad der Reflexion erreicht ist,
- die verwendete Begrifflichkeit angemessen und korrekt eingesetzt ist,
- Sie sich sprachlich korrekt und gewandt auszudrücken vermögen.

Viel Erfolg!

Lösung der Frage auf Seite IX: 224 Wörter

Übungsaufgaben im Stil des neuen Abiturs

Abitur Deutsch (Bayern G8) – Übungsaufgabe 1:
Erschließung eines poetischen Textes

Aufgaben:
1. Erschließen und interpretieren Sie das Gedicht *Der Krieg* von Georg Heym aus dem Jahre 1911.
2. Arbeiten Sie ausgehend von Ihren Ergebnissen vergleichend die Gestaltung des Kriegsmotivs in Text B heraus. Beziehen Sie dabei den jeweiligen literaturhistorischen Hintergrund mit ein.

Text A

Georg Heym (1887–1912): **Der Krieg** (1911)

Aufgestanden ist er, welcher lange schlief,
Aufgestanden unten aus Gewölben tief.
In der Dämmrung steht er, groß und unerkannt,
Und den Mond zerdrückt er in der schwarzen Hand.

5 In den Abendlärm der Städte fällt es weit,
Frost und Schatten einer fremden Dunkelheit,
Und der Märkte runder Wirbel stockt zu Eis.
Es wird still. Sie sehn sich um. Und keiner weiß.

In den Gassen faßt es ihre Schulter leicht.
10 Eine Frage. Keine Antwort. Ein Gesicht erbleicht.
In der Ferne wimmert ein Geläute dünn
Und die Bärte zittern um ihr spitzes Kinn.

Auf den Bergen hebt er schon zu tanzen an
Und er schreit: Ihr Krieger alle, auf und an.
15 Und es schallet, wenn das schwarze Haupt er schwenkt,
Drum von tausend Schädeln laute Kette hängt.

Einem Turm gleich tritt er aus die letzte Glut,
Wo der Tag flieht, sind die Ströme schon voll Blut.
Zahllos sind die Leichen schon im Schilf gestreckt,
20 Von des Todes starken Vögeln weiß bedeckt.

Über runder Mauern blauem Flammenschwall
Steht er, über schwarzer Gassen Waffenschall.
Über Toren, wo die Wächter liegen quer,
Über Brücken, die von Bergen Toter schwer.

25 In die Nacht er jagt das Feuer querfeldein
Einen roten Hund mit wilder Mäuler Schrein.
Aus dem Dunkel springt der Nächte schwarze Welt,
Von Vulkanen furchtbar ist ihr Rand erhellt.

Und mit tausend roten Zipfelmützen weit
30 Sind die finstren Ebnen flackend überstreut,
Und was unten auf den Straßen wimmelt hin und her,
Fegt er in die Feuerhaufen, daß die Flamme brenne mehr.

Und die Flammen fressen brennend Wald um Wald,
Gelbe Fledermäuse zackig in das Laub gekrallt.
35 Seine Stange haut er wie ein Köhlerknecht
In die Bäume, daß das Feuer brause recht.

Eine große Stadt versank in gelbem Rauch,
Warf sich lautlos in des Abgrunds Bauch.
Aber riesig über glühnden Trümmern steht
40 Der in wilde Himmel dreimal seine Fackel dreht,

Über sturmzerfetzter Wolken Widerschein,
In des toten Dunkels kalte Wüstenein,
Daß er mit dem Brande weit die Nacht verdorr,
Pech und Feuer träufet unten auf Gomorrh[1].

Aus: http://gutenberg.spiegel.de/?id=5&xid=1189&kapitel=43&cHash=120ace5427krieg1#gb_found

Text B

Günter Eich (1907–1972): **Latrine** (1948)

Über stinkendem Graben,
Papier voll Blut und Urin,
umschwirrt von funkelnden Fliegen,
hocke ich in den Knien,

5 den Blick auf bewaldete Ufer,
Gärten, gestrandetes Boot.
In den Schlamm der Verwesung
klatscht der versteinte Kot.

Irr mir im Ohre schallen
10 Verse von Hölderlin.
In schneeiger Reinheit spiegeln
Wolken sich im Urin.

„Geh aber nun und grüße
die schöne Garonne – "[2]
15 Unter den schwankenden Füßen
schwimmen die Wolken davon.

Aus: Günter Eich, Sämtliche Gedichte in einem Band,
hg. v. Jörg Drews, Frankfurt am Main: Suhrkamp 2006

Worterläuterungen:
1 *Gomorrh:* Gomorrha (Stadt im Alten Testament, die Gott als Strafe für das sündige Leben ihrer Bewohner zerstört)
2 Zitat aus Friedrich Hölderlins Gedicht „Andenken", in dem er Bordeaux und des durch die Stadt fließenden Flusses Garonne gedenkt.

Hinweise und Tipps

- Die Aufgabenstellung ist **zweigeteilt**, was beim Aufbau der Arbeit berücksichtigt werden muss. Zuerst soll das Gedicht von Georg Heym **erschlossen** und **interpretiert** werden, bevor die Bearbeitung des verwendeten Kriegsmotivs mit Günter Eichs Text **verglichen** wird. Da die Gedichte verschiedenen literarischen Epochen angehören, ist es unabdingbar, den **literaturgeschichtlichen Hintergrund** mit einzubeziehen.
- Unter der **Erschließung** eines Werkes versteht man, dass dieses für den Leser nachvollziehbar analysiert wird und seine Besonderheiten in formaler, inhaltlicher und sprachlich-stilistischer Hinsicht erläutert werden. Es bietet sich an, mit der Analyse von Aufbau und Inhalt zu beginnen, ehe die gestalterischen Mittel näher untersucht werden. Achten Sie darauf, dass Sie alle Behauptungen und Thesen, die Sie aufstellen, durch Belege aus dem Text stützen. Bei der **Interpretation** geht es darum, die Aussageabsicht des Dichters herauszuarbeiten. Der Text ist im Hinblick auf den gedanklichen Gehalt zu erklären.
- Anschließend vergleichen Sie die Bearbeitung des **Kriegsmotivs** in beiden Texten. Das heißt, dass Gemeinsamkeiten und Unterschiede festgestellt und in Bezug zum historischen Kontext und der unterschiedlichen Literaturauffassung gesetzt werden. Eine gesonderte Erschließung und Interpretation des zweiten Gedichts ist zwar nicht verlangt, dennoch ist es erforderlich, die spezifische Ausprägung der Weltbetrachtung sowie die Auffassung und Verwendung von Sprache in der Epoche der Trümmerliteratur zu berücksichtigen und am Text zu belegen.
- Die Ausführung muss **in sich geschlossen** und übersichtlich strukturiert sein. Einen grundlegenden Teil der Arbeit stellt somit die Erstellung einer logischen und sinnvollen Gliederung dar, deren einzelne Ebenen inhaltlich gefüllt sein sollen.

Gliederung

1 Der Einfluss gesellschaftlicher und politischer Entwicklungen auf die Lyrik

2 Erschließung und Interpretation des Gedichtes *Der Krieg* von Georg Heym und vergleichende Gegenüberstellung des Kriegsmotivs in Günter Eichs *Latrine*

2.1 Bedeutung des Krieges für den Expressionismus und die Trümmerliteratur

2.2 Untersuchung von Inhalt und Aufbau von Heyms *Der Krieg*

2.3 Analyse auffälliger formaler und sprachlich-stilistischer Gestaltungsmittel

2.3.1 Regelmäßige Strukturen zur Hervorhebung der Unvermeidbarkeit des Geschehens

2.3.2 Verdeutlichung der Beziehung zwischen Gott und dem Krieg anhand verschiedener Motive

2.3.3 Negativ konnotierte Wortwahl zur Erzeugung einer Untergangsstimmung

2.4 Funktion des Gedichts als Warnung des Autors vor dem Krieg

2.5   Unterschiedliche Gestaltung des Motivs bei Heym und Eich aufgrund divergenter Erfahrungen
2.5.1 Eichs *Latrine* als resignierende Bestandsaufnahme eines Heimkehrers
2.5.2 Hoffnungslosigkeit als gemeinsames Element beider Gedichte

3   Krieg als wesentliches Motiv der Literatur im 20. Jahrhundert

Lösungsvorschlag

Aktuelles Weltgeschehen, Politik und Gesellschaft motivierten Lyriker schon immer dazu, sich in ihren Werken kritisch mit ihrer Umwelt auseinanderzusetzen. Während die technischen Errungenschaften der Industrialisierung zu einer radikalen Veränderung der Gesellschaft und des Lebens führten, prägten national-liberale Entwicklungen des 19. Jahrhunderts das Denken der europäischen Bevölkerung. Die zwei tiefgreifendsten Ereignisse des 20. Jahrhunderts waren jedoch mit Sicherheit die beiden **Weltkriege**. Sie brachten Tod und Verderben über die Weltbevölkerung und gruben sich nachhaltig in das Bewusstsein der Menschen ein. Deutschland spielte bei beiden Weltkriegen eine Schlüsselrolle. Zwei bekannte deutsche Dichter, **Georg Heym** und **Günter Eich**, reflektieren in den beiden hier vorliegenden Gedichten die Wirkung des Krieges auf den Menschen. **1**

Die Gestaltung des Kriegsmotivs veränderte sich in den fast 40 Jahren, die zwischen der Entstehung der beiden Werke liegen. Schreibt Heym noch in Vorausahnung des Krieges, hat Eich die Schrecken des Krieges selbst erlebt. Berücksichtigt werden muss hierbei natürlich auch, dass beide Lyriker ihren jeweils eigenen Schreibstil verfolgen und ihre Gedichte von einem unterschiedlichen Zeitgeist geprägt sind. Die genaue Analyse des Gedichts *Der Krieg* von Heym soll zunächst unter Berücksichtigung formaler, inhaltlicher und sprachlich-stilistischer Charakteristika die Verarbeitung des Themas „Krieg" in der Zeit des Expressionismus deutlich machen, bevor ein Vergleich mit Eichs *Latrine* die Unterschiede zur Trümmerliteratur zum Ausdruck bringt. **2**

Beiden Strömungen gemeinsam ist, dass sie vom Krieg geprägt sind, wobei der **Expressionismus**, welcher von etwa 1910 bis 1925 angesiedelt werden kann, bereits vor, aber auch während und nach dem Ersten Weltkrieg als literarische Richtung Bestand hatte. Zunächst diente dieser Begriff der Beschreibung einer Kunstrichtung und wurde auf die Bilder von Franz Marc, August Macke und anderen fortschrittlichen Malern angewandt. Anschließend fand eine Übertragung auf die Literatur statt, in der die Autoren die als hinfällig erfahrene Außenwelt künstlerisch umsetzen wollten. Hintergrund hierfür waren vor allen Dingen die zeit- und kulturgeschichtlichen Ereignisse im Zuge der Industrialisierung, welche neben allem Fortschritt auch eine als negativ empfundene Entwicklung für die Menschen mit sich gebracht hat. Der seit den **2.1**

80er-Jahren des 19. Jahrhunderts erstarkende Nationalismus lief im Zusammenspiel mit den übersteigerten nationalstaatlichen Ideen unter allen europäischen Großmächten stringent auf eine militärische Machtprobe hinaus. Versagen der politischen Diplomatie, gegenseitiges Kräftemessen, Selbstüberschätzung und Fehleinschätzung der politischen und militärischen Lage mündeten in die „Urkatastrophe" des 20. Jahrhunderts, den **Ersten Weltkrieg**. Die Erfahrungen, die aus der Vorgeschichte und aus dem Krieg selbst resultierten, wurden ebenso literarisch aufgearbeitet wie die Auswirkungen der technischen Neuerungen auf den Lebensalltag der Menschen. Neben dem Motiv des Krieges war auch das **Großstadtleben** ein häufig bearbeitetes Thema der literarischen Strömung des Expressionismus.

Im Gegensatz hierzu entstand aus den Erfahrungen des **Zweiten Weltkriegs** die Epoche der **Trümmerliteratur**, welche vor allen Dingen deren Aufarbeitung zum Thema hatte. In der Zeit von etwa 1946 bis 1949 versuchten die Autoren, die Naziherrschaft während des Dritten Reiches und die Kriegsvergangenheit literarisch zu bewältigen. Ausgangspunkt für die Autoren war eine Auseinandersetzung mit den Gräueln der jüngsten Vergangenheit, die nach ihrer Ansicht nur dann möglich ist, wenn ein völlig neuer, noch nicht negativ konnotierter Sprachstil verwendet wird. Die Sprache sollte ebenso neu aufgebaut werden wie das völlig zerstörte Heimatland, weshalb diese Strömung auch als ‚**Kahlschlagliteratur**' bezeichnet wird. Die Kriegsheimkehrer fanden nicht nur die Heimat und die Städte in Trümmern vor, sondern auch ihre alten Ideale. Was der aus der Gefangenschaft Heimkehrende erlebte, sollte in einem veränderten, der Wirklichkeit angemessenen Ton abgebildet werden. Die Suche nach einer neuen Sprache manifestierte sich in den verschiedenen Werken dergestalt, dass auf sprachlichen Pomp und jegliche Ornamentik verzichtet wurde. Auch die inhaltliche und sprachliche Darstellung von Pathos und Heroismus wurde aus den Arbeiten verbannt.

In einer von apokalyptischen Vorstellungen geprägten Zeit verfasste Georg Heym im Jahr 1911 das Gedicht *Der Krieg*. Inhaltlich lässt sich das elfstrophige lyrische Werk in **vier inhaltliche Sinnabschnitte** unterteilen. In der ersten Strophe wird das Erwachen des personifizierten Krieges dargelegt, in den Strophen zwei und drei erfährt der Leser die Reaktionen der Menschen darauf. Die sechs folgenden Strophen beschreiben im Mittelteil des Gedichts das Wüten des Krieges, bevor in den beiden letzten Strophen (zehn und elf) sein Ausgang dargestellt wird.

2.2

Im ersten Sinnabschnitt erfährt der Leser, dass ein undefiniertes und bedrohlich wirkendes Etwas nach langer Ruhezeit aus großen Tiefen auferstanden ist. Unter Einbeziehung des Titels wird schnell deutlich, dass es sich dabei um den personifizierten Krieg handeln muss. Bereits im zweiten Sinnabschnitt erkennt man, dass sich das Wissen um sein Erwachen in den Städten ausbreitet und das geschäftige Treiben zum Erliegen bringt. Die Menschen verspüren Unsicherheit und Angst, obwohl sich niemand richtig erklären kann, woher die Bedrohung ringsumher stammt. Im dritten Sinnabschnitt ist der Krieg dann offensichtlich: Er wütet unaufhaltsam und führt Tod und Verderben mit sich. Er überzieht das Land wie eine alles vernichtende Feuersbrunst, der niemand entkommen kann und die sich immer weiter frisst. Der letzte Sinnabschnitt zeigt schließlich, dass der Krieg als Sieger aus dem Geschehen hervorgeht und über der mittlerweile zerstörten, kargen und leblosen Landschaft seinen Triumph auslebt.

Die inhaltliche Thematik wird durch Form und Sprache des Gedichts unterstützt. Hinsichtlich der **formalen Gestaltung** fällt zunächst der einheitliche Aufbau auf: Das Gedicht besteht aus elf Strophen zu jeweils vier Versen. Als Reimschema wird fast durchweg reiner **Paarreim** verwendet, der lediglich in den Versen 11 und 12 beziehungsweise 29 und 30 unrein ist („dünn" – „Kinn" und „weit" – „überstreut"). Diese formalen Kriterien verleihen dem Gedicht bereits auf den ersten Blick eine gewisse Ordnung und Einheitlichkeit, die die Unabwendbarkeit des Geschehens verdeutlichen. Der durchgehend sechshebige **Trochäus** erzeugt einen Rhythmus, der in Zusammenhang mit der Kriegsthematik mit dem Herannahen einer bedrohlichen Gewalt, eben beispielsweise einer Armee, assoziiert werden kann. Vor allem die konsequent männlichen Kadenzen verweisen auf die unaufhaltsame Macht und die zerstörerische Kraft des Krieges. Der **Satzbau** ist überwiegend im Zeilenstil gehalten; elliptische Parataxen, die in den Strophen 2 und 3 auffallen, übermitteln die Angst, die in den Menschen entsteht („Es wird still. Sie sehn sich um. Und keiner weiß.", V. 8; „Eine Frage. Keine Antwort. Ein Gesicht erbleicht.", V. 10). 2.3 2.3.1

Die **Wortwahl** ist dem Inhalt entsprechend deskriptiv. In Strophe 1 wird das Erwachen des Krieges („er", V. 1) in der „Dämmrung" (V. 3) beschrieben, was man spontan mit dem Anbruch eines neuen Tages assoziieren könnte. Da jedoch der „Mond zerdrückt" wird „in der schwarzen Hand" (V. 4) des Dämons, wird deutlich, dass der Beginn von Nacht und Dunkelheit gemeint ist. Beides verdeutlicht den Verlust von Hoffnung, die auch dadurch schwindet, dass sich der Krieg „groß und unerkannt" (V. 3) zur Schlacht rüsten kann. Durch die verwendete Anapher in den Versen 1 und 2 („aufgestanden") und den inversiven Satzbau, der sich während der ersten vier Verse (beispielsweise „In der Dämmrung steht er", V. 3), aber auch später im Gedicht finden lässt („Der in wilde Himmel dreimal seine Fackel dreht", V. 40), wird der Fokus auf die Mächtigkeit des Krieges gelegt, der schon durch die deutlich **religiös konnotierte Wortwahl** in eine gottähnliche Position gerückt wird. In den Strophen 2 und 3 fällt das **Motiv der Kälte** und des Erstarrens auf, das das Entsetzen der Menschen und die Unmöglichkeit, etwas gegen die Situation zu tun, zum Ausdruck bringt („Frost und Schatten", V. 6; „stockt zu Eis", V. 7; „erbleicht", V. 10; „wimmert […] dünn", V. 11). 2.3.2

Das Ende des Textes wird hingegen durch das **Motiv des Feuers** dominiert, das den Höhepunkt des kriegerischen Treibens kennzeichnet. Der Dämon schickt „das Feuer querfeldein" (V. 25), er überstreut die Ebenen „mit tausend roten Zipfelmützen" (V. 29), also Flammen, schürt die „Feuerhaufen"

(V. 32), um die „Flamme[n]" (V. 32) zu nähren, die die Wälder ringsumher zerstören. Das „Feuer" (V. 36) breitet sich aus, ehe der Krieg über den „glühnden Trümmern" (V. 39) seine „Fackel" (V. 40) schwenkt. Mit dem „Brande" (V. 43) wurde alles Leben ausgelöscht, das Szenario erinnert an das biblische „Feuer" (V. 44) in Gomorrha. Ebenso wie in der alttestamentarischen Vorlage wird im Gedicht den Bewohnern der zerstörten Stadt die Schuld am eigenen Untergang zugeschrieben, da sie durch ihr sündiges Verhalten, das in diesem Zusammenhang wohl in der Unterschätzung des Krieges besteht, ihr Ende selbst herbeigeführt haben. Die Strafe vollzieht hier allerdings das selbst erschaffene Ungeheuer, nicht Gott. Dieser tritt in der apokalyptischen Endzeitstimmung des Gedichts nicht zum Vorschein. Hinweise hierauf finden sich im „wilde[n] Himmel" (V. 40), der durch den Dämon beherrscht wird. **Gottes Machtlosigkeit** kommt gerade durch seine offensichtliche Abwesenheit zum Ausdruck, die Menschen finden keine Antworten mehr auf ihre Fragen (vgl. Z. 10), sind sich selbst überlassen. Nicht Gott, sondern der Dämon triumphiert, der mit satanischen Attributen ausgestattet ist: So bringt er „Pech und Feuer" (Z. 44) mit sich und die Flammen „fressen" sich wie „[g]elbe Fledermäuse" (V. 33 f.) durch den Wald. Die Farbgebung der als dämonisch verrufenen Tiere lässt ebenfalls Assoziationen mit Schwefeldämpfen aus der **Hölle** zu.

Die **Stimmung** des Gedichts ist aufgrund eines überwiegend negativ konnotierten Wortschatzes düster und trist. Tiefe „Gewölbe[]" (V. 2), eine „schwarze[] Hand" (V. 4), das jagende „Feuer" (V. 25), furchtbare „Vulkane[]" (V. 28), „finstre[] Ebnen" (V. 30), „zackig in das Laub gekrallt[e]" Fledermäuse (V. 34) oder „sturmzerfetzte[] Wolken" (V. 41) sind nur einige Beispiele hierfür. Doch auch die Wahl der Nomen drückt Düsternis und Untergangsstimmung aus. Der Krieg wird in Strophe 2 als „fremde[] Dunkelheit" bezeichnet, die „Frost und Schatten" (V. 6) erzeugt und das geschäftige Treiben der Stadt zu Eis „stock[en]" (V. 7) lässt. Im „toten Dunkel[]" (V. 42) hat er zuletzt durch seine zerstörende Macht die Nacht „verdorr[t]" (V. 43). Die Nomen „Blut" (V. 18), „Leichen" (V. 19) und „Tod" (V. 20) bestimmen die fünfte Strophe. „Waffenschall" (V. 22), „Nacht" (V. 25), „Dunkel" (V. 27), „Abgrund[]" (V. 38) und „Wüstenein" (V. 42) führen in der Folge die negative Stimmung fort. Diese wird auch durch die **Farbwahl** ausgedrückt, die vor allem durch das Schwarz des Krieges und damit des Todes („das schwarze Haupt", V. 15) sowie das Rot des Blutes und des Feuers (vgl. V. 18 und V. 26), das auch mit der Farbe Blau beschrieben wird (vgl. V. 21), auffällt. Auch die sonst eher positiv besetzte Farbe Weiß steht hier im Zusammenhang mit dem Tod, wie am Beispiel des zu Eis erstarrten Lebens (vgl. V. 7) erkennbar wird. Ferner sind die im Schilf liegenden Leichen von weißen Todesvögeln (vgl. V. 20) bedeckt. Das Treiben des Krieges wird während des gesamten Textes mit dem Brennen eines Feuers umschrieben und verdeutlicht. Bezeichnenderweise erhält der Leser des Gedichts den Eindruck, dass sich das Feuer „schalle[nd]" (V. 15), „laut[]" (V. 16) und „brause[nd]" (V. 36) seinen Sieg erringt, während die Stadt, die zusammen mit den in ihr lebenden Menschen zerstört

2.3.3

wird, „lautlos in des Abgrunds Bauch" (V. 38) versinkt. Außerdem hinterlässt der Krieg Kälte in Form von „kalte[n] Wüstenein" (V. 42; vgl. auch V. 7), obwohl er durch das heiße Feuer die Zerstörung verursachte und als Sieger „über glühnden Trümmern steht" (V. 39).

Der Autor macht mit dem Gedicht auf die **Schrecken eines bevorstehenden Krieges** aufmerksam. Im Erscheinungsjahr 1911 hatte sich die weltpolitische Lage bereits dergestalt zugespitzt, dass die Fronten unter den Großmächten extrem verhärtet waren. Die Bündnissysteme hatten sich in polarisierender Weise verändert, die beiden Marokkokrisen waren nur mit Mühen beigelegt worden, der Ausbruch der Balkankriege bahnte sich an. Vor diesem Hintergrund und in einer **apokalyptischen Grundstimmung** verfasste Heym sein lyrisches Werk. Er warnt vor einer dilettantischen Missachtung der Lage und vor allem vor den schrecklichen Folgen des Krieges. Man sollte nicht warten, bis der Krieg unmittelbar bevorsteht, sondern im Vorfeld bereits dagegen angehen. Heym zeigt auf, dass sich der Krieg verselbstständigt, ist er erst einmal ausgebrochen. Nichts kann ihn dann noch aufhalten, weder diejenigen, die ihn initiierten, noch die Soldaten oder die leidtragenden Zivilisten. Er wird als eigenständige Person dargestellt, die in grausamer, beinahe schon sadistischer Manier Freude am Untergang der Menschheit empfindet. Weder Menschen noch Städte, Tiere oder Natur können ihm entkommen. Durch die Darstellung des Kriegsausgangs verweist Heym darauf, dass der Kampf erst dann endet, wenn sämtliches Leben zerstört ist. Als Sieger geht hierbei immer der Krieg hervor. Niemals kann ein Staat gewinnen, niemals Politiker, Machthaber oder die Bevölkerung. Bezeichnenderweise bleibt aber der Krieg letztendlich als einzig überlebende ‚Person' zurück. Hierdurch macht der Autor wohl darauf aufmerksam, dass es in der menschlichen Natur liegt, Krieg zu führen und sich gegenseitig zu bekämpfen. Das heißt, dass der Text somit auch einen **Appell** darstellt, nicht nur gegen politische Bevormundung anzukämpfen, sondern auch gegen den möglicherweise in jedem Einzelnen verwurzelten Willen zur Machtausübung und -erweiterung. 2.4

In der Retrospektive wird deutlich, dass Heym mit seinen Vorausdeutungen dem kurze Zeit später eintretenden Szenario des Ersten Weltkrieges recht nahe kam. Diese ‚Urkatastrophe' haben die meisten Menschen, die zu Beginn noch überwiegend freudig in den Kampf gezogen sind, unterschätzt. Eich hingegen macht in seinem Gedicht keine Prophezeiungen, sondern verarbeitet die Erfahrungen und Erlebnisse des Zweiten Weltkriegs, die er als Soldat und Kriegsgefangener gemacht hat. 2.5

Im Text wird beschrieben, wie das lyrische Ich eine Latrine im Freien benutzt, dabei den Blick umherschweifen lässt und sich Gedanken und Eindrücken hingibt. Die Tatsache, dass es sich „[ü]ber [einem] stinkende[n] Graben" (V. 1) befindet und vom „Schlamm der Verwesung" (V. 7) umgeben ist, lässt ver- 2.5.1

muten, dass es sich an einem Kriegsschauplatz nach Beendigung der Schlacht aufhält oder sich als Kriegsheimkehrer zumindest an einen solchen erinnert.

Im Vergleich zu *Der Krieg* wird in diesem Gedicht eine völlig andere **Sprache und Wortwahl** verwendet. Der Epoche der Trümmerliteratur entsprechend verzichtet der Autor auf Ausschmückungen und verwendet fäkalsprachliche Begriffe wie „Urin" (V. 2) oder „Kot" (V. 8). Der elliptische, abgehackte Satzbau bringt die Ermüdung und Resignation des lyrischen Ichs zum Ausdruck, welches der Situation undistanziert gegenübersteht. Es vermittelt den Eindruck von Unmittelbarkeit und Konkretheit, die Stimmung des Gedichts zeugt von Hoffnungslosigkeit und Melancholie.

In formaler Hinsicht ist zu erwähnen, dass das Gedicht hauptsächlich aus Daktylen besteht, der Reim beschränkt sich – mit Ausnahme der letzten Strophe – auf die zweite und vierte Verszeile der Strophe und zeichnet sich durch mitunter unreine Reime aus. Die Forderung der Trümmerliteratur nach einer ‚neuen Sprache', die sich deutlich von der Sprache der Nationalsozialisten abhebt, macht sich in der Wortwahl bemerkbar. Der Text enthält viele Begriffe aus dem Bereich der Sinneswahrnehmung. So werden neben olfaktorischen Adjektiven („stinkend[ ]", V. 1) auch optische („funkelnd[ ]", V. 3) und akustische („klatscht", V. 3) Attribute und Verben verwendet. Während das lyrische Ich über der Latrine sitzt und an Verse des Dichters Hölderlin denkt, die ihm „[i]rr […] im Ohre schallen" (vgl. V. 9), sieht es weiße Wolken, die als Metapher für die Unschuld und Reinheit eines möglichen Neuanfangs stehen. Allerdings spiegeln sich diese lediglich im Urin und „schwimmen" am Ende des Textes „davon" (V. 16), das Ich kann sie also nicht halten. In Hölderlins Hymne *Andenken* aus dem Jahr 1808, aus welcher das lyrische Ich im vorliegenden Gedicht zitiert, wird die Erinnerung zur zentralen Aufgabe des Dichters erklärt, da sie dem Vergänglichen der Welt ein Bleibendes entgegensetzt. Eben dieser Aufgabe stellt sich das lyrische Ich, jedoch unter schwierigen Umständen. Beim Umherschweifen des Blickes macht es eine ‚Bestandsaufnahme': Es sieht sich umgeben von Negativem, wie dem Papier im Graben, das von „Blut und Urin" (V. 2) getränkt ist. Die in den Versen 5 und 6 erblickten bewaldeten Uferregionen und Gärten können als Zeichen für einen Hoffnungsschimmer gedeutet werden, der jedoch durch die Beobachtung eines „gestrandeten Bootes" (vgl. V. 6) unmittelbar wieder zurückgenommen wird.

2.5.2
In Heyms *Der Krieg* ist die Sprache emotional, bildreich, der Fortgang des Erzählten fügt sich fließend. Es wird eine Dramatik deutlich, die sich zum Ende hin steigert, ehe sie mit dem Sieg des Krieges über die Menschen in den letzten beiden Strophen abfällt. Heym vermittelt eine bedrohliche Stimmung und ein Gefühl von Angst, das das lyrische Ich in Eichs Text bereits überwunden hat. Die apokalyptische Untergangsstimmung in *Der Krieg* ist für das lyrische Ich in *Latrine*, welches den Krieg überlebt hat, bereits in eine Art Resignation umgeschlagen. Diese Hoffnungslosigkeit, die Heym vorausdeutend ankündigt, gibt Eich als Erfahrung wieder. Das Ich in *Latrine* befindet sich unmittelbar

im beschriebenen Geschehen und schildert seine Gedanken und Eindrücke. Heyms Gedicht dagegen kommt ohne ein vermittelndes lyrisches Ich aus.

Das Kriegsmotiv wird bei Heym dergestalt verwendet, dass der Krieg als wütender Dämon personifiziert wird, der sich für die Menschen in seinem Gebaren als bedrohlich offenbart. Durch Verben der Bewegung wird die beinahe ekstatische Freude und die Gewalt des Wesens zum Ausdruck gebracht, das „zu tanzen" (V. 13) beginnt, den Kopf wie in Raserei „schwenkt" (V. 15), „[s]eine Stange" in die Natur „haut" (V. 35) und angesichts des Sieges „dreimal seine Fackel dreht" (V. 40).

Bei Eich wird das Motiv des Krieges hingegen eher durch den Gegensatz von Leben und Tod verdeutlicht. So nimmt das lyrische Ich zwar durchaus die es umgebende Idylle der „bewaldete[n] Ufer" und „Gärten" (V. 5 f.) wahr, doch wird diese durch den „Schlamm der Verwesung" (V. 7), der den Tod symbolisiert, und die Aufzählung von Fäkalien („Kot", V. 8; „Urin", V. 12) kontrastiert.

Sowohl die Unterschiede als auch die Gemeinsamkeiten in den Gedichten lassen sich aufgrund des **literaturhistorischen Kontexts** erklären. So sind beide Autoren geprägt vom Krieg bzw. von der Angst davor: Heym, da er sich in einer Zeit der internationalen politischen Kriegsrüstung befindet und militärische Auseinandersetzungen befürchten muss; Eich, da er sich nach dem verlorenen Krieg mit den Erfahrungen eines Heimkehrers in das zerstörte Deutschland konfrontiert sieht.

Die Erfahrungen des Ersten Weltkriegs wurden von den Schriftstellern dieser Zeit auf unterschiedlichste Weise verarbeitet. Durch die Steigerung des Schreckens im Zweiten Weltkrieg wurde die Literatur noch nachhaltiger beeinflusst. Je nachdem, ob die Literaten Gegner oder Verfolgte, Soldaten oder Zivilisten, Verwundete oder Gefangene waren, versuchten sie auf verschiedensten Wegen die Vorahnungen, Eindrücke und Erfahrungen zu verarbeiten und die Leser zur Aufarbeitung, zum Umdenken oder zur Vorsicht anzuregen. Aber nicht nur die beiden Weltkriege übten Einfluss auf die Literatur aus, auch der Kalte Krieg, der in der zweiten Hälfte des 20. Jahrhunderts die politische, kulturelle und gesellschaftliche Weltsituation prägte, bewog viele Autoren, sich mit der zeitgenössischen Geschichte auseinanderzusetzen. Daraus entwickelten sich verschiedene Ansätze und Strömungen, die bis in die neueste Zeit reichen. Eine interessante Überlegung wäre in diesem Zusammenhang, eine Analyse der Auswirkung gegenwärtiger internationaler Krisenherde auf die zeitgenössische Lyrik in aller Welt anzustellen.

Abitur Deutsch (Bayern G8) – Übungsaufgabe 2:
Erschließung eines poetischen Textes

Aufgaben:
1. Erschließen Sie den Inhalt und die Dialogführung sowie die dramaturgische und sprachlich-stilistische Gestaltung des folgenden Szenenausschnitts. Arbeiten Sie auf dieser Grundlage die politische Position des Marquis von Posa heraus.
2. Vergleichen Sie Posas politische Position mit derjenigen aus einem anderen literarischen Werk.

Vorbemerkung

Der vorliegende Ausschnitt stammt aus der zehnten Szene des dritten Akts von Friedrich Schillers Drama *Don Karlos, Infant von Spanien,* das 1787 uraufgeführt wurde. Schauplatz ist der spanische Hof in Madrid. Die Handlung spielt im Jahr 1568 während der Gegenreformation. In ihrem Mittelpunkt stehen der katholische spanische König Philipp II., sein idealistisch eingestellter Sohn Don Karlos und dessen ihm zuweilen widersprüchlich erscheinender Freund, der Marquis von Posa. König Philipp, ein absolutistisch regierender Monarch, versucht, seine Macht auch in den zu Spanien gehörenden Provinzen Flandern und Brabant zu sichern, indem er dort die um Selbstständigkeit kämpfenden protestantischen Untertanen blutig unterdrückt. Dem jungen Marquis von Posa, der sich in der Vergangenheit durch Heldentaten für seinen König ausgezeichnet hat, bietet Philipp zum Dank ein Amt an, das Posa jedoch ablehnt, weil ihm seine Unabhängigkeit wichtiger ist. Etwa an dieser Stelle setzt der folgende Gesprächsausschnitt ein.

Friedrich Schiller (1759–1805)
Don Karlos, Infant[1] von Spanien

MARQUIS.
    Da Sie den Menschen aus des Schöpfers Hand
    In Ihrer Hände Werk verwandelten
    Und dieser neugegoßnen Kreatur
    Zum Gott sich gaben – da versahen[2] Sie's
5   In etwas nur: Sie blieben selbst noch Mensch –
    Mensch aus des Schöpfers Hand. *Sie* fuhren fort,
    Als Sterblicher zu leiden, zu begehren;
    Sie brauchen Mitgefühl – und einem Gott
    Kann man nur opfern – zittern – zu ihm beten!
10 Bereuenswerter Tausch! Unselige
    Verdrehung der Natur! – Da Sie den Menschen

    Zu Ihrem Saitenspiel herunterstürzten,
    Wer teilt mit Ihnen Harmonie?
KÖNIG. (Bei Gott,
15 Er greift in meine Seele!)
MARQUIS. Aber Ihnen
    Bedeutet dieses Opfer nichts. Dafür
    Sind Sie auch einzig – Ihre eigne Gattung –
    Um diesen Preis sind Sie ein Gott. – Und schrecklich,
20 Wenn das *nicht* wäre – wenn für diesen Preis,
    Für das zertretne Glück von Millionen,
    Sie nichts gewonnen hatten! wenn die Freiheit,
    Die Sie vernichteten, das einzge wäre,
    Das Ihre Wünsche reifen kann? – Ich bitte,
25 Mich zu entlassen, Sire. Mein Gegenstand
    Reißt mich dahin. Mein Herz ist voll – der Reiz
    Zu mächtig, vor dem Einzigen zu stehen,
    Dem ich es öffnen möchte.

Der Graf von Lerma[3] tritt herein und spricht einige Worte leise mit dem König.
30 *Dieser gibt ihm einen Wink, sich zu entfernen, und bleibt in seiner vorigen Stellung sitzen.*

KÖNIG *zum Marquis, nachdem Lerma weggegangen.*
                              Redet aus!

MARQUIS *nach einigem Stillschweigen.*
35 Ich fühle, Sire, – den ganzen Wert –
KÖNIG. Vollendet!
    Ihr hattet mir noch mehr zu sagen.
MARQUIS. Sire!
    Jüngst kam ich an von Flandern und Brabant. –
40 So viele reiche, blühende Provinzen!
    Ein kräftiges, ein großes Volk – und auch
    Ein gutes Volk – und Vater dieses Volkes!
    Das, dacht ich, das muß göttlich sein! – Da stieß
    Ich auf verbrannte menschliche Gebeine –

45 *Hier schweigt er still; seine Augen ruhen auf dem König, der es versucht, diesen Blick zu erwidern, aber betroffen und verwirrt zur Erde sieht.*

    […]

    O schade, daß, in seinem Blut gewälzt,
    Das Opfer wenig dazu taugt, dem Geist
    Des Opferers ein Loblied anzustimmen!
50 Daß Menschen nur – nicht Wesen höhrer Art –
    Die Weltgeschichte schreiben! – Sanftere
    Jahrhunderte verdrängen Philipps Zeiten;
    Die bringen mildre Weisheit; Bürgerglück

Wird dann versöhnt mit Fürstengröße wandeln,
55 Der karge[4] Staat mit seinen Kindern geizen,
Und die Notwendigkeit wird menschlich sein.
KÖNIG. Wann, denkt Ihr, würden diese menschlichen
Jahrhunderte erscheinen, hätt ich vor
Dem Fluch des jetzigen gezittert? Sehet
60 In meinem Spanien Euch um. Hier blüht
Des Bürgers Glück in nie bewölktem Frieden;
Und *diese Ruhe* gönn ich den Flamändern[5].
MARQUIS *schnell.* Die Ruhe eines Kirchhofs! Und Sie hoffen
Zu endigen, was Sie begannen? hoffen,
65 Der Christenheit gezeigte Verwandlung[6],
Den allgemeinen Frühling aufzuhalten,
Der die Gestalt der Welt verjüngt? Sie wollen
Allein in ganz Europa – sich dem Rade
Des Weltverhängnisses[7], das unaufhaltsam
70 In vollem Laufe rollt, entgegenwerfen?
Mit Menschenarm in seine Speichen fallen?
Sie werden nicht! Schon flohen Tausende
Aus Ihren Ländern froh und arm. Der Bürger,
Den Sie verloren für den Glauben, war
75 Ihr edelster. Mit offnen Mutterarmen
Empfängt die Fliehenden Elisabeth[8],
Und fruchtbar blüht durch Künste unsres Landes
Britannien. Verlassen von dem Fleiß
Der neuen Christen, liegt Granada öde[9],
80 Und jauchzend sieht Europa seinen Feind
An selbstgeschlagnen Wunden sich verbluten.

Der König ist bewegt; der Marquis bemerkt es und tritt einige Schritte näher.

Sie wollen pflanzen für die Ewigkeit,
Und säen Tod? Ein so erzwungnes Werk
85 Wird seines Schöpfers Geist nicht überdauern.
Dem Undank haben Sie gebaut – umsonst
Den harten Kampf mit der Natur gerungen,
Umsonst ein großes königliches Leben
Zerstörenden Entwürfen hingeopfert.
90 Der Mensch ist mehr, als Sie von ihm gehalten.
Des langen Schlummers Bande wird er brechen
Und wiederfordern sein geheiligt Recht.
Zu einem Nero und Busiris[10] wirft
Er Ihren Namen, und – das schmerzt mich; denn
95 Sie waren gut.
KÖNIG.   Wer hat Euch dessen so
Gewiß gemacht?

13

MARQUIS *mit Feuer.* Ja, beim Allmächtigen!
Ja – ja – ich wiederhol es. Geben Sie,
Was Sie uns nahmen, wieder! Lassen Sie,
Großmütig wie der Starke, Menschenglück
Aus Ihrem Füllhorn strömen – Geister reifen
In Ihrem Weltgebäude! Geben Sie,
Was Sie uns nahmen, wieder. Werden Sie
Von Millionen Königen ein König.

Er nähert sich ihm kühn, indem er feste und feurige Blicke auf ihn richtet.

[…]   Geben Sie
Die unnatürliche Vergötterung auf,
Die uns vernichtet. Werden Sie uns Muster
Des Ewigen und Wahren. Niemals – niemals
Besaß ein Sterblicher so viel, so göttlich
Es zu gebrauchen. Alle Könige
Europens huldigen dem spanschen Namen.
Gehn Sie Europens Königen voran.
Ein Federzug von dieser Hand, und neu
Erschaffen wird die Erde. Geben Sie
Gedankenfreiheit. –

Sich ihm zu Füßen werfend […]

Aus: Friedrich Schiller: Don Karlos. Infant von Spanien,
Reclam UB 38, Stuttgart 2001, S. 122 ff.

Worterläuterungen:
1 *Infant:* Titel der königlichen Prinzen in Spanien und Portugal seit dem 13. Jahrhundert
2 *versahen:* irrten sich
3 Graf Lerma ist Oberster der Leibwache des Königs.
4 *karge:* sparsame
5 *Flamändern:* Einwohner von Flandern
6 *Der Christenheit gezeigte Verwandlung:* Anspielung auf die Reformation
7 *Weltverhängnisses:* neutral im Sinne von Schicksal
8 *Elisabeth:* Königin Elisabeth I. von England
9 *Der neuen Christen ... öde:* gewaltsam christianisierte Mauren von Granada
10 *Busiris:* sagenhafter ägyptischer Despot

Hinweise und Tipps

- Die Darstellung des **Inhalts** und der **Dialogführung** sollte aufgrund der sich ansonsten häufenden Wiederholungen nicht gesondert, sondern als Einheit erfolgen.
- Bei der Erschließung der **Dialogführung** empfiehlt es sich, die Sprechakte beziehungsweise Sprechaktgruppen der Figuren durch Verben auszudrücken und auf diese Weise zu beschreiben, wie der jeweilige Sprecher auf die Äußerungen seines Gesprächspartners reagiert und versucht, auf ihn einzuwirken. Wichtig ist auch, die Redeanteile der beiden Figuren zu bestimmen.
- Bei der Analyse der **sprachlich-stilistischen Gestaltung** des Dialogs dürfen die sprachlichen Mittel nicht nur registriert werden, sondern es muss auch darauf hingewiesen werden, welche Funktionen sie erfüllen.
- Die Erarbeitung der **politischen Position des Marquis von Posa** setzt eine genaue Untersuchung seiner Äußerungen voraus, darüber hinaus können Kenntnisse über die Position Schillers sowie über den geistesgeschichtlichen und politischen Hintergrund sehr hilfreich sein.
- Für den **Vergleich** mit der politischen Position des Marquis von Posa eignen sich neben dem hier vorgeschlagenen Werk Georg Büchners insbesondere Dramen und Romane des 20. Jahrhunderts (z. B. Bertolt Brecht: „Leben des Galilei"; Alfred Andersch: „Sansibar oder der letzte Grund"; Stefan Heym: „Lenz oder die Freiheit"). Es kann nicht erwartet werden, dass aus dem ausgewählten Werk wörtlich zitiert wird. Annäherungen an wörtliche Äußerungen können die Überzeugungskraft der Argumente jedoch auf jeden Fall stützen.

Gliederung

1 Schillers historisches Drama *Don Karlos*

2 Erschließung des Szenenausschnitts aus Friedrich Schillers *Don Karlos*
2.1 Inhalt und Dialogführung
2.1.1 Leidenschaftliche Vorhaltungen Posas an den König hinsichtlich seiner Herrschaftsauffassung (Z. 1–28)
2.1.2 Unterschiedliche Beurteilung der Situation in den niederländischen Provinzen (Z. 29–62)
2.1.3 Düstere Prognosen des Marquis für das Reich Philipps (Z. 63–97)
2.1.4 Leidenschaftlicher Appell Posas an den König (Z. 98–118)
2.2 Dramaturgische Gestaltung
2.3 Sprachlich-stilistische Gestaltung
2.3.1 Sprache des Marquis von Posa
2.3.2 Sprache König Philipps
2.4 Die politische Position des Marquis von Posa

3 Vergleich mit den politischen Positionen in einem anderen literarischen Werk – Georg Büchner: *Dantons Tod*

Lösungsvorschlag

Das erste von Schillers im strengen Sinne historischen Dramen, *Don Karlos*, markiert den Übergang von der genialisch-impulsiven zur klassischen und damit stärker der gedanklichen Auseinandersetzung verpflichteten Schaffensperiode des Dichters. In dem hier vorliegenden Ausschnitt kommt beides zum Ausdruck: die Emotionalität und Leidenschaftlichkeit des „Stürmers und Drängers" und die eingehende Reflexion des klassischen Dramatikers Schiller über menschliche Größe und besonders über die für ihn so entscheidende Bedeutung der Freiheit. [1]

Der **Marquis** hält dem König vor, sich den Menschen gegenüber zum Gott aufgeworfen, sich aber dabei doch in einem wesentlichen Punkt geirrt zu haben, da er doch auch ein **fühlender und des Mitgefühls bedürftiger Mensch** geblieben sei. In seiner angemaßten Rolle als Gott, so fährt Posa vorwurfsvoll fort, habe er sich aber aus jeglicher Gemeinschaft mit den degradierten Menschen entfernt. **Philipp** zeigt sich berührt, lässt dies aber nur in einer kurzen beiseite gesprochenen Bemerkung erkennen. Der Marquis steigert seine Vorhaltungen, indem er – angesichts von so vielen der Freiheit beraubten Menschen – den Sinn von Philipps angemaßter **Gottähnlichkeit** anzweifelt. Seine tiefe innere Bewegung scheint ihn an diesem Punkt am Weitersprechen zu hindern, doch lässt er indirekt erkennen, dass er die einzigartige Gelegenheit eines Gesprächs mit dem König weiterhin nutzen möchte. [2, 2.1, 2.1.1]

Nachdem Posa von Philipp zweimal zum Weiterreden aufgefordert worden ist, berichtet er von einer Reise in die **Provinzen Flandern und Brabant,** wo er sowohl Glück und Wohlstand als auch die Spuren blutiger **Unterdrückung** vorgefunden hat. Der König reagiert auf diese Schilderung mit stummer Betroffenheit. Einem möglichen Einwand Philipps kommt der Marquis zuvor, indem er betont, dass die geopferten Untertanen ihm nicht zum Ruhme gereichen. Anschließend entwickelt er die Vision von einer Zeit, in der Fürsten und Untertanen in Harmonie miteinander leben werden. Philipp hält mit dem Hinweis dagegen, dass entschlossenes Regieren notwendig gewesen sei, um den Frieden in Spanien zu sichern. Einen derartigen Frieden wünscht er auch den Niederlanden. [2.1.2]

Posa versucht dem König mit beschwörenden Worten aufzuzeigen, dass er mit seiner auf Unterdrückung setzenden, beharrenden Politik die allgemeine, insbesondere durch die Reformation in Gang gekommene Entwicklung nicht aufhalten könne. Eindringlich legt er dar, dass die Verfolgung der Protestanten dem eigenen Land geschadet, dem zur Aufnahme der Flüchtlinge bereiten England aber genützt habe. Auch nach diesen Worten zeigt sich Philipp bewegt, sagt aber wieder nichts. Posa führt dem König vor Augen, dass seine Bemühungen und Errungenschaften nicht von Dauer seien und er die Fähigkeiten und Ansprüche seiner Untertanen unterschätzt habe. Auch drückt Posa sein [2.1.3]

Bedauern darüber aus, dass Philipp **als Despot in die Geschichte** eingehen werde, obwohl er ihn eigentlich für einen guten Herrscher halte. Der König fragt Posa, wie er zu dieser Einschätzung komme.

Mit großer Leidenschaft fordert der Marquis den König auf, Großmut walten zu lassen und den Menschen das wiederzugeben, was er ihnen genommen hat. Er fleht Philipp buchstäblich an, sich von dem absolutistischen Verständnis seiner Herrschaft abzuwenden und den übrigen Monarchen in Europa ein Vorbild zu sein. Mit dem Appell, die Freiheit des Denkens und Redens, die „**Gedankenfreiheit**" (Z. 117), zu ermöglichen, konkretisiert er seine Aufforderung. 2.1.4

Der Dialog ist durch die große sprachliche Dominanz des Marquis gekennzeichnet, der König beschränkt sich auf äußerst knappe Reaktionen. Dass das Verhältnis der **Redeanteile** der eigentlichen Rangordnung der beiden Männer entgegengesetzt ist, hat seinen Grund vor allem in der hochemotionalen Verfassung Posas, die durch sein Engagement für das Schicksal der niederländischen Provinzen bedingt ist. Posa nimmt sich gegenüber dem König die Freiheit (der Gedanken und des Redens), die er von diesem für alle Untertanen fordert. Der König rechtfertigt sich trotz Posas fundamentaler Anschuldigungen kaum und schweigt betroffen zu dessen Vorwürfen – einem absolutistischen Herrscher gar nicht gemäß. Posas Ausführungen hinterlassen eine deutliche Wirkung bei ihm: Er zeigt sich bewegt, was sich besonders in seinem **Schweigen** (Z. 46), dem **Beiseitesprechen** (Z. 14 f.), in seinem **zu Boden gesenkten Blick** (Z. 46) oder eben in der **Kürze seiner Äußerungen** (Z. 96 f.) zeigt. Nonverbale Kommunikationsmittel dienen auch zur Verdeutlichung von Posas Reaktionen und Intentionen. Auch er **schweigt** (Z. 45), versucht durch **Blickkontakt** auf den König einzuwirken (Z. 45, 106), er **nähert** sich dem König (Z. 83, 106), das zweite Mal sogar „kühn", und schließlich **wirft er sich ihm zu Füßen** (Z. 118). Dieses Verhalten lässt seine hohe emotionale Anteilnahme erkennen, kann aber auch gezielt zum Zweck eingesetzt sein, seinen Worten größeren Nachdruck zu verleihen. Für den Zuschauer, der ja die Macht- und Standesverhältnisse kennt, erhöht sich dadurch die Spannung im Hinblick auf den Ausgang der ungewöhnlichen Unterredung. 2.2

Schiller verdeutlicht mit der Gestaltung dieses Gesprächs auch, wie wichtig für Philipp die Auseinandersetzung mit dem Marquis ist. Dies zeigt sich nicht nur an den bereits erwähnten emotionalen Reaktionen auf Posas Ausführungen, sondern auch etwa daran, dass er den hereintretenden Obersten der Leibwache, der ihm etwas mitteilen möchte, sofort wieder hinausweist, um weiterhin dem Marquis zuzuhören (Z. 30). Dieser muss so entschlossen, so leidenschaftlich, so begeistert von seinen Ideen auftreten, wie Schiller es ihn tun lässt. Andernfalls wäre es nicht nachvollziehbar, dass der mächtige, nach außen hin gefühlskalte König in einem so hohen Maß von Posas Darlegungen beeindruckt ist.

Die Größe des Augenblicks und tiefste Überzeugung von den eigenen Ideen lassen für den Marquis nur eine Sprache zu, die **leidenschaftlich, pathetisch, geradezu schwärmerisch** ist. Es geht dem Marquis darum, den König zu überzeugen. Die zu diesem Zweck angewandte Strategie zeigt sich unter anderem an der häufigen Verwendung bestimmter **Schlüsselbegriffe**, wie etwa „Mensch" (Z. 1, 5, 6, 90, 101), „Freiheit" (Z. 22, 117), „Gott" beziehungsweise „Schöpfer" (Z. 4, 6, 8, 19, 85), „Opfer" (Z. 17, 48) und „Bürger" (Z. 53, 73). Posa will dem König ein Menschenbild nahe bringen, welches den gesellschaftspolitischen Vorstellungen Philipps und seiner Zeit widerspricht. Dabei schont er den König keineswegs. Neben den Schlüsselbegriffen sind es auch einige **bedeutungsschwere Komposita**, welche die Absichten Posas verdeutlichen, zum Beispiel „Weltgeschichte" (Z. 51), „Bürgerglück" (Z. 53), „Fürstengröße" (Z. 54), „Weltverhängnis[ ]" (Z. 69), „Menschenglück" (Z. 101) und – natürlich – „Gedankenfreiheit" (Z. 117). Die Eindringlichkeit und der Aufforderungscharakter der sich gegen Ende der Stelle ekstatisch steigernden Ausführungen des Marquis zeigen sich u. a. an den zahlreichen **Appellen**, ja sogar **Befehlen**, zwischen den Zeilen 99 und 117 in einer **Klimax** angeordnet, in den **rhetorischen Fragen** in den Zeilen 63 ff. sowie an **Parallelismen** (Z. 25 f., 77/80, 86 f./88) und **Wiederholungen** (Z. 41 f., 99/103, 110).

Die emotionale Intensität der Äußerungen Posas ist auch an einigen besonderen rhetorischen Figuren zu erkennen. Wenn er auf die aus seiner Sicht unnatürliche, verfehlte Herrschaftsausübung aufmerksam machen will, verwendet er ausdrucksstarke **Metaphern** beziehungsweise **Bilder** (Z. 11 f., 63, 66 ff., 83 f., 100 ff.); für die Gegenvorstellung, eine humane Herrschaftsform, wählt er häufig **Personifikationen**, gleichsam um das Natürliche eines solchen Zustands zu betonen (z. B. Z. 51 ff.). Die **Antithese** schließlich konfrontiert das Wunschbild von einem König mit Philipps realer Herrschaftsausübung (z. B. Z. 8 f., 84 ff.). Dass der Marquis nicht davor zurückschreckt, den König persönlich anzugreifen, macht die **Ironie** deutlich, mit der er die Gottähnlichkeit Philipps relativiert (vgl. etwa Z. 17 ff.). Mit dem appellierenden, beschwörenden Charakter der Äußerungen Posas geht einher, dass es nur wenige kausale Verknüpfungen im Sinne eines logischen Argumentierens gibt. Die Strategie des Marquis stützt sich auf **Behauptungen** (z. B. Z. 39 ff., 75 ff.), **Feststellungen** (z. B. 43 f.) und **Prophezeiungen** (Z. 51 ff.). Sie münden schließlich, nach Appellen und Aufforderungen, in der **zentralen Forderung** nach „Gedankenfreiheit" (Z. 117).

Der König beschränkt sich in dieser Phase des Disputs auf nur wenige Äußerungen. Von einer Ausnahme abgesehen (Z. 57 ff.), sind es ganz knappe **Aufforderungen** (Z. 33, 36 f.), ein beiseite gesprochener Seufzer (Z. 14 f.) und eine **Frage** (Z. 96 f.). Die ausführlichere Äußerung ab Z. 57 enthält eine **rhetorische Frage**, eine **Aufforderung** und eine **Behauptung**, mittels denen der König den einzigen Versuch unternimmt, sich vor Posa zu rechtfertigen. Die Knappheit der Äußerungen Philipps ist darin begründet, dass er von der Wucht und Leidenschaft Posas stark beeindruckt ist (vgl. auch die nichtverbalen Reaktionen) und sich von seinen Aussagen angesprochen fühlt.

In Posas Ideen spiegeln sich die Vorstellungen, die Schiller von freien Menschen in einem freien Staat gehabt hat, nämlich die „höchstmögliche Freiheit der Individuen bei des Staates höchster Blüte" (8. Brief über *Don Karlos*). Der Dichter konnte auf siebenjährige negative Erfahrungen in der Karlsschule des absolutistischen Fürsten Karl Eugen, des Herzogs von Württemberg, zurückblicken, und er kannte natürlich die Gedanken von Jean Jacques Rousseau (zum *Contrat social*) sowie die amerikanische Unabhängigkeitserklärung von 1776, die jeweils die politische Freiheit im Rahmen der Gesetze und die Gleichheit aller vor dem Gesetz als zentrale Postulate aufwiesen. Schiller lebte in einer Zeit, in der die Ablösung des absolutistischen Herrschertums durch eine konstituelle Monarchie oder gar eine republikanische Staatsform unter aufgeklärten Denkern als politische Leitideen galten. Zu Zeiten Philipps II. stellten diese Ideen noch Utopien dar, deren endgültige Durchsetzung nicht abzusehen war. Zwei Jahre nach der Uraufführung des Dramas jedoch kam es im Zuge der Französischen Revolution von 1789 zu einem Versuch, diese Utopie umzusetzen, und zugleich zu deren Pervertierung. Diese Zusammenhänge zeigen, dass Schiller mit dem Stück auch zur Zeitgeschichte Stellung bezog. 2.4

Posa, der sich in dem Gespräch mit Philipp viel herausnehmen kann, konfrontiert den König mit einer harten Kritik an dem bestehenden absolutistischen Herrschaftssystem. Er stellt es als ein System dar, in dem der König sich eine gottähnliche Rolle angemaßt (Z. 1 ff., 107 f.), die Menschen völlig seinem Willen und seiner Macht unterworfen (Z. 1 ff.), ihnen Glück und Freiheit genommen hat (Z. 21 ff.) und diejenigen mit Gewalt und Tod überzieht, die sich ihre Eigenständigkeit erhalten wollen, wie zum Beispiel die flandrischen Provinzen. Die Kritik Posas richtet sich gegen die Auswüchse des Absolutismus und die Hybris absolutistischer Herrscher, die es nicht vermögen, neueren Entwicklungen Rechnung zu tragen, sondern verbissen an ihrem Menschenbild und Staatsverständnis festhalten (Z. 67 ff.). Im Fall Spaniens impliziert dies zusätzlich die Grauen der Inquisition. Dies widerspricht dem zukunftsorientierten und optimistischen **Denken der Aufklärung**, dessen Anhänger Schiller zum Zeitpunkt des Entstehens des Dramas gewesen ist. Der Dichter hatte ja in Karl Eugen von Württemberg einen absolutistisch herrschenden Fürsten persönlich kennen gelernt, er hatte ihn gefürchtet, aber er war kein Fürstenhasser und lässt auch Posa in dessen Kritik nicht die Institution der Monarchie an sich infrage stellen (vgl. u. a. sein Lob für die nicht gerade liberale englische Königin Elisabeth, Z. 75 f.), sondern nur den Missbrauch der hohen Stellung.
In seinem **Gegenentwurf** plädiert der Marquis für ein System, in welchem der **Herrscher ein „primus inter pares"**, ein König von „Millionen Königen" (Z. 105) sein soll. Dies entspricht in etwa einer konstitutionellen Monarchie, in welcher die Bürger ja wesentlich mehr Rechte und Freiheiten haben als in einer absoluten. Posa entwirft die Vision von einer Ordnung, in der Fürst und Bürger in Harmonie miteinander leben (Z. 51 ff.) und in welcher die Freiheit, die der König erstickt hat, wieder ein wesentlicher Pfeiler des Zusammenlebens sein soll.

Dazu bedarf es aber auch der **Vision von einem neuen Menschen:** Die Bürger sollen die in ihnen angelegten Fähigkeiten nutzen und fördern dürfen. Sie sollen sich nicht mit der „Ruhe eines Kirchhofs" (Z. 63), mit einem Frieden begnügen, der nur durch Unterjochung der Menschen aufrecht erhalten werden kann, sondern ihr Schicksal in freier Selbstbestimmung mithilfe ihrer Vernunft in allen wichtigen Angelegenheiten des Lebens frei gestalten, so wie es Kant in seinem Aufsatz *Was ist Aufklärung?* aus dem Jahr 1783 angemahnt hat. Nichts anderes ist mit der Aufforderung Posas an den König gemeint: „Geben Sie / Gedankenfreiheit. –" (Z. 116 f.).

Gedankenfreiheit – dieser in Deutschland erstmals von Herder verwendete Begriff – impliziert die Kantische Überzeugung, dass die nötige Vernunft in jedem Individuum angelegt ist und bei richtiger Erziehung auch zur Reife gelangen kann. Dieses sehr positive Menschenbild – das in Schillers Schauspiel zum Beispiel in Zeile 90 zum Ausdruck kommt: „Der Mensch ist mehr, als Sie von ihm gehalten" – ist die Basis für ein Staatswesen, in dem die Bürger ihre Grundrechte ohne Duckmäuserei ausüben können und in dem der Fürst – gemeinsam mit den Bürgern – zwar lenkt und steuert, aber nicht mehr nur verfügt, anordnet und erzwingt. Marquis von Posa schließt in seine Vision durchaus König Philipp mit ein: Er attestiert ihm menschliche Züge und positive Leistungen (Z. 5 ff., 94 f.), beklagt aber die Fehlschlüsse, die Philipp aus seiner Macht und seiner Stellung gezogen hat (z. B. Z. 10 ff.). Das heißt, Posa schwebt ein Herrschaftsmodell vor, in dem der Fürst zwar eine wichtige Rolle spielt, er aber seine Position und Person nicht überschätzt. Er hält Philipp für fähig, eine Umkehr zu wagen, sonst würde er sich in dem Gespräch nicht so stark engagieren.

Posa vertritt seine Ansichten mit großer Sicherheit und sehr optimistisch – ganz im Stil der Aufklärung. Er ist der festen Überzeugung, dass „Bürgerglück (…) versöhnt mit Fürstengröße wandeln" (Z. 53 f.) und das Schicksal unaufhaltsam seinen Lauf nehmen wird (vgl. 68 ff.). **Der geschichtliche Fortschritt wird sich mit Notwendigkeit einstellen**, beharrende Kräfte werden daran nichts ändern können, ihr Starrsinn und ihr Egoismus werden nur noch viele sinnlose Opfer fordern (vgl. Z. 72). Dass zur Änderung der bestehenden Verhältnisse auch eine Revolution möglich sein könnte, wird von Schiller nicht ausdrücklich ausgeschlossen, eine andere Lösung ist für ihn aber wünschenswerter (vgl. Z. 114 ff.). Es scheint fast, als hätte Schiller schon geahnt, dass sich grenzenloser Optimismus und Idealismus sehr schnell in einen „Terror der Menschheitsbeglückung" (Rüdiger Safranski) verwandeln können. Wenig später hat die Französische Revolution eben dies bewiesen.

Auch wenn es auf den ersten Blick nicht den Anschein haben mag, auch unter Berücksichtigung der Tatsache, dass Georg Büchner das idealistische Drama von Schiller abgelehnt hat, gibt es in dem vorliegenden Szenenausschnitt aus *Don Karlos* und in *Dantons Tod* doch einen politischen Aspekt, bei dem die Positionen der beiden Autoren gar nicht so weit auseinander liegen: Es handelt sich um **das Anliegen, die breiten Volksschichten aus ihrer desolaten Situ-**

ation zu befreien. Hier hören die Gemeinsamkeiten jedoch schon auf, denn während es bei Schiller darum geht, den Menschen Freiheit im Denken und Handeln zu geben, ihnen Selbstbestimmung zu ermöglichen, liegt der Akzent bei Büchner eindeutig auf der Herstellung sozialer Gerechtigkeit. Das Programm dazu ist in der Streitschrift *Der Hessische Landbote* von 1834 nachzulesen, die Realität, die blanke Not und die Verzweiflung der Menschen, wird in den Straßenszenen des *Danton* vorgeführt (insbesondere in I, 2).

Während der Marquis von Posa beim König leidenschaftlich für eine Änderung seiner Einstellung wirbt, letzten Endes von ihm auch eine Umkehr und damit eine Verbesserung des gesellschaftlichen Klimas für alle erhofft, ist die gewaltsame Umwälzung der Herrschafts- und Gesellschaftsformen in Büchners Drama bereits realisiert worden: Der im *Hessischen Landboten* formulierten Devise „Friede den Hütten! Krieg den Palästen!" wurde schon Rechnung getragen. In dem Drama – die Handlung folgt weitgehend den historischen Ereignissen – wird jedoch die Einstellung zur Revolution problematisiert: **Zwei Positionen**, diejenige des radikalen Jakobiners Robespierre und diejenige des früheren Justizministers und Initiators der „Septembermorde", Danton, prallen aufeinander: **Robespierre**, der „Tugendhafte", denkt und handelt kompromisslos, er will keine Halbheiten. Für ihn ist die „soziale Revolution [...] noch nicht fertig" und die „gesunde Volkskraft" hat sich noch nicht „an die Stelle dieser nach allen Richtungen abgekitzelten Klasse" gesetzt. Solange dies nicht der Fall ist, müsse weiterhin der „Schrecken herrschen" (Zitate aus I, 6). Trotz dieser rigorosen Einstellung befallen ihn hin und wieder Selbstzweifel: „Ich weiß nicht, was in mir das andere belügt." (I, 6) Es sind die Selbstzweifel eines Menschen, der bei aller Entschlossenheit ahnt, dass auch er in bestimmter Weise determiniert ist.

Für **Danton** hat der Schrecken in dem Augenblick seinen Sinn verloren, als seine – bürgerlichen – Ziele mit dem Sieg über den König und den feudalen Adel erreicht waren. Dass damit noch lange keine umfassend gerechtere Gesellschaft geschaffen worden ist, worum es Büchner mit seinem politischen Engagement ja eigentlich ging, dass damit auch die Gegensätze zwischen Arm und Reich nur partiell verringert worden sind, scheint Danton nichts auszumachen. Für ihn kommt nun mit den an Grausamkeit zunehmenden Handlungen etwas besonders zum Tragen, was er auch schon nach seiner Beteiligung an den Septembermorden gespürt hat – der Fluch des „Muss": „Was ist das, was in uns lügt, hurt, stiehlt und mordet? Puppen sind wir, von unbekannten Gewalten am Draht gezogen." (II, 5) Er kommt angesichts der augenfälligen Tatsachen nicht um die Einsicht herum, dass nicht „wir [...] die Revolution", sondern „die Revolution [...] uns gemacht" hat (II, 1). Danton merkt, dass er zu einem Instrument der Revolution geworden ist. Dahinter steht das Wissen, dass der Mensch weitestgehend durch Umstände determiniert ist, an denen er nichts ändern kann.

Diese inneren Konflikte der beiden Hauptfiguren in Büchners Drama offenbaren ein **völlig anderes Menschenbild** als dasjenige, das in dem Szenenauszug aus *Don Karlos* zum Ausdruck kommt. Das, was der Marquis vom König fordert, hält er auch für möglich. Es liegt am freien Willen des Menschen, das Böse zu lassen beziehungsweise zu beenden und das Gute zu erreichen, vorausgesetzt, die äußeren Bedingungen engen ihn nicht zu stark ein. Dieses idealistische Menschenbild, man könnte fast von Menschheitsenthusiasmus sprechen, hat seine Wurzeln in der Aufklärung und deren Optimismus im Hinblick auf die freie Selbstbestimmung des Menschen – wie er etwa von Leibniz, Voltaire, Diderot und insbesondere auch Rousseau vertreten wird. Einen gewaltigen Dämpfer haben die idealistischen Vorstellungen Schillers durch den Verlauf der Französischen Revolution von 1789 erhalten. Zum Pessimisten oder Materialisten im Hinblick auf historische Entwicklungen oder hinsichtlich seines Menschenbildes ist er deswegen aber nicht geworden. Das Herrschaftsmodell, welches der Marquis als Vision entwirft, läuft auf eine konstitutionelle Monarchie hinaus (vgl. Abschnitt 2.4). Diese Staatsform ist für ihn die Grundlage nicht nur für das Gedeihen des Gemeinwesens, sondern für eine humane Zukunft überhaupt.

Friedrich Schillers optimistische Geschichtsauffassung und sein idealistisches Menschenbild werden, wie schon angedeutet, von Georg Büchner abgelehnt. Für ihn ist Geschichte unvernünftig, hat keinen Sinn und Zweck. Den Beweis liefern ihm die sozialen Zustände und eine Revolution, die – anstatt diese Zustände zu verbessern – ihre „Kinder frisst". Danton resigniert, weil er spürt, dass die Menschen innerlich und äußerlich nicht frei sind, sondern vielmehr Marionetten gleichen, die von „unbekannten Gewalten am Draht gezogen" werden (II, 5).

Diesem sehr negativen, deterministischen Menschenbild muss zwangsläufig ein **pessimistisches Welt- und Geschichtsbild** entsprechen. Die Geschichte ist nicht durch Vernunft und Fortschritt bestimmt, sondern durch den Kampf der Leidenschaften und durch totale Unfreiheit. Auch eine religiöse Perspektive ist nicht zu erkennen. „Das Nichts ist der zu gebärende Weltgott." (Danton in IV, 5) Was bleibt da noch? Es ist das gegenseitige Akzeptieren der Menschen, die Hinnahme dessen, was jeder ist, was die Natur jedes Einzelnen ausmacht. Auch mögliches Mitleiden ist darin eingeschlossen. Diese Haltung offenbart sich in den Gesprächen, welche die dem Tode Geweihten miteinander führen: Humanität in einer Grenzsituation.

Abitur Deutsch (Bayern G8) – Übungsaufgabe 3: Erschließung eines poetischen Textes

Aufgaben:
1. Beschreiben Sie den Inhalt und Aufbau des folgenden Textausschnitts und erarbeiten Sie anhand der erzählerischen und sprachlich-stilistischen Gestaltung, auf welche Weise Diederich versucht, seinen Gesprächspartner zu verunsichern und sein eigenes Selbstbewusstsein zu heben.
2. Heinrich Mann hat Diederich als typischen Untertanen charakterisiert. Vergleichen Sie, ausgehend von Ihren Ergebnissen, die in Heßling deutlich werdenden Züge eines Untertanen mit der Ausprägung der Untertanenmentalität in einem anderen literarischen Werk.

Vorbemerkung

Der Roman *Der Untertan* von Heinrich Mann entstand in den Jahren 1912–1914, konnte aber erst 1918 ohne politischen Druck in Deutschland veröffentlicht werden. Diederich, „ein weiches Kind", erfährt bereits in frühen Jahren die angsteinflößende Macht des Vaters und lernt es schnell, sich entsprechend unterzuordnen. Auch in der Schule weiß er sich durch kriecherisches Verhalten gegenüber strengen Lehrern und dominanten Mitschülern auf der einen Seite sowie durch Unterdrückung der Schwächeren auf der anderen geschickt durchzulavieren. Die Faszination vollständiger Unterwerfung findet er dann auch als Student in einer schlagenden Verbindung und beim täglichen Drill auf dem Kasernenhof. Während seiner Ausbildungszeit in Berlin verkehrt Diederich im gastfreundlichen Haus von Herrn Göppel und verliebt sich in dessen Tochter Agnes. Nach einer kurzen Zeit persönlichen Glücks glaubt er aber zu ahnen, dass Agnes seinem Besitz- und Machtstreben im Wege steht; daher lässt er sie fallen. Der folgende Text setzt während des Besuchs von Herrn Göppel ein, der das Verhalten von Diederich nicht hinnehmen will.

Heinrich Mann (1871–1950)
Der Untertan

Göppel ward immer ratloser.
„Ja, was wollen Sie dann überhaupt?"
„Ich? Gar nichts. Ich dachte, Sie wollten was, weil Sie mich besuchen."
Göppel gab sich einen Ruck. „Das geht nicht, lieber Heßling. Nach dem, was nun mal
5 vorgefallen ist. Und besonders, da es schon so lange dauert."
Diederich maß den Vater, er zog die Mundwinkel herab. „Sie wußten es also?"
„Nicht sicher", murmelte Göppel. Und Diederich, von oben:
„Das hätte ich auch merkwürdig gefunden."
„Ich habe eben Vertrauen gehabt zu meiner Tochter."

„So irrt man sich", sagte Diederich, zu allem entschlossen, womit er sich wehren konnte. Göppels Stirn fing an, sich zu röten. „Zu Ihnen hab ich nämlich auch Vertrauen gehabt."

„Das heißt: Sie hielten mich für naiv." Diederich schob die Hände in die Hosentaschen und lehnte sich zurück.

„Nein!" Göppel sprang auf. „Aber ich hielt Sie nicht für den Schubbejack[1], der Sie sind!"

Diederich erhob sich mit formvoller Ruhe. „Geben Sie Satisfaktion[2]?" fragte er, Göppel schrie:

„Das möchten Sie wohl! Die Tochter verführen und den Vater abschießen! Dann ist Ihre Ehre komplett!"

„Davon verstehen Sie nichts!" Auch Diederich fing an, sich aufzuregen. „Ich habe Ihre Tochter nicht verführt. Ich habe getan, was sie wollte, und dann war sie nicht mehr loszuwerden. Das hat sie von Ihnen." Mit Entrüstung: „Wer sagt mir, daß Sie sich nicht von Anfang an mit ihr verabredet haben? Dies ist eine Falle!"

Göppel hatte ein Gesicht, als wollte er noch lauter schreien. Plötzlich erschrak er, und mit seiner gewöhnlichen Stimme, nur daß sie zitterte, sagte er: „Wir geraten zu sehr ins Feuer, dafür ist die Sache zu wichtig. Ich habe Agnes versprochen, daß ich ruhig bleiben will."

Diederich lachte höhnisch auf. „Sehen Sie, daß Sie schwindeln? Vorhin sagten Sie, Agnes weiß gar nicht, daß Sie hier sind."

Der Vater lächelte entschuldigend. „Im guten einigt man sich schließlich immer. Nicht wahr, mein lieber Heßling?"

Aber Diederich fand es gefährlich, wieder gut zu werden. „Der Teufel ist Ihr lieber Heßling!" schrie er. „Für Sie heiß ich Herr Doktor!"

„Ach so", machte Göppel, ganz starr. „Es ist wohl das erstemal, daß jemand Herr Doktor zu Ihnen sagen muß? Na, auf die Gelegenheit können Sie stolz sein."

„Wollen Sie vielleicht auch noch meine Standesehre antasten?" Göppel wehrte ab.

„Gar nichts will ich antasten. Ich frage mich nur, was wir Ihnen getan haben, meine Tochter und ich. Müssen Sie denn wirklich so viel Geld mithaben?"

Diederich fühlte sich erröten. Um so entschlossener ging er vor.

„Wenn Sie es durchaus hören wollen: Mein moralisches Empfinden verbietet mir, ein Mädchen zu heiraten, das mir seine Reinheit nicht mit in die Ehe bringt!"

Sichtlich wollte Göppel sich nochmals empören; aber er konnte nicht mehr, er konnte nur noch das Schluchzen unterdrücken.

„Wenn Sie heute nachmittag den Jammer gesehen hätten! Sie hat es mir gestanden, weil sie es nicht mehr aushielt. Ich glaube, nicht mal mich liebt sie mehr: nur Sie. Was wollen Sie denn, Sie sind doch der erste."

„Weiß ich das? Vor mir verkehrte bei Ihnen ein Herr namens Mahlmann." Und da Göppel zurückwich, als sei er vor die Brust gestoßen:

„Nun ja, kann man das wissen? Wer einmal lügt, dem glaubt man nicht."

Er sagte noch: „Kein Mensch kann von mir verlangen, daß ich so eine zur Mutter meiner Kinder mache. Dafür hab ich zuviel soziales Gewissen." Damit drehte er sich um. Er hockte nieder und legte Sachen in den Koffer, der geöffnet dastand.

Hinter sich hörte er den Vater nun wirklich schluchzen – und Diederich konnte nicht
hindern, daß er selbst gerührt ward: Durch die edel männliche Gesinnung, die er ausgesprochen hatte, durch Agnes' und ihres Vaters Unglück, das zu heilen ihm die Pflicht verbot, durch die schmerzliche Erinnerung an seine Liebe und all diese Tragik des Schicksals ... Er hörte, gespannten Herzens, wie Herr Göppel die Tür öffnete und schloß, hörte ihn über den Korridor schleichen und das Geräusch der Flurtür. Nun war es aus – und da ließ Diederich sich vornüber fallen und weinte heftig in seinen halbgepackten Koffer hinein. Am Abend spielte er Schubert.

Damit war dem Gemüt Genüge getan, man mußte stark sein. Diederich hielt sich vor, ob etwa Wiebel[3] jemals so sentimental geworden wäre. Sogar ein Knote ohne Komment[4] wie Mahlmann hatte Diederich eine Lektion in rücksichtsloser Energie erteilt. Daß auch die anderen in ihrem Innern vielleicht doch weiche Stellen haben könnten, erschien ihm im höchsten Grade unwahrscheinlich. Nur er war, von seiner Mutter her, damit behaftet; und ein Mädel wie Agnes, die gerade so verrückt war wie seine Mutter, würde ihn ganz untauglich gemacht haben für diese harte Zeit. Diese harte Zeit: Bei dem Wort sah Diederich immer die Linden[5] mit dem Gewimmel von Arbeitslosen, Frauen, Kindern, von Not, Angst, Aufruhr – und das alles gebändigt bis zum Hurraschreien, gebändigt durch die Macht, die allumfassende, unmenschliche Macht, die mitten darin ihre Hufe wie auf Köpfe setzte, steinern und blitzend.

‚Nichts zu machen', sagte er sich, in begeisterter Unterwerfung. ‚So muß man sein!'
Um so schlimmer für die, die nicht so waren: sie kamen eben unter die Hufe. Hatten Göppels, Vater und Tochter, irgendeine Forderung an ihn? Agnes war großjährig, und ein Kind hatte er ihr nicht gemacht. Also? ‚Ich wäre ein Narr, wenn ich zu meinem Schaden etwas täte, wozu ich nicht gezwungen werden kann. Mir schenkt auch keiner was.' Diederich empfand stolze Freude, wie gut er nun schon erzogen war. Die Korporation[6], der Waffendienst und die Luft des Imperialismus hatten ihn erzogen und tauglich gemacht. Er versprach sich, zu Haus in Netzig seine wohlerworbenen Grundsätze zur Geltung zu bringen und ein Bahnbrecher zu sein für den Geist der Zeit.

Aus: Heinrich Mann, Der Untertan, Weimar/Berlin: Aufbau Verlag 1993,
zitiert nach: Fischer TB 1996, S. 97 ff.

Worterläuterungen:
1 *Schubbejack:* Lump
2 *Satisfaktion:* Zurücknahme einer Beleidigung durch die Bereitschaft zum Duell
3 *Bundesbruder Wiebel:* Mitglied der Studentenverbindung, der auch Diederich angehört
4 *Knote ohne Komment:* plumpe, die Regeln des studentischen Verbindungslebens nicht beachtende Person
5 *die Linden:* die Straße „Unter den Linden" in Berlin
6 *Korporation:* Studentenverbindung

Hinweise und Tipps

- *Die Beschreibung von **Aufbau** und **Inhalt** des Textausschnitts kann durch genaues Durchlesen und entsprechende Markierungen im Text gut vorbereitet werden.*
- *Der zweite Teil der Aufgabe 1 erfordert neben der Analyse der **erzählerischen** sowie **sprachlich-stilistischen Mittel** deren entsprechende Zuordnung zu den wesentlichen Gesprächsstrategien, welche das Verhalten Diederichs kennzeichnen.*
- *Die zweite Aufgabe sollte mit einer Zusammenfassung der zentralen **Merkmale des Untertanen** beziehungsweise **der Untertanenmentalität** eingeleitet werden, wie sie durch die Analyse in Aufgabe 1 erarbeitet wurden.*
- *Darauf aufbauend kann der **Vergleich** mit der Ausprägung der Untertanenmentalität in einem anderen literarischen Werk vorgenommen werden. Für den Vergleich kommt ein satirisches Stück wie „Der Hauptmann von Köpenick" ebenso in Frage wie eine Erzählung oder ein Roman (z. B. „Der ewige Spießer" von Ödön von Horváth oder „Die Deutschstunde" von Siegfried Lenz).*
- *Wörtliche Zitate aus dem Vergleichstext können natürlich nicht erwartet werden, falls verfügbar, können sie die Überzeugungskraft der Ausführungen jedoch verstärken.*

Gliederung

1   Zur Relevanz der Thematik des Romans

2   Erschließung des Romanauszugs aus Heinrich Manns *Der Untertan*
2.1   Aufbau und Inhalt
2.1.1 Fassungslosigkeit Göppels über das Verhalten Diederichs (Z. 1–20)
2.1.2 Komplottunterstellung durch Diederich und Bemühungen Göppels um gütliche Einigung (Z. 21–39)
2.1.3 Das moralische Empfinden von Diederich Heßling (Z. 40–53)
2.1.4 Emotionale Reaktion Diederichs (Z. 54–61)
2.1.5 Ankämpfen gegen seine Emotionalität (Z. 62–72)
2.1.6 Selbstgefälliges Resümee Diederichs (Z. 73–82)
2.2   Diederichs Gesprächsstrategien, aufgezeigt an der erzählerischen und sprachlich-stilistischen Gestaltung des Textes
2.2.1 Zurückweisung und Demütigung Göppels
2.2.2 Überspielen der eigenen Unsicherheit
2.2.3 Selbstappell zur Härte und Ankämpfen gegen seine sentimentale Rührung

3   Vergleich der Charakterisierung Diederichs als Untertan mit der Untertanenmentalität in Carl Zuckmayers *Der Hauptmann von Köpenick*
3.1   Merkmale des Untertanen bei Diederich Heßling
3.2   *Der Hauptmann von Köpenick* – Inhaltsüberblick
3.3   Die Untertanenmentalität in *Der Hauptmann von Köpenick*

Lösungsvorschlag

Mit dem Thema „Der Untertan" greift Heinrich Mann in seinem gleichnamigen Roman eine Problematik auf, die in der deutschsprachigen Literatur bis dahin eher selten im Mittelpunkt stand, obwohl die Untertanenmentalität der Deutschen des Öfteren dazu beigetragen hat, geschichtliche Entwicklungen zu beeinflussen. Hierbei ist nicht nur an die Regierungszeit Wilhelms II. zu denken, die ja Heinrich Mann zu seinem Roman inspiriert hat, sondern auch z. B. an den geringen Widerstand der Bevölkerung gegenüber der rückwärts orientierten Politik des Fürsten Metternich (Restauration um 1815). Doch auch der weitere Verlauf des 20. Jahrhunderts bestätigt mit dem Dritten Reich auf erschreckende Weise die Relevanz dieses Themas.   1

Der durch das Verhalten von Diederich verunsicherte Göppel versucht diesem   2
klarzumachen, dass die Dauer und Intensität der Beziehung zwischen Heßling   2.1
und Agnes, seiner Tochter, entsprechende Konsequenzen von Seiten des Man-   2.1.1
nes erwarten lassen. Diederich provoziert Göppel, indem er ihm betont lässig unterstellt, ihn für naiv gehalten zu haben. Göppel verliert daraufhin die Fassung und beschimpft Diederich, was dieser mit der Forderung nach Satisfaktion quittiert. Der zutiefst getroffene Göppel kontert mit einem Angriff auf Diederichs Ehrauffassung.

Der aufgrund der vorhergehenden Attacke zunehmend empörte Diederich   2.1.2
behauptet, nur das getan zu haben, was Agnes von ihm verlangt habe, und unterstellt Göppel, gemeinsame Sache mit seiner Tochter gemacht zu haben, um ihn als Schwiegersohn zu ‚ködern'. Göppel muss schwer an sich halten, um nicht neuerlich die Fassung zu verlieren, er nimmt sich aber zusammen und plädiert für eine **gütliche Einigung**. Die von ihm dabei gebrauchte Anrede „lieber Heßling" (Z. 32) bewirkt bei Diederich aber nur, in aggressivem Ton die Anrede „Herr Doktor" zu fordern. Göppel reagiert ironisch, worauf Diederich heftig auf seine Standesehre pocht. Schließlich trifft der von der Heftigkeit Heßlings stark irritierte Göppel mit seiner nächsten Erwiderung den eigentlichen Grund für Diederichs ablehnendes Verhalten: Er spielt auf die **finanziellen Erwartungen Diederichs** an eine eheliche Verbindung an.

Mit seinem Verweis auf den finanziellen Aspekt der Angelegenheit hat Göp-   2.1.3
pel bei Diederich offensichtlich einen wunden Punkt getroffen. Umso schonungsloser rechtfertigt dieser nun sein Vorgehen: Er könne kein Mädchen heiraten, welches nicht mehr unschuldig sei. Der über diese Aussage fassungslose Herr Göppel beteuert fast schluchzend, Agnes liebe ihn, Diederich, mehr als jeden anderen Menschen, und sie habe vor ihm noch keinen anderen Mann gehabt. Dies alles zählt für Diederich nicht. Er bringt noch Mahlmann, einen weiteren Besucher der Familie Göppel, als möglichen ‚Entehrer' der Tochter ins Spiel und betont, sich in der Sache wiederholend, sein **soziales Gewissen**, das ihm verbiete, „so eine" (Z. 51) zur Mutter seiner Kinder zu machen.

Diederich hat mit dieser Feststellung seinem Besucher buchstäblich den Rest 2.1.4
gegeben: Herr Göppel entfernt sich schluchzend. Da überkommt auch Diederich eine starke Rührung, vor allem angesichts seiner eigenen „**edel männliche[n] Gesinnung**" (Z. 55), die ihm ein Entgegenkommen gegenüber Agnes und ihrem Vater verboten hat, und in Erinnerung an die gemeinsame Zeit mit Agnes. Voller Selbstmitleid lässt er sich weinend in seinen halbgepackten Koffer fallen. Am Abend sucht er Trost am Klavier mit Weisen von Schubert.

Diederich gesteht sich ein, sehr sentimental gewesen zu sein, und gibt seiner 2.1.5
Mutter die Schuld an dieser Veranlagung. Andere wie sein Bundesbruder Wiebel oder Mahlmann hätten nicht mit diesem Problem zu kämpfen. Da ihn Agnes in ihrer Gefühlsbetontheit an seine Mutter erinnert, würde ihn eine Verbindung mit ihr, so ist er überzeugt, untauglich für „diese harte Zeit" (Z. 68) machen. Dabei erinnert er sich an einen Auftritt des Kaisers, der eine drohende Revolte allein durch die beeindruckende Zurschaustellung seiner Macht gebändigt habe.

Diederich lobt sich selbst für sein Verhalten, insbesondere dafür, nicht zu sei- 2.1.6
nem eigenen Schaden gehandelt zu haben. Agnes und ihrem Vater gegenüber empfindet er keinerlei Verpflichtungen. Im gleichen Atemzug mit der Gewissheit, Agnes ja kein Kind „gemacht" (Z. 76) zu haben, äußert er große Freude über den bereits hohen **Stand seiner Erziehung**, zu dem vor allem die Korporation, das Militär und die „Luft des Imperialismus" (Z. 79), also das durch den Regierungsstil des Kaisers bewirkte allgemeine Klima, beigetragen hätten. Diederich beabsichtigt, den erlernten und erlebten Grundsätzen auch in seiner Heimatstadt Netzig Geltung zu verschaffen.

Der erste, längere Teil des Textes (bis Z. 53) wird weitgehend durch den hef- 2.2
tigen **Dialog** zwischen Diederich und seinem Besucher, dem Vater seiner ehemaligen Geliebten Agnes, bestimmt. Da aber das Gespräch sehr häufig durch Feststellungen des Erzählers in Form des **Erzählerberichts** ergänzt wird, kann dieser Teil des Textes als **szenische Darstellung** angesehen werden. Diese Erzählweise trägt wesentlich dazu bei, dass das Geschehen unmittelbar wirkt, d. h., der Leser erhält nicht nur eine genaue Vorstellung vom wörtlichen Inhalt der Äußerungen, sondern erlebt auch einen Teil der sie bedingenden Gefühle und Vorsätze mit, z. B. in Z. 29: „Diederich lachte höhnisch auf", oder in Z. 25: „Göppel hatte ein Gesicht, als wollte er noch lauter schreien."
Die Erzählweise der szenischen Darstellung ändert sich, als Herr Göppel den Raum verlassen hat und die Aufmerksamkeit des Erzählers nur noch Diederich gilt (ab Z. 54). Dieser zieht nun gleichsam Bilanz über das Vorgefallene, hinterfragt vor allem sein eigenes Verhalten und dessen Gründe. Im Mittelpunkt steht also hier die Perspektive der dies alles erlebenden beziehungsweise reflektierenden Figur, nämlich Diederichs. Um diese Perspektive möglichst genau wiederzugeben, verwendet der Erzähler häufig die **erlebte Rede** (z. B. Z. 62, 66 ff., 74 ff., 79 f.), doch auch die **direkte** (Z. 73, 76 ff.) und **indirekte Rede**

(z. B. Z. 62 f.). Sogar der **Erzählerbericht** (Z. 68 ff.) dient dazu, die Gefühle und Überlegungen Diederichs möglichst ‚authentisch' wiederzugeben, dennoch aber ein gewisses Maß an erzählerischer Distanz zu erhalten. Diese ist nötig, damit der den gesamten Roman und damit auch diesen Textausschnitt maßgeblich bestimmende **satirische Grundzug** durchgängig erhalten bleibt. Dieser satirische Ton betrifft in erster Linie den Romanhelden Diederich Heßling, mit ihm aber auch die wilhelminische Gesellschaft mit ihrer Tendenz zur Prahlerei und Oberflächlichkeit auf der einen Seite sowie dem bedingungslosen Untertanengeist auf der anderen.

Es geht Diederich in dieser Phase seines Aufstiegs ganz wesentlich darum, Agnes ‚loszuwerden', denn sie bietet ihm nicht die finanziellen und gesellschaftlichen Perspektiven, die er für seine Karriere zu benötigen glaubt. Dem für seine unglückliche Tochter kämpfenden Vater begegnet er deshalb kühl und ablehnend, für Agnes hat er nur noch Geringschätzung übrig. Dies drückt sich auch in der Wahl **abwertender Begriffe und Formulierungen** aus: Sie war nicht mehr „loszuwerden" (Z. 23), er will „so eine" nicht zur Mutter seiner Kinder machen (Z. 51) und „ein Kind hatte er ihr nicht gemacht" (Z. 76). Diese Wortwahl widerspricht ebenso seiner angeblich guten Erziehung (vgl. Z. 78) wie die wenig vornehme **Emphase** in Z. 33 f. („Der Teufel ist Ihr lieber Heßling!"), als er um seine Strategie der Einschüchterung und Wahrheitsverdrehung fürchtet. Diese Strategie beinhaltet vor allem den Gebrauch von **klischeehaften Wendungen** (z. B. in den Zeilen 17, 37, 41 ff., 52), mit denen er Göppel beeindrucken will, welche aber dem Leser den eklatanten Widerspruch zwischen Schein und Sein bei Diederich aufzeigen. Man kann in diesen Fällen mehrfach von **satirischer Aufhebung** sprechen, denn einige Äußerungen stehen in Widerspruch zu den Tatsachen, da Diederich es ja selbst gewesen ist, der Agnes die „Reinheit" (Z. 42) genommen hat. Sein angebliches „moralisches Empfinden" (Z. 41) entlarvt seine Selbstgefälligkeit und seine falsche Selbstwahrnehmung. Das fehlende persönliche Profil in seiner Sprache offenbart sich auch in den **sentenzenhaften** beziehungsweise **sprichwörtlichen Wendungen** (z. B. Z. 10, 50, 74, 77 f.), welche auf ein geringes Differenzierungsvermögen hinweisen und häufig dazu benützt werden, Unsicherheiten zu überspielen, den Kontrahenten kurz und bündig in die Schranken zu weisen (Z. 10, 50) oder sich selbst Sicherheit und Bestätigung zu geben (Z. 74, 77 f.). Letzteres ist auch an einigen **rhetorischen Fragen** zu erkennen (z. B. Z. 23 f., 37, 48, 50, 74 f.). Diese dienen auch dazu, Herrn Göppel zu verunsichern. Da Diederich weiß, dass seine Position gegenüber Göppel und Agnes keineswegs optimal ist, verhält er sich provozierend (z. B. Z. 17, 33 f.) und fordert dadurch sarkastische oder auch ironische Reaktionen Göppels heraus (z. B. Z. 19 f., 35 f.). Diese nutzt Diederich, um seinen Kontrahenten geringschätzig zurückzuweisen (Z. 21), ihm durch eine dreiste Scheinargumentation die ethisch-moralische Berechtigung seines Vorgehens abzusprechen oder ihn immer wieder auf perfide Art zu **korrigieren** und seine Aussagen **abzuwerten** (z. B. Z. 3 f., 10, 21, 29 f.). Gleichsam ein Meisterstück seiner Strategie

2.2.1

liefert er in Z. 41 ff.: Die Tatsache, dass Agnes ihre „Reinheit" nicht mehr in die Ehe bringen kann, trifft ja zu, aber derjenige, der ihr diese genommen hat, ist Diederich selbst gewesen. Das erwähnt er natürlich nicht, sondern verlagert das Ganze auf eine abstrakte Ebene, wobei er sich **hochwertiger Begriffe** bedient („moralisches Empfinden", „soziales Gewissen") und deren Verbindlichkeit für seine Person reklamiert.

Die Äußerungen Diederichs gegenüber dem zunehmend um Fassung ringenden Göppel genügen bereits, um Strategien und Wesenszüge des Sprechers klar werden zu lassen. Der Erzähler unterstreicht diese Eindrücke noch durch knappe Angaben zur **Gestik, Mimik und zu den Emotionen** Diederichs. So verweisen die Zeilen 6, 7, 13 f., 29 und 52 f. auf Herablassung, die Zeile 17 auf steife Würde und die Zeilen 21 f., 23 und 33 ff. auf Entrüstung, die Zeile 40 auf plötzliche Betroffenheit und die Zeilen 10 und 52 f. auf eine lächerlich wirkende Entschlossenheit. Mit seiner Berufung auf sein „soziales Gewissen" (Z. 52) hat Diederich sein Ziel erreicht: Göppel bricht innerlich zusammen und verlässt die Wohnung (Z. 54 und 58 ff.). Der Erzählabschnitt lässt erkennen, dass Heinrich Mann ihm die Züge einer **Kontrastfigur** gegeben hat: Göppel bedient sich einer einfachen, sehr ehrlich wirkenden Sprache, braust gelegentlich auf und wird auch sarkastisch, versucht aber insgesamt, die Situation für seine Tochter doch noch zu retten. Auf Dauer ist er aber dem sich selbstsicher gebenden, häufig unverfrorenen und mehrfach die Wahrheit verdrehenden Diederich nicht gewachsen.

Mit seinem forschen Auftreten beabsichtigt Diederich allerdings nicht nur, die ihm lästige und peinliche Anwesenheit Göppels zu beenden, es ist auch ein Zeichen seiner inneren Unsicherheit. Worin diese begründet ist und wie er versucht, Selbstbewusstsein zu gewinnen, zeigt sich im zweiten Teil des Textausschnitts nach dem Ende des Dialogs (ab Z. 54). Bereits bevor Göppel die Wohnung verlässt, überlässt sich Diederich höchst **pathetisch** einer Mischung aus Selbstlob und Selbstrechtfertigung und knüpft damit an die Begründungen für seine plötzliche Abwendung von Agnes an (vgl. Z. 41 ff., 51 ff.). Der Hochmut seiner vorangegangenen Äußerungen findet sich nun wieder in einer Reihe von sehr **gewichtigen Begriffen** aus dem **ethischen Bedeutungsfeld** (Z. 55, 57 f.), welche unschwer sein Bemühen erkennen lassen, das eigene Verhalten als moralisch hochwertig zu beurteilen und für die negativen Begleiterscheinungen des Vorgefallenen ein unwägbares Schicksal haftbar zu machen („Tragik des Schicksals", Z. 57 f.). 2.2.2

Diederichs folgende emotionale Rührung und die Zuflucht zu gefühlvollem Klavierspiel (Z. 59 ff.) sind durchaus ehrliche Reaktionen, welche auf einen Charakter mit Zügen von Weichheit und Sentimentalität als auch solchen der Härte, Entschlossenheit und Rücksichtslosigkeit verweisen. Er merkt schnell, dass er sich vorübergehend seinen Gefühlen überlassen hat, und ermahnt sich, nun wieder stark und energievoll zu handeln. Der Abschnitt zwischen den Zeilen 62 und 68 gibt die entsprechenden Gedanken Diederichs wieder. Es dominieren **Adjektive**, die die Divergenz zwischen Härte und Weichheit zum Aus- 2.2.3

druck bringen: „stark" (Z. 62), „rücksichtslos[ ]" (Z. 64), „hart[ ]" (Z. 68) sowie „sentimental" (Z. 63), „weich[ ]" (Z. 65), „verrückt" (Z. 67), „untauglich" (Z. 68). Um wirklich wieder Sicherheit zu gewinnen, muss Diederich Zuflucht zur Erinnerung an ein Erlebnis nehmen, das ihn ungemein beeindruckt und ihn auch für die Zukunft geprägt hat: Es war der Auftritt des Kaisers Wilhelm II., der eine gefährliche Situation allein durch sein Souveränität und Macht ausstrahlendes Erscheinungsbild unter Kontrolle gebracht hat. Die Erinnerung an diese personifizierte Macht gibt Diederich den Halt, den nur eine von allen Zweifeln freie Autorität geben kann. Die Begeisterung Diederichs darüber drückt sich in einer hektischen, superlativischen Sprache aus: Die „Macht" (**Personifikation**, Z. 71), noch gesteigert durch zwei asyndetisch aneinandergereihte **Hyperbeln** (Z. 71 f.), vermag das „Gewimmel" (Ausdruck der Abschätzigkeit) zu „bändigen" (**Wiederholung**, Z. 70 f.), ein „Gewimmel", dessen Unübersichtlichkeit und Bedrohlichkeit durch eine sehr lange **asyndetische Reihung** (Z. 69 f.) besonders betont wird. Der **Vergleich** in Z. 72 unterstreicht die rücksichtslose Kraft der Macht, deren Gesichtsausdruck und der Ausdruck der Augen (**Doppelfigur**, Z. 72) emotionale Kälte und Bedrohung symbolisieren.

Unterwerfung als Mittel zur Erlangung von Selbstsicherheit und Selbstbewusstsein – genau dieser geradezu paradox erscheinende Prozess fasziniert Diederich. Die Erinnerung an den machtvoll auftretenden Kaiser, dem er sich „begeistert[ ]" unterwirft, ist zugleich Appell für ihn, es dem Verehrten gleichzutun: „So muß man sein!" (Z. 73) Das **Bild** in Z. 74 kommentiert das Kaisererlebnis; Diederich selbst gilt es als Warnung: Die Familie Göppel ist ohne seine Schuld „unter die Hufe gekommen", er muss sich aber vorsehen. Seine Unschuld versichert er sich in erlebter Rede, in der einige **rhetorische Fragen** (Z. 74 f.) und die Selbstzufriedenheit einer gängigen **Redewendung** (Z. 77 f.) auffallen.

Mit einer Reihe von **positiv besetzten Ausdrücken** (Z. 80 ff.) spendet sich Diederich selbst überschwängliches Lob und sieht sich geradezu vermessen als fähig an, ein „Bahnbrecher zu sein für den Geist der Zeit" (Z. 81 f). Einen entscheidenden Anteil daran hat seiner Meinung nach „die Luft des Imperialismus" (**Personifikation**, Z. 79).

Zusammenfassend kann die teilweise wohlüberlegt erscheinende, teilweise auch spontane Strategie Diederichs, Göppel zu verunsichern und das eigene Selbstbewusstsein zu stärken, folgendermaßen umrissen werden: Diederich legt es darauf an, Göppel zu irritieren, indem er Tatsachen in Frage stellt und manche von dessen Feststellungen uminterpretiert. Er begegnet dem Vater von Agnes von Anfang an mit Verachtung und schreckt, spürt er Widerstand bei seinem Kontrahenten, nicht vor verbalen Ausfällen und Verdächtigungen im Ton der Entrüstung und Entschlossenheit zurück. Die entscheidende Wirkung bei Göppel erzielt er mit dem Anspruch, eine ehrenwerte moralische und soziale Position zu vertreten, wobei er besonders dreist vorgeht, weil er selbst es Agnes ja unmöglich gemacht hat, dieser Position gerecht zu werden. Die hinter diesem Verhalten versteckte Unsicherheit und Weichheit versucht er einerseits durch sein forsches Auftreten gegenüber Göppel sowie seine sich rechtfertigende Selbstreflexion zu kompensieren, andererseits gibt ihm die Orientierung an der für ihn überragenden Autorität des Kaisers die Kraft, sein eigenes rücksichtsloses Verhalten nicht nur zu billigen, sondern darin auch eine wesentliche Richtschnur für sein zukünftiges Leben zu sehen.

Der Titel von Heinrich Manns Roman *Der Untertan* ist zugleich Programm: **3**
Von der ersten Seite an erlebt der Leser die Entwicklung Diederich Heßlings 3.1
vom weichen, autoritätsgläubigen Kind über den sich immer selbstbewusster und gleichzeitig subalterner verhaltenden jungen Mann bis zum geachteten und gefürchteten Bürger seiner Heimatstadt Netzig und zugleich bedingungslosen Untertanen der abgöttisch verehrten kaiserlichen Macht.
Einige der für den perfekten Untertanen typischen Merkmale zeigen sich (wie dargelegt) bereits im vorliegenden Textausschnitt, in dem sich Diederich als gerade promovierter zukünftiger Jungunternehmer präsentiert: Er weiß, dass sein Gesprächspartner von ihm Entgegenkommen wünscht, in gewisser Weise sogar darauf angewiesen ist. Das nützt er weidlich aus: Er gibt sich überlegen und herablassend gegenüber dem Schwächeren. Da ihm im Grunde bewusst ist, dass er Agnes übel mitgespielt hat, überspielt er seine Unsicherheit mit hohlen moralisierenden Phrasen. Letzten Endes ist er zu feige, dem Vater die Wahrheit zu gestehen, nämlich dass Agnes für ihn keine vorteilhafte Partie gewesen wäre. Dass er einen weichen Kern hat, weiß er, er hat ihn stets bekämpft, so auch in vorliegendem Textausschnitt. Dabei dient ihm die Machtausübung des Kaisers als Devise für sein eigenes hartes Handeln und für bedingungslose Unterwerfung: Den Schwachen gegenüber, Göppel und seiner Tochter, gilt es Härte und rücksichtslose Energie zu beweisen, dem Überlegenen, „der Macht", Unterwerfung. Die häufig gebrauchte Redewendung ‚Nach oben buckeln und nach unten treten' erweist sich bereits in diesem knappen Textausschnitt als zutreffend für den Untertanen Diederich Heßling.

Für den autoritätsfixierten Diederich spielt das Militär zwar – zeitlich gesehen 3.2
– nur vorübergehend eine zentrale Rolle, dennoch führt jede Begegnung mit militärischen Würdenträgern, besonders wenn es sich um den höchsten Befehlshaber, den Kaiser, handelt, bei ihm zu spontanen Unterwerfungsreflexen. Wesentlich umfassender behandelt **Carl Zuckmayer** in seinem Stück ***Der Hauptmann von Köpenick***, das auf ein tatsächliches Ereignis im Jahr 1906 zurückgeht, die Bedeutung von Militär und Uniform für das Selbstverständnis des preußischen Untertanen. Der wegen eines vergleichsweise harmlosen Betrugsdelikts 15 Jahre inhaftierte Schuster Wilhelm Voigt wird nach seiner Entlassung Opfer einer menschenverachtenden Bürokratie: Ohne ‚ordnungsgemäße' Anmeldung bekommt er keine Arbeit, ohne Arbeit erhält er aber keine Anmeldebestätigung. Er wird wieder straffällig, sitzt noch einmal 10 Jahre im Gefängnis und greift nun zum letzten Mittel: Er kauft in einem Trödelladen eine Hauptmannsuniform, nimmt als ‚Hauptmann' eine kleine Kompanie von Soldaten unter seinen Befehl, besetzt das Köpenicker Rathaus, verhaftet den

Bürgermeister, nimmt die Stadtkasse an sich – alles, um endlich in den Besitz des so dringend benötigten Passes zu kommen. Die Operation gelingt nahezu problemlos, zu einem Pass kommt Voigt aber nicht, denn das Bürgermeisteramt ist nicht für Pässe zuständig.

Im Unterschied zum Roman von Heinrich Mann steht in Zuckmayers Drama nicht ein einzelner perfekter Untertan im Mittelpunkt, sondern eine **Gesellschaft**, für die das Prinzip der bedingungslosen Unterordnung mehr oder weniger Existenzgrundlage ist. Dies bringt sehr deutlich Hoprecht, Voigts an sich gutmütiger und hilfsbereiter Schwager, zum Ausdruck, als er Voigt vor unüberlegten Handlungen warnen will. „Wer'n Mensch sein will, der muss sich unterordnen, verstanden?", so heißt seine Devise wie auch die der gesamten Gesellschaft. Unterordnen, das bedeutet, sich „reinzufügen" und „das Maul [zu] halten". Wer so handelt, habe Pflichtgefühl. Im Alltag erfährt Voigt auf schmerzliche Weise, wie das zu verstehen ist: In den Amtsstuben der Behörden und der Polizei behandelt man ihn herablassend („Darüber steht Ihnen kein Urteil zu." „Blödsinn"), teilweise auch bösartig („Raus!!! […] Scherense sich raus!!"). Dem unterprivilegierten, fast rechtlosen Voigt gegenüber glaubt jeder kleine Beamte, seine Überlegenheit ausdrücken und ihn demütigen zu können. Dieser kleine Beamte wiederum hält es für selbstverständlich, von seinem Vorgesetzten ‚von oben herab' behandelt zu werden. 3.3

Auch im *Untertan* ist diese Herablassung gegenüber angeblich Schwächeren deutlich zu erkennen. Diederich hat eine gewisse Stufe seiner Karriere erreicht, er merkt, dass er taktisch gegenüber Göppel im Vorteil ist, und nützt dies bedenkenlos aus. Er zeigt Härte, und Härte bekommt auch der hilflose Schuster Voigt von den Behörden zu spüren: Er wird aus einigen Berliner Bezirken aus rein formalen Gründen einfach ausgewiesen, weil er nicht ordnungsgemäß angemeldet ist. Die Anmeldebestätigung bekommt er aber nicht, weil er keine Arbeit hat und so weiter. Ein ‚anständiger' Untertan hat solche Absurditäten zu akzeptieren, wenn er es nicht tut, ist er verloren. Wer sich aber fügt, kann ebenso verloren sein. „Und det is'n Opfer wert!!", sagt Schwager Hoprecht. Unterordnung, das bedeutet, für „det Janze" einzutreten, ein vollwertiger deutscher Bürger zu sein, auch wenn einem Unrecht geschieht. Diese massive Form der **Subordination** ist nur mit der bedingungslosen Unterwerfung Diederichs unter die im Kaiser personifizierte Macht zu vergleichen. Der von Diederich gedemütigte Göppel unterwirft sich nicht, er resigniert vielmehr. Diederich tritt nach unten und buckelt nach oben, er verkörpert im *Untertan* das entsprechende Prinzip. In *Der Hauptmann von Köpenick* wird es nahezu von allen außer von Voigt vertreten, sieht man einmal von einigen kleinen Gaunern oder armen Mädchen ab. Auch der Köpenicker Bürgermeister Obermüller wird zu einem willfährigen Untertan, der „jede Verantwortung" ablehnt, sobald er mit höherer Macht konfrontiert wird. Als Voigt in der Uniform eines Hauptmanns das Rathaus besetzt, kann er anordnen, was er will, niemand setzt ihm Widerstand entgegen. Alle verhalten sich feige, zeigen deutlich, was von ihrer strammen Gesinnung zu halten ist. Der bis dahin unterwürfige Wachtmeister Kilian ergreift zudem die Gelegenheit, im Dienst des ‚Hauptmanns' kleinere Rechnungen gegenüber seinem Vorgesetzten und dessen Frau zu begleichen. Entscheidend für den grotesken Verlauf des Geschehens ist die Uniform beziehungsweise das durch sie vertretene Militär.

Was bei Heinrich Mann die „allumfassende, unmenschliche Macht" (Z. 71) des Kaisers ist, wird bei Zuckmayer vom **Militär** besetzt: Ein Mann gilt nur etwas, wenn er ‚gedient' hat. Den Trägern einer Offiziersuniform wird jeder nur mögliche Respekt entgegengebracht, ohne Uniform muss sich auch ein Offizier in der Öffentlichkeit auf peinliche Situationen einstellen (wie dies dem Hauptmann von Schlettow widerfährt). Ein Uniformrock ist „keen Rock mehr, det is'n Stick von Menschen. Det is de bessere Haut, sozusagen", befindet der Uniformschneider Wabschke. Die **Uniform** symbolisiert in Zuckmayers Stück gleichsam eine beständige Aufforderung zur Unterordnung, zu übertriebenem Respekt und zu anbiedernder Unterwürfigkeit. Die Untertanenmentalität einer ganzen Gesellschaft findet ihren Ausdruck in dem Fußfall aller vor dem Militär, vor der Uniform. Heinrich Mann stellt in seinem Roman auch eine autoritätsgläubige Gesellschaft vor, in der es einem Menschen wie Diederich Heßling gelingt, sowohl Autorität auszuüben als auch Begeisterung über bedingungslose Unterwerfung zu verspüren. Daneben spielt die charakterliche Anlage eine bedeutende Rolle bei der Entwicklung Diederichs zum perfekten Untertanen. Im *Hauptmann von Köpenick* ist die Untertanenmentalität mehr oder weniger das Lebenselixier der gesamten Gesellschaft und äußert sich in einer geradezu wollüstigen Unterwürfigkeit gegenüber Militär und Uniform. Der Autor hat es bewusst darauf angelegt, dass ganz Deutschland über die (wahre) Geschichte lachen musste. Das 1933 von den Nationalsozialisten erlassene Aufführungsverbot für seine Stücke war sicher durch die 1931 erschienene satirische Darstellung von Militärhörigkeit mitbewirkt.

Abitur Deutsch (Bayern G8) – Übungsaufgabe 4:
Verfassen einer vergleichenden Analyse von Sachtexten

Aufgaben:
1. Analysieren Sie vergleichend die beiden folgenden Sachtexte hinsichtlich ihrer Argumentation und ihrer sprachlichen Gestaltung.
2. Nehmen Sie ausgehend von Ihren Ergebnissen kritisch Stellung zu der Vorgehensweise der beiden Verfasser.

Text A
Thorsten Keller: „Wir wollen doch nur unseren Sport"

Hilpoltstein (HK) Am Sonntag ist genau ein Monat vergangen, dass das Drama von Winnenden ganz Deutschland schockierte. Am Dienstag sorgte der Amoklauf eines 60-Jährigen vor dem Landshuter Gericht für neues Entsetzen. In beiden Fällen wurden die Taten mit Waffen von Sportschützen verübt.

Kein Wunder also, dass die Diskussionen um Waffenbesitz, Lagerung und Umgang kein Ende finden. So hat Bayerns Staatskanzleichef Siegfried Schneider kurz nach der Tat am Dienstag angekündigt, dass sich das bayerische Kabinett in der kommenden Woche mit einer Verschärfung des Waffenrechts beschäftigen wird.

Von weiteren Beschränkungen im Waffenrecht wären neben Jägern und Sicherheitsbediensteten in erster Linie die rund zwei Millionen Sportschützen in Deutschland betroffen, darunter rund 4 000 im Schützengau Schwabach-Roth-Hilpoltstein. Doch diese sehen ihren Ruf zu Unrecht beschädigt, wie hiesige Vertreter der Schützenvereine deutlich machen.

„Für uns Schützen gibt es nichts Schlimmeres als so ein Ereignis", klagt Josef Grillmayer, Gauschützenmeister des Schützengaus Schwabach-Roth-Hilpoltstein. „Jeder, der so eine Tat begeht, hat auch unseren Ruf auf dem Gewissen. Ich halte es für unfair, die Sportschützen unter Generalverdacht zu stellen."

Auch der langjährige Schützenmeister Roland Kreichauf von der Schützengesellschaft Eysölden fürchtet um das Ansehen der Schützenvereine: „Für mich als Schützenmeister ist der erste Gedanke, wenn ich von einem Amoklauf höre: Hoffentlich ist der Täter nicht im Schützenverein oder hat etwas mit einem solchen zu tun."

Kreichauf kritisiert wie Grillmayer, dass die Sportschützen von Politik und Medien nun als Sündenböcke hingestellt würden, weshalb er sich sehr um die Zukunft der Schützenvereine sorge. Diese würden seit Jahren mit immer umfangreicheren und strengeren Auflagen bedacht und hätten sowieso schon seit längerem ein Problem im Nachwuchsbereich, da es bei den Eltern zunehmend Vorbehalte gebe, ihr Kind im Schützenverein anzumelden. „Die Schützenvereine trifft bei Amokläufen keine Schuld. Ich sehe die Verantwortung eher bei den Eltern der Amokläufer und die Ursachen auch bei Killerspielen", sagt Kreichauf.

Beide Vertreter der Schützenvereine verweisen auf die Ausbildungsarbeit und das hohe Maß an Sicherheit, auf das jeder Sportschütze von Beginn an Wert lege. Schon in der frühen Jugend würde den Nachwuchsschützen beigebracht, wie man auf sichere Art und Weise mit der Waffe umgeht und diese vorschriftsmäßig verwahrt. Die Jugendlichen würden natürlich auch über die Gefahren einer Schusswaffe aufgeklärt, betonen Kreichauf und Grillmayer.

Ob eine weitere Verschärfung des Waffengesetzes, das schon jetzt zu den strengsten im internationalen Vergleich zählt, sinnvoll ist, wagt man zu bezweifeln. Seit dem Amoklauf in Erfurt 2002 wurde das deutsche Waffengesetz zweimal verschärft. Damals wurde das Mindestalter für Waffenbesitz angehoben, sodass Sportschützen nun erst mit 21 Jahren großkalibrige Gewehre oder Pistolen besitzen dürfen, Jäger mit 18 Jahren. Junge Erwachsene unter 25 Jahren müssen seit Erfurt außerdem ein medizinisch-psychologisches Gutachten vorlegen, um eine Waffenbesitzkarte zu erhalten. Seit 2008 dürfen auch täuschend echt aussehende Waffenattrappen und gefährliche Messer nicht mehr in der Öffentlichkeit mitgeführt werden.

Immer wieder wird in den Medien die Frage vorgebracht, ob es noch sinnvolle Möglichkeiten gibt, das Waffenrecht zu verschärfen. Kreichauf findet die in Erwägung gezogenen Stichprobenkontrollen bei Waffenbesitzern grundsätzlich nicht schlecht, glaubt jedoch nicht, dass Fahrlässigkeit dadurch vermieden werden kann. Dieser Ansicht schließt sich auch Hans Thomas, Gausportleiter des Schützengaus Eichstätt an: „Man sollte jetzt nicht auf die Schützenvereine losgehen. Wir haben in Deutschland eines der strengsten Waffengesetze, an das sich in der Regel alle halten."

Josef Grillmayer appelliert, die Schuld an Gewalttaten nicht den Sportschützen in die Schuhe zu schieben: „Wir Schützen wollen doch nur unseren Sport ausüben und in die Gesellschaft integriert sein."

Aus: Donaukurier vom 08. 04. 2009

Text B

Heribert Prantl: „Privilegierte Schützen"

Die angebliche Verschärfung des Waffenrechts nach dem Massaker von Winnenden ist gar keine Verschärfung – dank der Waffenlobby. Nach dem Amoklauf von Winnenden stand die Republik unter Schock. Schnell wurde eine Verschärfung des Waffenrechts angekündigt.

An dieser Stelle eine herzliche Gratulation an den Deutschen Schützenbund, an den Bund der Sportschützen, an die Verbände der Jäger, der Waffensammler und Waffenhersteller. Sie haben den Gesetzgeber nach dem Massaker von Winnenden erfolgreich vor dem bewahrt, was sie „Aktionismus" nennen. Sie haben die Regierung von einer Verschärfung des Waffenrechts abgehalten.

Sie haben durch ihr bewehrtes Engagement, durch treffsicheres Argumentieren und durchschlagende Sach- und Fachkunde erreicht, dass es keine Beschränkungen des gewohnten Schießbetriebes geben wird. Sie haben auf die fachmännische Schießausbildung hingewiesen, die junge Leute bei ihnen erhalten; sie haben das Traditionsgefühl betont, das sie verkörpern, und die Freiheitsrechte, die sie vertreten, sie haben vor allem auch das Wählerpotenzial benannt, das sie repräsentieren. Sie haben erreicht, dass ihre Mitglieder nicht in ihren armierten[1] Grundfreiheiten beeinträchtigt werden. Sie haben die Regierung dazu überredet, dass Sportschützen weiterhin mit großkalibrigen Waffen schießen und Jäger weiterhin in unbegrenzter Zahl Langwaffen erwerben können.

Das ist, nach dem Blutbad, das ein Jugendlicher mit der Beretta[2] seines Vaters angerichtet hat, das ist, nach den Amokläufen in den zurückliegenden Jahren, eine beachtliche Leistung der Lobby. Die Novellierung des Waffenrechts, die nun bevorsteht, besteht darin, dass nicht mehr mit Farbpistolen aufeinander geschossen werden darf. Das ist gewiss im Sinn der Schützen- und Jägerverbände, die solches Treiben als unethischen Firlefanz und unwaidmännischen Klamauk ablehnen.

Die Verschärfung des Rechts sieht nun also so aus, dass man mit Waffen, die nicht scharf sind, nicht mehr schießen darf, sehr wohl aber ohne Restriktion mit scharfen Waffen. Die Verbände haben die Politik also davon überzeugt, dass das ganz Naheliegende ganz falsch wäre: Es wäre falsch, dafür zu sorgen, dass nicht mehr 30 Millionen, sondern nur noch drei Millionen Gewehre in deutschen Privathaushalten lagern. Es wäre falsch, sicherzustellen, dass künftig in Deutschland weniger Waffen zugelassen werden. Es wäre auch falsch, die Aufbewahrung von Waffen und Munition zu Hause zu verbieten. All diese Regelungen würden nämlich, so sagen die Verbände, ihre Mitglieder unter einen Generalverdacht stellen. Der Gesetzgeber hat das eingesehen. Das ist überraschend.

Die neueren Sicherheitsgesetze arbeiten nämlich alle mit einem Generalverdacht; alle Bürger müssen sich, zur Sicherheit, gewisse Grundrechtseingriffe gefallen lassen, auch wenn keine Anhaltspunkte für Straftaten vorliegen. Der Gesetzgeber hat aber offenbar erkannt, dass man Schützen viel mehr Vertrauen entgegenbringen muss als normalen Bürgern. Diese Erkenntnis verdankt er dem Wirken der Verbände. Schützenvereine, die nach schöner alter Tradition „königlich privilegiert" heißen, dürfen sich nun „demokratisch privilegiert" nennen.

Aus: Süddeutsche Zeitung vom 08. 05. 2009

Worterläuterungen:
1 *armiert:* bewaffnet
2 *Beretta:* Schusswaffe vor allem für Zivilpersonen (Jäger und Sportschützen)

Hinweise und Tipps

- *In einer **vergleichenden Sachtextanalyse** werden Inhalt, Argumentationsstruktur und sprachliche Mittel der jeweiligen Artikel untersucht und die grundsätzlichen **Unterschiede** und **Gemeinsamkeiten** herausgestellt.*
- *Für die **Einleitung** erscheint es bei vorliegendem Thema sinnvoll, auf die verschiedenen Formen journalistischen Schreibens näher einzugehen.*

– Im **Hauptteil** bietet es sich an, zunächst den argumentativen Aufbau beider Texte zu analysieren, ehe man genauer auf die sprachlichen Besonderheiten eingeht. Das heißt, Sie untersuchen zuerst, wie der jeweilige Verfasser die Thematik darlegt und wie er seine Auffassung begründet. Die Funktion einzelner Textteile wird an dieser Stelle mit einbezogen, bevor die sprachlichen Gestaltungselemente im Zusammenhang mit der Wirkungsabsicht des Autors nachgezeichnet werden. Stützen Sie Ihre sprachlichen Befunde mittels Belegen aus den Artikeln und stellen Sie sie in Bezug zur Argumentationsstruktur. Zitate werden hierbei kenntlich gemacht und in den Satzbau integriert.

– Im **zweiten Teil** Ihres Aufsatzes nehmen Sie zur Vorgehensweise der Verfasser **kritisch Stellung**. Hier soll beispielsweise untersucht werden, ob die Gedankenführung schlüssig ist und der Autor ausgewogen argumentiert. Auch die Intention des Schreibers, die sich auf die Art seiner Darstellung auswirkt, wird hier untersucht und bewertet.

– Der **Schlussteil** bildet in Einheit mit der Einleitung einen der Abhandlung angemessenen Rahmen, indem auf die Verarbeitung des Themas in der jeweiligen journalistischen Form eingegangen wird.

– Da die Ausführung in **geschlossener Form** dargestellt werden soll, ist es nötig, die einzelnen Punkte der Arbeit miteinander zu verknüpfen. Die Analyse erstellen Sie in **sachlichem Sprachstil** unter Verwendung entsprechender Fachbegriffe.

Gliederung

A. Verschiedene journalistische Sachtextformen in der heutigen Medienlandschaft

B. Vergleichende Analyse der vorliegenden Sachtexte und kritische Stellungnahme zur journalistischen Vorgehensweise

    I. Untersuchung der unterschiedlichen Argumentationsstruktur
        1. Argumente gegen die Verschärfung des Waffenrechts (Keller)
        2. Widerlegung der Argumente zur Beibehaltung des bisherigen Waffengesetzes (Prantl)

    II. Vergleich der sprachlichen Gestaltung
        1. Neutral informierender Stil in Kellers Bericht
        2. Subjektiv beeinflussender Stil in Prantls Kommentar

    III. Stellungnahme zu unterschiedlichen journalistischen Darstellungsweisen des tagespolitischen Geschehens

C. Wichtigkeit eines kritischen Umgangs mit den Medien

Lösungsvorschlag

Die Aufgabe der **öffentlichen Meinungsbildung** in Bezug auf zeitgenössisches Weltgeschehen und aktuelle Themen obliegt weitestgehend den Medien, deshalb können diese neben Legislative, Judikative und Exekutive sogar als die „vierte Macht im Staate" bezeichnet werden. Insbesondere dem Journalismus im Printbereich kommt hierbei eine große Bedeutung zu. Durch verschiedene Darstellungsformen erlangt der einzelne Autor die Möglichkeit, informierend und meinungsbildend tätig zu werden. Mehr als alle anderen journalistischen Formen sind **Nachrichten** und **Berichte** am Ziel der Objektivität orientiert und sollten sich jeder Wertung enthalten. In diesen Bereich fällt auch die **Reportage**, obwohl in dieser über ein Ereignis oder eine Person in besonders lebendiger und anschaulicher Weise informiert wird. Die Übermittlung der eigenen Meinung zu einem an anderer Stelle bereits behandelten Thema ist hingegen durch das Abfassen eines **Kommentars** möglich. Eine Kurzform dieses Genres stellt die Glosse dar, unter welcher man einen ironisch-witzigen, oft auch polemischen Meinungsartikel mit einer sehr spitzen Argumentation versteht. Sie unterscheidet sich vom Kommentar nicht in der Themenwahl, sondern in ihrer sprachlichen Form. **A.**

Die unterschiedliche Verarbeitung des jüngst diskutierten Gesetzesentwurfs zur **Änderung des Waffenrechts** in verschiedenen journalistischen Darstellungsformen kann exemplarisch am Vergleich eines Berichts und eines Kommentars, die sich mit dieser Thematik befassen, deutlich gemacht werden. **B.**

Thorsten Keller beschäftigt sich aus Anlass jüngst stattgefundener Amokläufe und einer daraufhin angedachten Verschärfung des Waffenrechts in seinem am 8. April 2009 im „Donaukurier" erschienenen Bericht „Wir wollen doch nur unseren Sport" mit der Situation der deutschen Sportschützenvereine. **I. 1.**

Nachdem der Autor zunächst knapp die Ausgangslage skizziert (Z. 1–8), wendet er sich in seinem Artikel den von möglichen Änderungen im Waffengesetz betroffenen **Schützenverbänden** zu und gibt einigen regionalen Vertretern Gelegenheit, sich zu der Lage, in der sie sich befinden, zu äußern (Z. 9–35).

Die von Keller zitierten Schützenmeister zeigen sich um den guten Ruf ihrer Vereine besorgt, da diese bei jeglichen bewaffneten Attentaten unter Generalverdacht gestellt würden. Dabei verweisen sie auf die Verantwortung der Eltern und suchen die Ursachen für Bluttaten eher in Videospielen, die die Gewaltbereitschaft der Jugendlichen fördern. Zudem beklagen sie sich über die mit den immer strenger werdenden Auflagen zusammenhängenden Probleme im Nachwuchsbereich. Die Vertreter der Schützenvereine betonen des Weiteren explizit, dass den jugendlichen Schützen von Anfang an deutlich gemacht würde, wie man sicher mit einer Waffe umgeht, diese ordnungsgemäß aufbewahrt und welches Gefahrenpotenzial mit dem Besitz und der Verwendung von Schusswaffen verbunden ist. In einem weiteren Schritt führt Keller aus,

welche Änderungen seit dem Amoklauf in Erfurt im Jahr 2002 im deutschen Waffengesetz vorgenommen worden sind. (Z. 36–44)
Auf die in der Öffentlichkeit gestellte Frage nach möglichen **sinnvollen Neuerungen** lässt er wiederum Schützenmeister Kreichauf antworten, welcher eventuellen Stichprobenkontrollen bei Waffenbesitzern zwar nicht abgeneigt gegenübersteht, aber nicht davon ausgeht, dass einem fahrlässigen Umgang mit Waffen dadurch vorgebeugt werden kann. Keller zitiert in diesem Zusammenhang außerdem den Gausportleiter Thomas, der aussagt, dass sich meist alle Schützen an die Waffengesetze halten, die in Deutschland ohnehin am strengsten sind. (Z. 45–51)
Der Autor schließt seinen Artikel mit einem **Appell** des Gauschützenmeisters Grillmayer, der für mehr Toleranz gegenüber den Sportschützen in der Gesellschaft plädiert (Z. 52–54).

2. Heribert Prantl geht in seinem Kommentar „Privilegierte Schützen", der am 7. Mai 2009 in der „Süddeutschen Zeitung" erschienen ist, auf die Umstände ein, die dazu führten, dass das deutsche Waffenrecht nicht verschärft worden ist.
Nachdem der Autor einleitend kurz den Anlass seines Artikels dargestellt hat, beglückwünscht er scheinbar die Mitglieder der **Waffenlobby**, die dafür gesorgt haben, dass die Regierung von einer Verschärfung des geltenden Waffenrechts abgesehen hat.
Prantl führt an, dass sie dies durch ihr Engagement, ihre starken Argumente und umfassende Sach- und Fachkunde erreicht haben, und legt in einem weiteren Schritt die von der Lobby angeführten Argumente dar: eine fachmännische Schießausbildung der jungen Menschen, ein lange bestehendes Traditionsgefühl, Freiheitsrechte und vor allem ein nicht zu unterschätzendes Wählerpotenzial. Durch Auswahl und Darstellungsweise enttarnt der Verfasser diese als **Scheinargumente**, die der öffentlichen und politischen Diskussion um das Waffengesetz nichts entgegenstellen können, und stellt damit zugleich auch zunächst unterstellte Kompetenzen wie „treffsicheres Argumentieren" (Z. 10) oder „durchschlagende Sach- und Fachkunde" (Z. 11) in Frage: So kann ja gerade die professionelle Ausbildung im Umgang mit Waffen ein Grund dafür sein, dass man diese nicht nur auf dem Übungsplatz gekonnt einsetzt. Tradition und Freiheitsrechte sind als Argumente im Kampf gegen die zunehmende Anzahl an Amokläufen eher zweitrangig und mit der Anspielung auf das hohe Wählerpotenzial macht Prantl den Lobbyisten indirekt den Vorwurf, die Politik unter Druck gesetzt zu haben. So sei die Regierung von der Waffenlobby auch dazu „überredet" (Z. 17) und nicht etwa davon überzeugt worden, die Gesetzeslage beizubehalten.
In einem weiteren Schritt erinnert der Verfasser den Leser an die Taten jugendlicher Amokläufer und stellt die Leistung der Lobbyisten, nämlich dass das Parlament statt einer Einschränkung des Gebrauchs echter Schusswaffen nun eher ein Paintballverbot diskutiert, dazu in Kontrast. Im Folgenden führt Prantl an, dass man nach dem Gesetzesentwurf zwar weiterhin mit scharfen Waffen

schießen dürfe, nicht mehr aber mit Waffen, die nicht scharf sind, wie im Beispiel des Paintballspiels. Die zunächst angedachten Maßnahmen beinhalten zum Beispiel die Reduzierung der in deutschen Haushalten gelagerten Gewehre oder ein allgemeines Verbot der Aufbewahrung von Waffen und Munition in privaten Wohnräumen. Diese halten die Politiker wohl nicht mehr für sinnvoll, da eine Änderung der bisherigen Regelung des Waffengesetzes laut der Lobbyisten bedeuten würde, diese unter einen Generalverdacht zu stellen. Prantl kommt zu dem **Fazit**, dass der Gesetzgeber den Schützenverbänden offensichtlich mehr Vertrauen entgegenbringt als anderen Bürgern, die sich wegen neuerer Sicherheitsgesetze ebenfalls auch ohne direkte Anhaltspunkte unter Generalverdacht befinden und sich dementsprechende Grundrechtseingriffe gefallen lassen müssen. Aufgrund dieser politischen und gesetzlichen Sonderstellung, so fasst der Autor zusammen, dürften sich die Schützenvereine nicht nur wie bisher „königlich privilegiert", sondern auch „demokratisch privilegiert" (Z. 41 f.) nennen.

Die **Wirkungsabsicht der Autoren** kommt in der jeweiligen sprachlichen Gestaltung der beiden Artikel zum Ausdruck. II.

So verwendet Keller in seinem Text eine **neutrale und nüchterne Sprache**, 1. um den Leser über die Sicht der Schützenvereine bezüglich der anstehenden Gesetzesänderung im Waffenrecht zu informieren. Um Objektivität zu wahren, verzichtet er auf die Verwendung sprachlicher **Stilfiguren** oder anderer rhetorischer Mittel. Aufgrund der Zugehörigkeit des Artikels zum Genre des **Berichts** tritt Keller in den Hintergrund und lässt die Vertreter der Schützenvereine zu Wort kommen (vgl. die zahlreichen **direkten und indirekten Zitate**). Es muss allerdings berücksichtigt werden, dass sich lediglich die Gegner einer Gesetzesänderung im Artikel äußern und keine Argumente von Befürwortern angeführt werden. Im Zusammenhang mit der inhaltlichen Anordnung der Argumente und dem Wortlaut des Textes kann also davon ausgegangen werden, dass sich der Autor den Ansichten der zitierten Schützenmeister im Wesentlichen anschließt. So erläutert er in einem Relativsatz, der sich auf das bestehende Waffengesetz bezieht, dass dieses „schon jetzt zu den strengsten im internationalen Vergleich" (Z. 36 f.) zählt, und leitet daraus ab, dass man eine Überarbeitung als wenig sinnvoll ansieht, wobei die neutrale Formulierung „man" (Z. 37) ihn hier offensichtlich einschließt.

Im zweiten Text finden die für die Erstellung eines Kommentars grundlegenden sprachlichen Mittel Anwendung. So beginnt Prantl seinen Artikel mit dem ironisch gemeinten Glückwunsch (vgl. Z. 5 ff.) an die Sportschützenverbände, die durch ihre Intervention eine Verschärfung des Waffengesetzes verhindert haben. Der gesamte Text ist in einem **ironischen Sprachstil** verfasst, was es dem Autor ermöglicht, auf die dezidierte Benennung seiner eigenen Meinung zu verzichten. 2.

Die Überleitung zum dritten Abschnitt erfolgt durch die zweimalige Verwendung der **Anapher** „Sie haben" (Z. 7 ff.), die im Folgenden noch sechsmal wiederholt wird und einleitend andeutet, dass im weiteren Verlauf die Argumente der Lobbyisten enttarnt werden, durch welche sie die Verantwortlichen von einer Gesetzesänderung „abgehalten" (Z. 9) haben. Dies, so Prantl, sei ihnen durch „bewehrtes Engagement", „treffsicheres Argumentieren" und „durchschlagende Sach- und Fachkunde" (Z. 10 f.) gelungen. Mit diesen aus der Terminologie der Waffenkunde entnommenen **Wortspielen** bringt der Verfasser in ironischer Form seine Meinung zum Ausdruck, nämlich dass die angeführten Begründungen, die er in Form einer **Klimax** anordnet, eigentlich genau das Gegenteil besagen. Eine „fachmännische Schießausbildung" (Z. 12 f.) für Jugendliche, „Traditionsgefühl" (Z. 13 f.) und „Freiheitsrechte" (Z. 14) sind eigentlich keine Argumente, die der Gefahr durch Amokschützen entgegenstehen sollten. Ein überzeugendes Argument gegen strengere Gesetze ist für die Politiker das „Wählerpotenzial" (Z. 15), das die Lobbyisten darstellen. Auch dies darf aber laut Meinung des Autors keine Grundlage für eine politische Entscheidung sein. Die Anführung der Tatsache, dass Schützen in ihren „armierten Grundfreiheiten" (Z. 16) eingeschränkt werden, erfolgt wieder auf Basis einer ironischen Koppelung von zwei sich prinzipiell ausschließenden Aspekten. So hat der deutsche Staatsbürger eben kein verfassungsmäßiges Recht auf die Nutzung einer Waffe, wenn er keine triftigen Gründe anführen kann. Diese sind nach Ansicht des Verfassers bisher aber nicht belegt. Er beendet den Absatz damit, dass er das Ergebnis der Verhandlungen darlegt. Sie sind zugunsten der Schützen ausgefallen, da diese „die Regierung dazu überredet" (Z. 17) haben, von einer Gesetzesänderung abzusehen; die Argumente als solche haben zu einer echten Überzeugung nicht ausgereicht.

Der folgende vierte Abschnitt des Textes wird durch die feststellende Anapher „[d]as ist, nach dem Blutbad" und „das ist, nach den Amokläufen" (Z. 20 f.) eingeleitet. Prantl nimmt Bezug auf die Ungeheuerlichkeit des kurz zuvor stattgefundenen Amoklaufes und stellt die Verhinderung der strengen Neuregelung des Waffengesetzes als „eine beachtliche Leistung der Lobby" (Z. 21 f.) dar. Die dabei erneut verwendete **Ironie** wird durch die Kontrastierung der Begriffe „Leistung" und „Blutbad" (Z. 20) noch deutlicher.

Der nächste Textabschnitt wird durch die **antithetische Darstellung** der neuen rechtlichen Situation (Z. 26 f.) eingeleitet, die durch die Intervention der Schützengesellschaften mit beeinflusst wurde und in ihrer Absurdität aufgezeigt wird: Mit der dreimaligen Anapher „Es wäre falsch" (Z. 29 ff.) werden die nun hypothetisch gewordenen positiven Auswirkungen der verworfenen Gesetzesverschärfung eingeleitet, die beispielsweise bewirkt hätten, dass statt über 30 Millionen nur noch drei Millionen Gewehre samt Munition zu Hause aufbewahrt werden.

Prantl führt überdies in ironischer Weise an, dass die mögliche Novellierung des Waffenrechts paradoxerweise die Nutzung ungefährlicher Waffen, wie zum Beispiel beim Paintballspiel, verbietet, scharfe Waffen hingegen weiterhin keinen strengeren Beschränkungen unterliegen. Die **parataktische Reihung** zweier kurzer Hauptsätze am Ende des Abschnitts macht wiederum die ablehnende Einstellung des Autors deutlich (vgl. Z. 34 f.), der das überraschende Einlenken der Gesetzgeber nur so deuten kann, dass ein besonderer Grund für diese Vorgehensweise bestanden haben muss. Durch die Formulierung, dass die Notwendigkeit für eine Abwehr der Neuregelung „eingesehen" (Z. 34 f.) wurde, kommt zum Ausdruck, dass dies nicht auf argumentativer Überzeugung basierte.

Die Schützenvertreter behaupten, dass bei einer Gesetzesverschärfung automatisch alle Mitglieder der Vereine unter einen Generalverdacht gestellt würden (vgl. Z. 33 f.). Da die neuen Sicherheitsgesetze laut Prantl aber alle einen Eingriff in die Grundrechte der Bürger beinhalten, könne man also, so Prantl ironisch, anscheinend „Schützen viel mehr Vertrauen entgegenbringen" (Z. 39) als anderen Mitgliedern der Gesellschaft. Dies wird durch das Wortspiel am Ende des Artikels untermauert, in dem der Verfasser aus den traditionellen königlichen Privilegien eine demokratische Privilegierung der Vereine ableitet (vgl. Z. 41 f.), was natürlich innerhalb eines freiheitlichen Rechtsstaates nicht legitim ist.

Der **Sprachstil** des Textes ist auf einem hohen Niveau gehalten. Durch die Verwendung von **Fremdwörtern** wie zum Beispiel „Novellierung" (Z. 22), „armierten Grundfreiheiten" (Z. 16) oder „demokratisch privilegiert" (Z. 42) wird die Sachkompetenz des Autors zum Ausdruck gebracht, welche darüber hinaus auch der Leserschaft zugesprochen wird. Dadurch fühlt sich der Leser intellektuell angesprochen und ist eher geneigt, dem Verfasser zuzustimmen. Zusammenfassend lässt sich sagen, dass Prantl durch die sprachliche Gestaltung seines Kommentars seine Intention stützt und die verhinderte Gesetzesänderung ausdrücklich anprangert.

III. Durch den Aufbau und die stilistische Ausführung der beiden Texte wird deutlich, welche unterschiedlichen **Darstellungsweisen** einer bestimmten Thematik dem Journalismus offenstehen.

Der Autor des Artikels „Wir wollen doch nur unseren Sport" bietet den von einer möglichen Gesetzesänderung Betroffenen, nämlich den Sportschützen, Raum, sich eben dazu zu äußern und ihre Sicht der Dinge darzulegen. Dabei verzichtet Keller ganz bewusst auf eine mögliche Widerlegung der von den befragten Schützenmeistern angebrachten Argumente und lässt diese unkommentiert stehen. Lediglich anhand kurzer Passagen, die die Ansicht des Verfassers zwischen den Zeilen erkennen lassen, kann der Leser dessen grundsätzliche Zustimmung erahnen. Es handelt sich hierbei also nicht um einen wertfreien und objektiven **Bericht**, da keine Gegenstimmen zu Wort kommen, sodass sich die Leserschaft kein umfassendes Bild über die behandelte Thematik machen kann, was auch nicht Kellers Intention zu sein scheint. Keller beschränkt sich darauf, kurze Hintergrundinformationen zu bereits in der Vergangenheit beschlossenen Gesetzesänderungen bezogen auf das deutsche Waffenrecht zur Verfügung zu stellen. Somit bleibt es dem Leser überlassen, sich der Meinung der Schützenlobby anzuschließen oder sich über alternative Ansichten bezüglich der zum Zeitpunkt der Veröffentlichung des Artikels anstehenden Änderung des Waffenrechtes kundig zu machen. Der Bericht Kellers will offensichtlich lediglich über die Meinung einer Seite der Diskussion informieren, wobei der sprachlich einfach gehaltene Stil des Artikels einem Großteil der Leserschaft der volksnahen Tageszeitung „Donaukurier" eventuell entgegenkommt.

Eine andere Form der möglichen Auseinandersetzung mit der aktuellen Problematik stellt der meinungsbildende **Kommentar** dar, der darauf abzielt, den Leser zu beeinflussen und ihn für die Sicht der Dinge des Autors einzunehmen. Dies ist auch die Intention, die Heribert Prantl mit seinem Artikel „Privilegierte Schützen" verfolgt. Er erhebt, gemäß dem von ihm gewählten Genre, keinen Anspruch auf Vollständigkeit oder Objektivität und greift zur Darstellung seiner Meinung nur solche Argumente der Gegenseite auf, die er mühelos ins Lächerliche ziehen kann. Dabei arbeitet er neben der geschickten Verwendung von Fachvokabular und Fremdwörtern mit diversen anderen sprachlichen Mitteln wie der Ironie, die sich einer gebildeten Leserschaft schnell erschließt. Diese wird der „Süddeutschen Zeitung", in welcher der Kommentar veröffentlicht wurde, meist zugeschrieben. Man kann davon ausgehen, dass Prantl mit seinem Kommentar viele Leser, welche das aktuelle und politische Tagesgeschehen interessiert verfolgen, erreichen und überzeugen will.

Zusammenfassend lässt sich sagen, dass jede journalistische Darbietungsform **c.** ihre Berechtigung besitzt. Doch sollte grundsätzlich die eigene **Meinungsbildung** immer auf der Grundlage einer **kritischen Auseinandersetzung mit den verschiedenen Presseerzeugnissen** erfolgen. Egal, ob ein objektiv-informativer oder ein subjektiv-meinungsbildender Artikel gelesen wird, es liegt in der Verantwortung eines jeden Einzelnen, sich durch Abwägen verschiedener Inhalte, Argumente und Informationen ein eigenes Bild von einer bestimmten Situation zu verschaffen. Kritiklose und einseitige Akzeptanz vorgegebener Meinungen ist grundsätzlich problematisch und auch nicht in der Zielsetzung seriösen journalistischen Schreibens definiert. Das bedeutet abschließend, dass der interessierte und seine Pflichten wahrnehmende Staatsbürger grundsätzlich durch das Erkennen des journalistischen Genres die Intention des Verfassers entschlüsseln und sich auf Grundlage dessen und mittels Heranziehung weiterer Informationen eine fundierte Meinung bilden sollte.

Abitur Deutsch (Bayern G8) – Übungsaufgabe 5:
Verfassen einer vergleichenden Analyse von Sachtexten und Stellungnahme in einem Brief

Aufgaben:
1. Vergleichen Sie die beiden folgenden Textausschnitte durch eine Analyse ihrer Argumentation und ihrer sprachlichen Gestaltung und erarbeiten Sie, ausgehend von Ihren Ergebnissen, die wesentlichen Unterschiede im Hinblick auf die Weltsicht der beiden Autoren.
2. Äußern Sie sich in einem offenen Brief an Friedrich Dürrenmatt, wie Sie als junger Mensch zu seiner Weltsicht stehen und welche Erwartungen Sie an ein zeitgemäßes Theater haben.
   Dabei soll vorausgesetzt werden, dass Dürrenmatt noch lebt und sein Text *Theaterprobleme* als aktuell gelten kann.

Vorbemerkung

Die Abhandlung *Theaterprobleme* von Friedrich Dürrenmatt erschien als erste Zusammenfassung seiner theoretischen Arbeiten über das Theater bereits 1954, also kurz nach der Uraufführung von *Ein Engel kommt nach Babylon* (1953) und zwei Jahre vor der Uraufführung von *Der Besuch der alten Dame* (1956). Der Text von Bertolt Brecht entstand 1955 kurz vor seinem Tod als Essay für das Darmstädter Dramaturgengespräch und knüpft unmittelbar an die Ausführungen von Dürrenmatt an.

Text A

Friedrich Dürrenmatt: Theaterprobleme (1955)

Doch die Aufgabe der Kunst, soweit sie überhaupt eine Aufgabe haben kann, und somit die Aufgabe der heutigen Dramatik ist, Gestalt, Konkretes zu schaffen. Dies vermag vor allem die Komödie. Die Tragödie, als die gestrengste Kunstgattung, setzt eine gestaltete Welt voraus. Die Komödie – sofern sie nicht Gesellschaftskomödie ist wie
5 bei Molière –, eine ungestaltete, im Werden, im Umsturz begriffene, eine Welt, die am Zusammenpacken ist wie die unsrige. Die Tragödie überwindet die Distanz. Die in grauer Vorzeit liegenden Mythen macht sie den Athenern zur Gegenwart. Die Komödie schafft Distanz, den Versuch der Athener, in Sizilien Fuß zu fassen, verwandelt sie in das Unternehmen der Vögel, ihr Reich zu errichten, vor dem Götter und Men-
10 schen kapitulieren müssen. [...]

Die Tragödie setzt Schuld, Not, Maß, Übersicht, Verantwortung voraus. In der Wurstelei unseres Jahrhunderts, in diesem Kehraus der weißen Rasse, gibt es keine Schuldigen und auch keine Verantwortlichen mehr. Alle können nichts dafür und haben es nicht gewollt. Es geht wirklich ohne jeden. Alles wird mitgerissen und bleibt in irgendeinem Rechen hängen. Wir sind zu kollektiv schuldig, zu kollektiv gebettet in die Sünden unserer Väter und Vorväter. Wir sind nur noch Kindeskinder. Das ist unser Pech, nicht unsere Schuld: Schuld gibt es nur noch als persönliche Leistung, als religiöse Tat. Uns kommt nur noch die Komödie bei. Unsere Welt hat ebenso zur Groteske geführt wie zur Atombombe, wie ja die apokalyptischen Bilder des Hieronymus Bosch auch grotesk sind. Doch das Groteske ist nur ein sinnlicher Ausdruck, ein sinnliches Paradox, die Gestalt nämlich einer Ungestalt, das Gesicht einer gesichtslosen Welt, und genauso wie unser Denken ohne den Begriff des Paradoxen nicht mehr auszukommen scheint, so auch die Kunst, unsere Welt, die nur noch ist, weil die Atombombe existiert: aus Furcht vor ihr.

Doch ist das Tragische immer noch möglich, auch wenn die reine Tragödie nicht mehr möglich ist. Wir können das Tragische aus der Komödie heraus erzielen, hervorbringen als einen schrecklichen Moment, als einen sich öffnenden Abgrund, so sind ja schon viele Tragödien Shakespeares Komödien, aus denen heraus das Tragische aufsteigt.

Nun liegt der Schluß nahe, die Komödie sei der Ausdruck der Verzweiflung, doch ist dieser Schluß nicht zwingend. Gewiß, wer das Sinnlose, das Hoffnungslose dieser Welt sieht, kann verzweifeln, doch ist diese Verzweiflung nicht eine Folge dieser Welt, sondern eine Antwort, die er auf diese Welt gibt, und eine andere Antwort wäre sein Nichtverzweifeln, sein Entschluß etwa, die Welt zu bestehen, in der wir oft leben wie Gulliver unter den Riesen. Auch der nimmt Distanz, auch der tritt einen Schritt zurück, der seinen Gegner einschätzen will, der sich bereit macht, mit ihm zu kämpfen oder ihm zu entgehen. Es ist immer noch möglich, den mutigen Menschen zu zeigen.

Aus: Fr. Dürrenmatt, Theater. Werkausgabe in 37 Bänden. Bd. 30,
Zürich: Diogenes 1998, © 1986 Diogenes Verlag AG Zürich

Text B

Bertolt Brecht: Kann die heutige Welt durch Theater wiedergegeben werden? (1955)

Mit Interesse höre ich, daß Friedrich Dürrenmatt in einem Gespräch über das Theater die Frage gestellt hat, ob die heutige Welt durch Theater überhaupt noch wiedergegeben werden kann.

Diese Frage, scheint mir, muß zugelassen werden, sobald sie einmal gestellt ist. Die Zeit ist vorüber, wo die Wiedergabe der Welt durch das Theater lediglich erlebbar sein mußte. Um ein Erlebnis zu werden, muß sie stimmen.

Es gibt viele Leute, die konstatieren, daß das Erlebnis im Theater schwächer wird, aber es gibt nicht so viele, die eine Wiedergabe der heutigen Welt als zunehmend schwierig erkennen. Es war diese Erkenntnis, die einige von uns Stückeschreibern und Spielleitern veranlaßt hat, auf die Suche nach neuen Kunstmitteln zu gehen.

Ich selbst habe, wie Ihnen als Leuten vom Bau bekannt ist, nicht wenige Versuche unternommen, die heutige Welt, das heutige Zusammenleben der Menschen, in das Blickfeld des Theaters zu bekommen.

Dies schreibend, sitze ich nur wenige hundert Meter von einem großen, mit guten Schauspielern und aller nötigen Maschinerie ausgestatteten Theater, an dem ich mit zahlreichen, meist jungen Mitarbeitern manches ausprobieren kann, auf den Tischen, um mich Modellbücher mit Tausenden von Fotos unserer Aufführungen und vielen mehr oder minder genauen Beschreibungen der verschiedenartigsten Probleme und ihrer vorläufigen Lösungen. Ich habe also alle Möglichkeiten, aber ich kann nicht sagen, daß die Dramaturgien, die ich aus bestimmten Gründen nicht-aristotelische nenne, und die dazugehörende epische Spielweise *die* Lösung darstellen. Jedoch ist eines klargeworden: Die heutige Welt ist den heutigen Menschen nur beschreibbar, wenn sie als eine veränderbare Welt beschrieben wird.

Für heutige Menschen sind Fragen wertvoll der Antworten wegen. Heutige Menschen interessieren sich für Zustände und Vorkommnisse, denen gegenüber sie etwas tun können. [...]

In einem Zeitalter, dessen Wissenschaft die Natur derart zu verändern weiß, daß die Welt schon nahezu bewohnbar erscheint, kann der Mensch dem Menschen nicht mehr lange als Opfer beschrieben werden, als Objekt einer unbekannten, aber fixierten Umwelt. Vom Standpunkt eines Spielballs aus sind die Bewegungsgesetze kaum konzipierbar.

Weil nämlich – im Gegensatz zur Natur im allgemeinen – die Natur der menschlichen Gesellschaft im Dunkeln gehalten wurde, stehen wir jetzt, wie die betroffenen Wissenschaftler uns versichern, vor der totalen Vernichtbarkeit des kaum bewohnbar gemachten Planeten.

Es wird Sie nicht verwundern, von mir zu hören, daß die Frage der Beschreibbarkeit der Welt eine gesellschaftliche Frage ist. Ich habe dies viele Jahre lang aufrechterhalten und lebe jetzt in einem Staat, wo eine ungeheure Anstrengung gemacht wird, die Gesellschaft zu verändern. Sie mögen die Mittel und Wege verurteilen – ich hoffe übrigens, Sie kennen sie wirklich, nicht aus den Zeitungen –, Sie mögen dieses besondere Ideal einer neuen Welt nicht akzeptieren – ich hoffe, Sie kennen auch dieses –, aber Sie werden kaum bezweifeln, daß an der Änderung der Welt, des Zusammenlebens der Menschen in dem Staat, in dem ich lebe, gearbeitet wird. Und Sie werden mir vielleicht darin zustimmen, daß die heutige Welt eine Änderung braucht.

Für diesen kleinen Aufsatz, den ich als einen freundschaftlichen Beitrag zu Ihrer Diskussion zu betrachten bitte, genügt es vielleicht, wenn ich jedenfalls meine Meinung berichte, daß die heutige Welt auch auf dem Theater wiedergegeben werden kann, aber nur, wenn sie als veränderbar aufgefaßt wird.

Aus: Bertolt Brecht, Kann die heutige Welt durch Theater wiedergegeben werden?
in: Gesammelte Werke in 20 Bänden. Frankfurt am Main: Suhrkamp 1968.

Hinweise und Tipps

- *Die **Argumentation** der beiden Autoren sollte insbesondere durch die Verwendung von **Verben** verdeutlicht werden, welche einzelne Schritte im Verlauf einer Gedankenführung aufzeigen, so z. B. folgen, hinzufügen, veranschaulichen etc.*
- *Beim **Vergleich der sprachlichen Gestaltung** geht es nicht um eine vollständige Analyse der beiden Texte, sondern um das Herausstellen von auffälligen Sprachmitteln, so dass auf diese Weise auch die jeweiligen **Funktionen** deutlich gemacht werden können.*
- *Eine geraffte Darstellung unter Beachtung ausgewählter Gesichtspunkte ist auch beim Vergleich der in den beiden Texten zum Ausdruck kommenden **Weltsicht** anzustreben.*
- *Der **offene Brief an Friedrich Dürrenmatt** sollte den persönlichen Hintergrund des Schreibers erkennen lassen und auf der einen Seite durchaus persönliche Akzente setzen, auf der anderen Seite um Begründungen sachlicher Art bemüht sein. Es sei besonders betont, dass sowohl die stilistische Gestaltung als auch die inhaltliche Anlage des Schreibens offen sind.*

Gliederung

1   Lange Tradition dramentheoretischer Schriften

2   Vergleichende Analyse der Textausschnitte

2.1   Argumentation
2.1.1   Friedrich Dürrenmatt
2.1.2   Bertolt Brecht

2.2   Sprachliche Gestaltung
2.2.1   Friedrich Dürrenmatt
2.2.2   Bertolt Brecht

2.3   Wesentliche Unterschiede im Hinblick auf die Weltsicht der beiden Autoren

3   Offener Brief an Friedrich Dürrenmatt: Stellungnahme zu der im Text „Theaterprobleme" zum Ausdruck kommenden Weltsicht und Erwartungen an ein zeitgemäßes Theater

3.1   Stellungnahme zur Weltsicht des Autors
3.2   Erwartungen an ein zeitgemäßes Theater
3.2.1   Realitätsbezug
3.2.2   Provokation
3.2.3   Erschütterung
3.2.4   Nachdenklichkeit, Reflexion
3.2.5   Unterhaltung / Ablenkung – Spott / Schadenfreude

Lösungsvorschlag

Seit der Aufklärung war es üblich, dass sich Autoren in theoretischen Schriften mit den **Möglichkeiten und Aufgaben dramatischer Werke** auseinandersetzten. Hier seien nur Gotthold Ephraim Lessing *(Briefe die neueste Literatur betreffend)*, Friedrich Schiller *(Über die ästhetische Erziehung des Menschen)*, Friedrich Hebbel *(Ein Wort über das Drama)* und Georg Büchner *(Brief an die Familie vom 28. 7. 1835)* genannt. In der neueren deutschsprachigen Literatur war es insbesondere Bertolt Brecht, der die Diskussion mit seiner Theorie des epischen Theaters und den damit zusammenhängenden grundsätzlichen Fragen zur Funktion des modernen Dramas beziehungsweise der modernen Literatur maßgeblich beeinflusste. Aber auch Autoren wie die beiden Schweizer Max Frisch und Friedrich Dürrenmatt sowie Peter Handke, Botho Strauß oder Heiner Müller, um nur einige zu nennen, äußerten sich mehrfach, gelegentlich auch auf streitbare Weise, zu den Aufgaben des Theaters. Die beiden vorliegenden Texte markieren wesentliche Positionen innerhalb der **Theorie des modernen Dramas**.

In seinem Text *Theaterprobleme* geht Dürrenmatt auf die Möglichkeiten des Theaters seiner Zeit ein. Nach einer allgemeinen Definition der Aufgabe von Kunst und der Behauptung, dieser Aufgabe könne vor allem die Komödie gerecht werden (Z. 1–3), belegt der Autor diese These, indem er sich zu wesentlichen **Voraussetzungen der Tragödie und Komödie**, bezogen auf den Zustand der abzubildenden Wirklichkeit, äußert (Z. 3–10). Im Anschluss erweitert Dürrenmatt seine Ausführungen, warum die Tragödie der Welt des 20. Jahrhunderts nicht mehr gerecht werden kann: Diese Dramenform bilde Menschen ab, die Schuld bzw. Verantwortung tragen. Für Dürrenmatt gibt es jedoch in seinem Jahrhundert nur noch kollektiv Schuldige, es sei denn, greifbare, also individuelle Schuld komme als „persönliche Leistung" oder „religiöse Tat" (Z. 17 f.) zustande (Z. 11–18). Eine Welt, die so „gesichtslos[]" (Z. 21) geworden ist, kann nach Dürrenmatt nur durch die Komödie künstlerische Gestalt erhalten, wobei er die Komödie ganz nah an das Groteske heranrückt. Die Notwendigkeit einer Kunstgattung des Grotesken, der Komödie, leitet er daraus ab, dass das Groteske und das Paradoxe unser Denken und unsere Welt insgesamt bestimmen. Die apokalyptischen Bilder von Hieronymus Bosch sind ein Beispiel für die Widerspiegelung einer grotesken Welt in der Kunst, die Erfindung der Atombombe belegt den grotesken Zustand unserer Welt (Z. 18–24).

Im letzten Abschnitt des Textes (Z. 25–37) räumt Dürrenmatt ein, dass auch außerhalb der Tragödie noch Tragisches zum Ausdruck kommen könne. Er belegt dies am Beispiel von Shakespeares Komödien. Deshalb muss die Komödie noch lange nicht pure Verzweiflung über den Zustand der Welt widerspiegeln, sondern sie kann auch als Versuch verstanden werden, Distanz zu gewinnen und nicht kampflos zu resignieren.

1

2
2.1
2.1.1

Grundsätzlich geht Dürrenmatt von **Thesen** aus (z. B. Z. 1 ff.), die er weitgehend durch **Erfahrungsargumente**, z. B. auf dem Gebiet der Dramenpoetik (etwa Z. 26 ff.) oder im Bereich persönlicher Einsichten, stützt. Gerade bei der vorwiegend individuell geprägten Erfahrungsargumentation (z. B. Z. 11 ff.) nähern sich die Äußerungen teilweise auch einer eher behauptenden, also subjektiven Aufstellung von Thesen. Mitunter stützt Dürrenmatt seine Argumente auch durch **Belege** aus der Dramengeschichte (Z. 3 ff, 27 f.), der Kunstgeschichte (Z. 19 f.) und der politischen Geschichte (Z. 19, 23 f.). An diesen Stellen ist auch eine Tendenz zu **deduktiver Argumentation** zu erkennen.

Brecht bezieht sich einleitend auf die von Dürrenmatt angestoßene Diskussion, ob die Welt durch das Theater überhaupt noch wiedergegeben werden könne. Er bestätigt die Berechtigung dieser Frage und postuliert, dass die Wiedergabe der Welt sowohl ein Erlebnis sein als auch stimmen muss (Z. 1–6). Die Tatsache, dass die Wiedergabe der Welt nur von wenigen als zunehmend schwierig erkannt wird, habe dazu geführt, dass neue „Kunstmittel[ ]" (Z. 10) – bezogen auf das Theater – gefunden werden mussten. Er selbst habe sich dabei besonders engagiert, die heutige Welt in das „Blickfeld des Theaters" (Z. 13) zu bekommen. Dies stellt er, an die Teilnehmer des Darmstädter Dramaturgenkongresses gerichtet, als Resümee seiner Arbeit mit dem Theater und für das Theater in den Raum (Z. 8–13). Er veranschaulicht diese Feststellung durch die Beschreibung seines Arbeitsumfelds (womit er sein Theater am Schiffbauerdamm in Berlin meint), räumt aber ein, dass die von ihm begründeten nicht-aristotelischen Dramaturgien sowie die „epische Spielweise" (Z. 21) keine ideale Lösung darstellen. Sehr entschieden vertritt er aber die These, dass die Welt des heutigen Menschen nur beschreibbar ist, wenn sie als eine veränderbare dargestellt wird (Z. 14–23). Brecht reicht eine Begründung hierfür nach, indem er von den Bedürfnissen des heutigen Menschen ausgeht. Diese schließen sowohl die Möglichkeit zu aktivem Handeln als auch – so die weitere Folgerung des Autors – eine Neubesinnung auf die Rolle des Menschen in der Welt ein. Ein Beispiel aus der Physik verdeutlicht dies. Weil über die Rolle des Menschen und sein bisheriges Selbstverständnis als Opfer einer unbekannten Umwelt zu wenig nachgedacht worden sei, argumentiert Brecht anschließend, stehe man nun vor der „Vernichtbarkeit" (Z. 34) der Erde (Z. 24–35).

Die **Schlussfolgerung** aus den von ihm entwickelten Gedanken, dass die Frage der Beschreibbarkeit der Welt eine gesellschaftliche Frage ist, stellt Brecht als für den Leser geradezu zwangsläufig dar. Im Folgenden unterstreicht er sein eigenes Bestreben, die Welt zu verändern, und verweist auf die diesbezüglichen Anstrengungen in dem Staat, in dem er selbst lebt, nämlich in der DDR. Die vorsichtige Prognose, auch den Leser von der Notwendigkeit einer **Änderung der Welt** überzeugt zu haben, schließt die inhaltliche Betrachtung weitgehend ab (Z. 36–44). Seine Antwort auf die von Dürrenmatt aufgeworfene Frage, ob die Welt auf der Bühne wiedergegeben werden könne, muss konsequenterweise sowohl bejahend als auch einschränkend ausfallen: Die Möglichkeit bestehe, aber nur, wenn die Welt als veränderbar aufgefasst werde.

Auch Brecht geht über weite Strecken seiner Ausführungen von **Thesen** aus (z. B. Z. 4 ff.). Ihm ist daran gelegen, die Richtigkeit der Thesen auch zu beweisen, und zwar entweder durch **normative Argumente** (z. B. Z. 6, 32 f.) oder durch **Erfahrungsargumentation** (z. B. Z. 14 ff.). Der Beweis für die zentrale These, dass nämlich die heutige Welt nur durch das Theater wiedergegeben werden könne, wenn sie als veränderbar aufgefasst werde, ergibt sich für Brecht genau genommen als **Schlussfolgerung** aus der Feststellung, wie es um die Welt wirklich steht und welche Fehler die Menschen bei der Beurteilung dieses Zustandes gemacht haben. Insofern kann das Verfahren Brechts auch eher als **induktiv** bezeichnet werden.

Im folgenden Abschnitt geht es nicht um eine detaillierte Analyse der sprach- 2.2 lich-stilistischen Gestaltung der beiden Texte, sondern darum, auffällige sprachliche Merkmale festzustellen und damit die wesentlichen Unterschiede und Gemeinsamkeiten erkennbar zu machen.

Dürrenmatt trifft in seiner Abhandlung *Theaterprobleme* Feststellungen, die 2.2.1 er insbesondere in den Zeilen 11–20 in **Parataxen** formuliert. Die Zusammenhänge zwischen den einzelnen Sätzen entstehen durch gedankliche Stringenz, durch zwingende inhaltliche Bezüge, verstärkt durch **leitmotivisch** wiederkehrende Begriffe wie ‚Komödie‘, ‚Tragödie/das Tragische‘ und ‚Welt‘, sowie durch die **Wiederholung** der für die Aussage entscheidenden Personalpronomina „wir" bzw. „uns" (vgl. Z. 15 ff.). Im letzten Abschnitt des Textes, ab Z. 30, werden die gedanklichen Zusammenhänge weitgehend durch **Hypotaxen** hergestellt.

Dürrenmatts Ausführungen zeichnen sich durch große Eindringlichkeit aus. Dies erreicht er u. a. durch **Reihung** (z. B. Z. 11), durch zahlreiche **Appositionen** (z. B. Z. 12, 17 f., 21 f.) und **Einschränkungen** (Z. 25 f.). Da es Dürrenmatt ja auch darum geht, den Leser mit Gedanken zu einer neuen Dramentheorie zu konfrontieren, fordert er ihn durch ungewöhnliche Formulierungen heraus, z. B. durch **Paradoxa**, die seine Theorie optimal widerspiegeln (z. B. Z. 21, 26 ff.), durch **Antithetik** (z. B. Z. 2 ff., 16 f., 31 f.), **Hyperbolik** (z. B. Z. 11 ff., 21 f.) und **Bildhaftigkeit** (z. B. Z. 6, 11 f., 35).

Zusammenfassend ist festzustellen, dass die sprachliche Gestaltung des Textes gedanklich konsequent, klar und verständlich, dabei aber auch originell und provokativ ist. Es kommt auf jedes Wort an, Floskeln und Redundanzen werden vollständig vermieden. Am Anliegen Dürrenmatts gibt es keine Zweifel.

Der Essay Brechts weist fast durchgehend einen **hypotaktischen Satzbau** 2.2.2 auf. Im Nebensatzbereich überwiegen **Relativsätze** (z. B. Z. 7, 20, 27, 45), **Objektsätze** (z. B. Z. 1, 19 f., 27 f.) und **Konditionalsätze** (z. B. Z. 22 f., 46 f., 48). Auf syntaktischer Ebene sind dies typische Kennzeichen eines auf die Darstellung von Zusammenhängen und die Entwicklung von Schlussfolgerungen ausgerichteten argumentativen Stils. Anders als bei Dürrenmatt werden hier die Gedanken meistens durch die jeweils erforderlichen Konjunktionen verknüpft, ergänzende Verstärkungen, gleichsam Beteuerungen, finden sich als **Einschübe** (Z. 39 ff.). Ein auffälliges Mittel, um Akzente zu setzen, das Gemeinte besonders zu betonen, ist für Brecht die **Antithese** (z. B. Z. 8, 19 f., 32 f.). Darüber hinaus ist die Antithese im Sinne der dialektischen Methode ein Zwischenschritt, um zu erwünschten Schlussfolgerungen zu kommen (These – Antithese – Synthese, vgl. Z. 19 ff.).

Brecht stellt sich in dem Essay als ein Mann der Praxis dar, als ein Dramatiker, der das, was er in der Theorie vertritt, auch auf der Bühne ausprobiert. So verweist er auf einige **Details** in seinem beruflichen Umfeld, dem Theater am Schiffbauerdamm (Z. 14 ff.), und gebraucht in seiner **Anrede** an die Kollegen vom Darmstädter Dramaturgenkongress die fast schon kumpelhafte Formulierung „wie Ihnen als Leuten vom Bau bekannt ist" (Z. 11) – „Leute vom Bau" als umgangssprachlicher Ausdruck für die am Theater Beschäftigten. Diese Unmittelbarkeit der Kommunikation zeigt sich vor allem in den beiden letzten Abschnitten (ab Z. 36), in denen Brecht seine Leser/Zuhörer stets **direkt anspricht**, teilweise auch mit Formulierungen, die ein gewisses **Understatement** erkennen lassen (z. B. Z. 36, 40 f., 41 f., 45 ff.). Ein ähnliches Understatement ist auch in dem Abschnitt zu erkennen, in dem Brecht darauf aufmerksam machen will, dass die Erdenbewohner sich nicht mehr als Opfer höherer Gewalten sehen dürfen, sondern etwas tun müssen, um die von ihnen selbst verschuldete Vernichtbarkeit der Welt noch aufzufangen (Z. 27 ff.). Mit einem **ironischen Bild** greift er dabei noch einen Ansatz an, der den gesellschaftspolitischen Hintergrund des Problems außer Acht lässt (Z. 30 f.).

Zusammenfassend kann die Sprache Brechts als sachlich, aber durchaus persönlich und adressatenbezogen und vor allem als in sich geschlossen und gedanklich konsequent bezeichnet werden. Im Gegensatz zu Dürrenmatt bevorzugt er die Möglichkeiten der Hypotaxe zur gedanklichen Verknüpfung. Der ‚rote Faden', aufgenommen mit dem ersten Satz, bleibt während des gesamten Textes erkennbar. Mit dem letzten Satz, einer Antwort auf die von Dürrenmatt gestellte Frage, schließt sich der Kreis.

Dürrenmatt äußert sich sehr drastisch über den Zustand der Welt: Er spricht 2.3
von der „Wurstelei" unseres Jahrhunderts (Z. 12), vom „Kehraus der weißen Rasse" (Z. 12) und von einer „Welt, die am Zusammenpacken ist wie die unsrige" (Z. 5 f.). Diese ungemein negative Sicht wird noch dadurch verschärft, dass dem Individuum praktisch keine Chance zugebilligt wird (vgl. Z. 13 ff.), wenn man davon absieht, dass Dürrenmatt ihm die Möglichkeit von Schuld als „persönliche[r] […], als religiöse[r] Tat" (Z. 17 f.) einräumt. Insgesamt sieht er die Menschheit jedoch als gesichtsloses Kollektiv, dessen einzelne Mitglieder nicht wirklich agieren können, wenn es um wesentliche Dinge geht. Auslöser dieser Entwicklung sind nach Dürrenmatt „die Sünden unserer Väter und Vorväter" (Z. 16), also früherer Generationen, gewesen. Auf welche geschichtlichen Vorgänge der Vergangenheit er anspielt, führt er nicht weiter aus. Nach Dürrenmatt bietet die Welt den Anblick einer „Ungestalt" (Z. 21), einer Ge-

sellschaft, die keine mehr ist und in der es nur noch vereinzelte Mutige geben kann, die gegen Verzweiflung und Resignation ankämpfen.
Auch die Weltsicht von **Bertolt Brecht** ist nicht uneingeschränkt positiv. Er ist der Meinung und möchte sie auch anderen vermitteln, dass „die heutige Welt eine Änderung braucht" (Z. 44). Sie braucht sie deshalb, weil die Menschen selbst – und nicht irgendwelche höheren Gewalten – sie an den Rand der Vernichtung gebracht haben. Im Unterschied zu Dürrenmatt glaubt Brecht aber daran, dass die Welt verändert werden kann und es Menschen gibt, die dafür etwas tun wollen. Generell ist Brecht jedoch der Meinung, dass der nötigen Veränderung der Welt zuerst die Veränderung der Gesellschaft vorangehen muss. Eine bedeutende Rolle kommt hier dem Theater zu, wo eine Welt gezeigt wird, die veränderbar ist. Brecht vertritt also im Wesentlichen eine optimistische Weltsicht, jedenfalls was die Zukunft betrifft. Dürrenmatts Weltsicht kann dagegen als weitgehend pessimistisch bezeichnet werden.

Sehr geehrter Herr Dürrenmatt, 3

ich habe vor kurzem Ihren Text *Theaterprobleme* gelesen und gebe unumwunden zu, dass ich die darin ausgesprochenen Thesen, Argumente und Schlussfolgerungen nicht nur äußerst interessant finde, sondern auch als Herausforderung ansehe, denn ich lebe ja in dieser Welt, die Sie so negativ sehen, und mir geht es nicht einmal schlecht. Ich erlaube mir deshalb, mich sowohl zu Ihren Ansichten zum Zustand unserer Welt zu äußern als auch in knapper Form darzulegen, was ich von einem zeitgemäßen Theater erwarte.
Natürlich sollten Sie wissen, wer der **Absender** dieses Schreibens ist: Ich bin 19 Jahre alt und habe vor zwei Monaten das Abitur mit gutem Erfolg abgelegt, u. a. mit dem Schwerpunkt auf Deutsch und Geschichte. Natürlich bin ich noch kein Fachmann auf dem Gebiet der Literatur beziehungsweise des Dramas und Theaters, aber ich interessiere mich seit einigen Jahren sehr für literaturgeschichtliche Fragen, für klassische und moderne Texte aller Gattungen und besuche regelmäßig Aufführungen an den hiesigen Theatern. Praktische Erfahrungen habe ich als Mitglied der Schulbühne gesammelt. Schließlich darf ich noch anfügen, dass ich geschichtliche Entwicklungen, speziell solche aus neuerer Zeit, mit großem Interesse verfolge. Ich würde mich also als einen interessierten Laien bezeichnen, der aber doch über einige Grundkenntnisse in den nachfolgenden Themenbereichen verfügt.

Ihre **Weltsicht** ist, das kann man wohl behaupten, sehr pessimistisch. Sie bezeichnen das, was das Leben der Menschen in unserer Zeit charakterisiert, als „Wurstelei unseres Jahrhunderts", als „Kehraus der weißen Rasse", als ein Dasein, in dem alle nur irgendwie kollektiv fremdbestimmt werden, aber – im Großen und Ganzen – nicht mehr schuldig oder verantwortlich sein können. Dass dieser Zustand nicht durch die derzeit zum Leben auf der Erde gezwungenen Menschen verursacht worden ist, sondern durch deren „Väter und Vorväter", erwähnen Sie zusätzlich. In Teilbereichen kann ich Ihnen durchaus zu- 3.1

stimmen, so vor allem im Hinblick auf die Vorgänge auf den internationalen und inzwischen auch nationalen Finanzmärkten. Hier ist tatsächlich nicht mehr erkennbar, woher die verschiedenen Impulse kommen, wer für diesen oder jenen Zusammenbruch einer Bank oder eines Weltkonzerns verantwortlich ist, oder wohin Kapitalien geflossen sind, deren Verbleib noch gestern gesichert schien. Die Globalisierung hat es mit sich gebracht, dass sich in der Finanzwirtschaft und in großen Teilen der Wirtschaft überhaupt neben Unübersichtlichkeit und anonymer Kriminalität auch ein veritables Chaos breitgemacht hat – nicht nur aus Sicht des kleinen Mannes. Es „gibt […] keine Schuldigen und auch keine Verantwortlichen mehr", wie Sie es formuliert haben. Allerdings würde ich diese Einschätzung nicht wie Sie nur auf die „weiße[ ] Rasse" beziehen, sondern auf die Menschheit im Ganzen, auch wenn die Auslöser, soweit man dies überhaupt beurteilen kann, eher aus den USA und den europäischen Finanzzentren als aus der Mongolei oder Ecuador gekommen sind. Ich bin zudem davon überzeugt, dass man das genannte Chaos nicht nur unseren „Vätern und Vorvätern" zur Last legen kann, sondern – leider – zur Kenntnis nehmen muss, dass daran eine große Zahl von cleveren Zeitgenossen beteiligt ist, die zwar das Ganze durch ihre „Wurstelei" gefährden, sich selbst aber – mit beachtlicher krimineller Energie! – schadlos halten.

Für die Politik im Ganzen würde ich Ihr Urteil, dass die Welt sinn- und hoffnungslos ist, nicht unbedingt gelten lassen. Bei aller Verzweiflung über ständig neu aufflammende Kriegsherde, über feigen Terrorismus und über hinterhältiges, nur der Machterhaltung dienendes politisches Taktieren sollte nicht übersehen werden, dass es immer wieder erfolgreiche Ansätze einer Politik gibt, die der Erhaltung oder Wiederherstellung des Friedens verpflichtet ist, sich um soziale Gerechtigkeit bzw. Milderung sozialer Härten bemüht und dort für Hilfe sorgt, wo die Not am größten ist. Hier sei nur auf die internationale Hilfe bei der Tsunami-Katastrophe in Indonesien oder bei den Erdbeben in China, Iran und Italien hingewiesen. In diesem Zusammenhang verdienen auch die zahlreichen Wohlfahrtsorganisationen, seien sie halbstaatlich, kirchlich oder privat, eine positive Erwähnung: Ihre Arbeit zeugt von hohem Verantwortungsbewusstsein. In diesem Bereich zeigt sich meiner Meinung auch das, was Sie als die Möglichkeit zum Nichtverzweifeltsein bezeichnen: sich als mutiger Mensch zu zeigen. Denn es sind im Prinzip doch immer Einzelne, denen bedeutende Initiativen zu verdanken sind, hier sei nur auf Mutter Theresa verwiesen. Als „Wurstelei", zumindest aber als meistens enttäuschend würde ich dagegen das bezeichnen, was die Vereinten Nationen (UN) und ihr Sicherheitsrat zuwege bringen, wenn es um wirkungsvolles Krisenmanagement geht. Unentschlossenheit, fehlende Bereitschaft zur Einigung und vordergründiges Taktieren, das sind die Merkmale dieser ebenso riesigen wie kostspieligen Weltorganisation. Sie macht tatsächlich den Eindruck einer politischen „Ungestalt", und ihre Effizienz könnte man wahrhaft als „grotesk" bezeichnen. Ich würde aber trotzdem nicht so weit gehen, diesen Befund auf die ganze Welt und die gesamte Menschheit oder auch nur auf die „weiße Rasse" zu übertragen. Man findet trotz vielerlei „Wurstelei" in unserem Jahrhundert auch immer wieder Beispiele für maßvolles, überlegtes Handeln, für die Bereitschaft, in schwierigen Situationen Verantwortung zu übernehmen, und für den Verzicht auf eigene Vorteile.

Da ich, wie ich ja angeführt habe, Ihre pessimistische Weltsicht nicht ganz teilen kann, komme ich beim Nachdenken über meine **Erwartungen an ein zeitgemäßes Theater**, ein Theater, das unserer Wirklichkeit gerecht wird, auch zu etwas anderen Ergebnissen als Sie. Es sind natürlich nur die Erwartungen eines zwar begeisterten, aber noch unerfahrenen und keineswegs kompetenten jungen Theaterfreundes, dennoch möchte ich sie Ihnen kurz vorstellen. 3.2

Natürlich erwarte ich vom Theater die **Widerspiegelung der gegenwärtigen Realität und vergangener Wirklichkeiten**, einschließlich einer Auseinandersetzung mit den aufgezeigten Denk- und Handlungsweisen. Die Kunst sollte Zusammenhänge deutlich machen, Irrtümer korrigieren und neue Perspektiven eröffnen – mit anderen Worten, sie sollte meinen Horizont erweitern beziehungsweise mich auch belehren. Ob dies nun mit den Mitteln des traditionellen realistischen Theaters (Büchner, Hauptmann) geschieht oder in der Form des epischen oder dokumentarischen Theaters (Brecht, Weiss) sowie des „Volkstheaters gegen den Strich" (Kroetz, Sperr), ist letztlich nicht entscheidend. Man könnte sich ja auch Mischformen vorstellen, in denen Elemente der unterschiedlichen Ausprägungen kombiniert werden. Auch Parabeln (Brecht), Modelle (Frisch) und nicht zuletzt Ihre Komödie als Groteske sind meiner Meinung nach gut geeignet, Einblick in eine Welt zu geben, die möglicherweise ziemlich aus den Fugen geraten ist. Das reine politische Theater mit eindeutig ideologischer Zielsetzung (Agitprop, Lehrstücke von Brecht) halte ich eher für entbehrlich, denn in ihm tritt die künstlerische Komponente stark in den Hintergrund, auch werden die Perspektiven zu stark eingeengt. 3.2.1

Eine der wichtigsten Aufgaben des zeitgemäßen Theaters ist es meiner Meinung nach, die Zuschauer zu **provozieren**, sie zu selbstständigen Überlegungen, wenn es sein muss, auch zu lauten Stellungnahmen herauszufordern. Wenn dies glückt, z. B. durch starke Verfremdungen, durch die Mittel des absurden Theaters und der scharfen Satire sowie durch ungewöhnliche Inszenierungen, dann wird das Theater zu einem Raum lebendiger Auseinandersetzung und verliert den Charakter eines Feinschmecker-Restaurants. 3.2.2

Wirkung auf den Zuschauer erzielt das Theater nicht nur durch Provokation oder argumentative Strukturen, also durch Ansprechen des Verstandes, sondern auch auf **emotionaler Ebene**. Natürlich eignen sich dafür klassische oder antike Tragödien, aber ihnen fehlt der Bezug zu unserer Gegenwart, auch dann, wenn Orest und Pylades in Anzügen von Hugo Boss auftreten. Ich würde die Tragödien, trotz des Fehlens einer „gestalteten Welt", auf der modernen Theaterbühne weiterhin aufführen, denn sie vermitteln auf unvergleichliche und grundsätzliche Art etwas vom Wesen des Konflikts, von der Unvermeidbarkeit schwierigster Entscheidungen und von geistiger Freiheit in aussichtslosen Situ- 3.2.3

ationen. So ausgelöste emotionale Erschütterungen werden nie unzeitgemäß. Sie können jedoch auch die Reaktion auf dramatische Umsetzungen aktueller Vorgänge sein, z. B. der Präsentation von realen Dokumenten und Protokollen, wie dies in dem Oratorium *Die Ermittlung* von Peter Weiss geschieht.

Grundsätzlich können **Nachdenklichkeit und Reflexionen** durch die meisten Formen des traditionellen und modernen Dramas ausgelöst werden. An der Berechtigung dieser Funktion in einem zeitgemäßen Theater besteht kein Zweifel. Es gibt Formen des modernen Theaters, bei denen die Realität weitgehend im Bewusstsein der Figuren gespiegelt wird, in denen also das Befinden, die Perspektive des Individuums im Mittelpunkt steht. Das Subjekt auf der Bühne wird damit gleichzeitig auch zum Objekt der Nachdenklichkeit des Zuschauers. Oder: das, was im Bewusstsein des Akteurs auf der Bühne vorgeht, wird Gegenstand der Reflexion durch den Zuschauer. Mit ihrem Bewusstseinstheater beziehungsweise mentalen Theater haben Autoren wie Botho Strauß und Thomas Bernhard die beabsichtigte Wirkung beim Zuschauer und die Vorgänge auf der Bühne in unmittelbare Nähe zueinander gebracht. Die Mittel reichen von überlangen Monologen über absurde Dialoge bis zur Pantomime. Die thematische und formale Offenheit dieses Theaters entspricht meiner Meinung nach in hohem Maße den Ansprüchen an ein zeitgemäßes Theater. 3.2.4

Es wird Sie nicht verwundern, dass ich dem Aspekt der **Unterhaltung und Ablenkung** durch das Theater auch einen gewissen Stellenwert zuschreibe. Dem ursprünglichen Bedürfnis des Menschen, befreit auflachen oder auch in sich hineinschmunzeln zu können, sollte auch im modernen Theater Rechnung getragen werden, denn dieses Bedürfnis ist immer zeitgemäß. Über die zahlreichen Möglichkeiten brauche ich mich Ihnen gegenüber nicht zu äußern, denn trotz Ihrer pessimistischen Weltsicht oder gerade deswegen haben Sie es nie unterlassen, dem Komischen beziehungsweise dem Grotesk-Komischen einen zentralen Platz in Ihren Stücken einzuräumen. Da viele der Anliegen, die ich im Hinblick auf ein zeitgemäßes Theater geäußert habe, u. a. auch durch die Darstellungsform der Satire erfüllt werden können, habe ich auch keine Bedenken, dass mein Bedarf an **Spott und Schadenfreude** gestillt werden könnte, wenn nur genügend satirisch unterlegte Stücke auf die Bühne kommen. Das Lachen gehört unbedingt zu einem zeitgemäßen Theater, denn es ist häufig die einzige Möglichkeit, um mit den Widrigkeiten des Lebens fertig zu werden. Fast nehme ich an, dass ich mich damit Ihrer Position wieder angenähert habe … 3.2.5

Ich hoffe, dass meine Ausführungen bei Ihnen nicht nur Kopfschütteln hervorgerufen haben, und verbleibe
mit freundlichen Grüßen

Unterschrift

Abitur Deutsch (Bayern G8) – Übungsaufgabe 6:
Verfassen einer literarischen Erörterung

Aufgabe:

In literarischen Werken spielt die Kritik an der Gesellschaft, die im beigefügten Artikel definiert wird, nicht selten eine wichtige Rolle. Dabei ist das Verhältnis zwischen Individuum und Gesellschaft immer auch zeit- und epochentypisch geprägt.

Erörtern Sie kritisch anhand eines selbst gewählten literarischen Werkes des 19. Jahrhunderts, inwiefern darin gesellschaftskritische Aspekte eine Rolle spielen.

Material

Gesellschaft

G. ist eine Sammelbezeichnung für unterschiedliche Formen zusammenlebender Gemeinschaften von Menschen, deren Verhältnis zueinander durch Normen, Konventionen und Gesetze bestimmt ist und die als solche eine G.-Struktur (G.-Gefüge) erge-
5 ben. Soziologisch wird zwischen G. und Gemeinschaft unterschieden, wobei letztere sich durch eine größere Nähe und Verbundenheit der Menschen und erstere durch eine stärker rationale (zweck-, nutzenorientierte) Begründung des Zusammenlebens auszeichnet. Es können folgende G.-Formen unterschieden werden: 1) die genossenschaftliche G. als eine weitgehend egalitäre G. und 2) die Herrschafts-G., in der die
10 Macht zwischen den gesellschaftlichen Gruppen ungleich verteilt ist, wobei zwischen ständischer G. (bei der der Stand des Individuums durch Geburt festgelegt ist: z. B. Adel, Geistlichkeit, Bürger, Unfreie) und liberal-demokratischer G. (auch: bürgerliche G., bei der die gesellschaftliche Durchlässigkeit individuelle Auf- und Abstiegsmöglichkeiten eröffnet) unterschieden wird. [...]

Aus: Schubert, Klaus/Martina Klein: Das Politiklexikon. 4., aktual. Aufl. Bonn: Dietz 2006

Hinweise und Tipps

- *Die Aufgabenform ermöglicht es Ihnen, sich dem Thema mit einem **selbst gewählten Werk** des 19. Jahrhunderts zu nähern. Daher sollten Sie sich zunächst überlegen, welches Ihnen **gut bekannte Werk** sich gesellschaftskritisch mit seiner Zeit auseinandersetzt. In Frage kämen zum Beispiel Annette von Droste-Hülshoffs Novelle „Die Judenbuche" (1842), Friedrich Hebbels bürgerliches Trauerspiel „Maria Magdalena" (1843) oder Theodor Fontanes Roman „Effi Briest" (1895), welcher dem folgenden Lösungsvorschlag zugrunde liegt.*
- *Da die Bearbeitung aus dem Gedächtnis heraus, also ohne Textvorlage, erfolgt, kann auf die sprachlich-stilistische Gestaltung des Werkes nur in verhältnismäßig*

*allgemeiner Form eingegangen werden. Das **Einbauen von Zitaten**, wenn Sie diese denn wortgenau wiedergeben können, wertet die Arbeit selbstverständlich auf.*
- *Der **literaturgeschichtliche Hintergrund** sollte auf jeden Fall in die Darstellung einbezogen werden, er dient als entscheidende Grundlage der Erörterung.*
- *Das beigefügte Material, hier ein Lexikonartikel, kann Ihnen als Informationsquelle und Hilfestellung dienen, um weitere Aspekte in Ihre Arbeit aufzunehmen. Sie müssen sich jedoch nicht darauf beziehen – es sei denn, es ist explizit in der Aufgabenstellung verlangt.*
- *Um das Thema erschöpfend bearbeiten zu können, ist es notwendig, die Handlungsweisen und Absichten der Figuren des gewählten Werkes sowohl **textimmanent** als auch in deren **zeitgeschichtlichem Kontext** zu beleuchten. Dabei muss auch der Hintergrund der Handlung berücksichtigt werden.*
- *Ein kurzes **Resümee** der Ergebnisse sollte den Abschluss bilden.*

Gliederung

A. Notwendigkeit gesellschaftlicher Spielregeln

B. Kritik an der Gesellschaft des ausgehenden 19. Jahrhunderts in Theodor Fontanes Roman *Effi Briest*
    I. Historischer Kontext des Romans
    II. Einfluss der verschiedenen preußischen Aristokratenschichten
        1. Übernahme starrer Werte und Normen
        2. Kritik an Ehrenkult und Duellpraxis
    III. Rolle der Frau
        1. Abhängigkeit von gesellschaftlichen Regeln und Konventionen
        2. Sanktionen bei Verstößen gegen gesellschaftliche Normen

C. Individuelles Glücksstreben und gesellschaftliche Erwartungen an den Einzelnen

Lösungsvorschlag

In einer Gesellschaft, unter der man die Gesamtheit der Menschen, die unter   **A.** bestimmten politischen, wirtschaftlichen und sozialen Verhältnissen zusammenleben, versteht, übernehmen die einzelnen Mitglieder bestimmte Aufgaben und Rollen, die mit Regeln, Normen und Pflichten verbunden sind, da eine Gesellschaft anders nicht funktionieren könnte. Die Erfüllung dieser Vorgaben diente früher primär dazu, dem Staat von Nutzen zu sein. Im Lauf der Zeit sollten diese gesellschaftlichen Spielregeln auch zur eigenen Glücksfindung des Individuums und zu seiner persönlichen Erfüllung führen. Dabei kollidieren die Interessen des Einzelnen jedoch bisweilen mit denen der Gesellschaft. Auf dem Individuum lastet zudem ein gewisser Druck, da bei Nichterfüllung besagter gesellschaftlicher Regeln die Gefahr besteht, nicht anerkannt zu werden, in seinem Leben zu scheitern und sich somit etwaige Chancen zur Weiterentwicklung zu nehmen.

Die Einstellung des Einzelnen zur geltenden Gesellschaftsordnung und der Einfluss der Gesellschaft auf das Handeln der Menschen, die Fontane in seinem Werk des bürgerlichen oder poetischen Realismus *Effi Briest* anspricht, sind entscheidend geprägt von den gewaltigen Veränderungen, die während des gesamten 19. Jahrhunderts auftraten.   B.

Ein grundlegender **Wandel der gesellschaftlich-politischen Situation** war   I. bereits in der gescheiterten Revolution von 1848/49 angelegt, auf die zwar erneut eine Phase der Reaktion folgte, die aber dennoch zu bleibenden gesellschaftlichen Veränderungen führte. Die Reaktionen des Bürgertums, das seine Forderungen nach einem Nationalstaat und einer Reichsverfassung nicht erfüllt sah, fielen unterschiedlich aus. So vollzog sich in den Folgejahren eine breite innere Spaltung dieser bis dahin relativ geschlossenen bürgerlichen Schicht: Die Enttäuschung über die gescheiterte Revolution führte bei einigen zu einem Gefühl resignativer Ohnmacht und Hilflosigkeit, das eine Abkehr von jeglicher politischer Agitation zur Folge hatte. Man versuchte, sich mit der Lage zu arrangieren und sein Glück im Privaten zu finden. Anderen Bürgern verhalfen die Ereignisse in den Jahren 1848/49 zu mehr Selbstbewusstsein, das sich zudem auf ökonomische und kulturelle Errungenschaften stützte. Für viele fanden sich durch den mit der Industrialisierung einhergehenden ökonomischen Fortschritt Nischen und das Bürgertum wurde so in der zweiten Hälfte des Jahrhunderts zu einer nicht mehr zu leugnenden gesellschaftlichen Macht basierend auf seiner ökonomischen Bedeutung.

Nach der durch Bismarck in die Wege geleiteten Kaiserreichsgründung von 1871 gewann die preußisch-adelige Lebensweise Einfluss auf das gesellschaftliche Leben des Adels und des wohlhabenden Bürgertums im gesamten Kaiserreich. Bedingt durch die Politik des Reichskanzlers begann eine Phase der **Militarisierung** der Gesellschaft, die alle Lebensbereiche des Einzelnen zunehmend erfasste. Mit Kaiser Wilhelm II., der den Rücktritt Bismarcks 1890 bewirkte, kam ein Regent an die Macht, der durch sein militärisches Auftreten und seine Politik des ‚Säbelrasselns' noch stärker den Fokus auf alte preußische Werte und Normen legte.

Der technische und wissenschaftliche Fortschritt veränderte die **ökonomische und soziale Situation** aller Gesellschaftsschichten. Die Bevölkerung wuchs rapide an und die mit der Industrialisierung einhergehende Verarmung besonders der Arbeiter, verstärkt durch Landflucht und zunehmender Verstädterung, führte zu großen sozialen Problemen und Unruhen. Viele fühlten sich durch diese Entwicklung beunruhigt, wobei gerade die Mehrheit der Bürger schon aus ökonomischen Interessen versuchte, das Problem zu verdrängen.

Angesichts solch rapider Veränderungen und neuer Erkenntnisse, die bisherige Wahrheiten als haltlos offenbarten, verschärfte sich die **geistige Orientie-**

rungskrise zunehmend. Nicht zuletzt Darwins naturwissenschaftliche Erkenntnisse und Nietzsches philosophische Religionskritik führten zu einer weiten Verbreitung eines diesseits orientierten Materialismus, der auch eine neue Definition des bisherigen Menschenbildes implizierte: Der Mensch wurde fortan nicht mehr als selbst- oder gottbestimmtes Wesen gesehen, sondern als wenig autonomes und vielmehr durch Anlagen, Umwelt und Zufall bestimmtes Individuum definiert. In diesem Zusammenhang veränderte sich auch die Rolle der Religion von einer sinngebenden Grundlage jeden menschlichen Zusammenlebens hin zu einer gesellschaftlich-konventionellen Einrichtung. Das Gefühl der Haltlosigkeit und des Ausgeliefertseins an den Zufall verstärkte die Orientierungs- und Sinnkrise in der zweiten Hälfte des 19. Jahrhunderts. Technischer Fortschritt und zunehmende Wirtschaftskraft erzeugten im Gegensatz dazu ein Vertrauen in die eigene Leistungsfähigkeit.

Vor dem Hintergrund dieser einschneidenden Veränderungen in der zweiten Hälfte des 19. Jahrhunderts erscheint es geradezu unumgänglich, dass im gesellschaftlichen Miteinander gewaltige Probleme auftraten, die Fontane in seinem Werk *Effi Briest* thematisiert.

Die Hauptfiguren in Fontanes Roman *Effi Briest* entstammen verschiedenen preußischen Aristokratenschichten, deren Werte und gesellschaftliche Normen sich in ihrer Denk- und Lebensweise widerspiegeln. Allen gemeinsam ist neben der geburtsbedingten Zugehörigkeit zum Adel ein gewisses Streben nach gesellschaftlicher Abgrenzung im Sinne der Machtsicherung und damit einhergehend ein von anderen Ständen abgeschirmtes Leben. Kontakt pflegt man lediglich unter seinesgleichen oder im Umgang mit den Dienstboten.

Bei den verschiedenen Aristokratenschichten unterscheidet man zwischen dem alteingesessenen **preußischen Landadel**, im Werk repräsentiert durch die Figur des alten Herrn von Briest, der sich durch eine menschlich großzügige Ader, ein allgemein unpolitisches Auftreten und eine besondere Affinität zu wirtschaftlichem Wohlergehen auszeichnet. Der **politisch reaktionäre pommersche Landadel** dagegen, im Roman die Kessiner Landadeligen, verteidigt seine uralten Rechte, wehrt sich gegen die bismarcksche Verwaltungsmodernisierung, die Ansprüche der Bauern und der Bürger und verharrt in einer religiös konservativen Haltung. Beide Gruppen lassen sich durch ein starkes Standesbewusstsein, Patriotismus und Königstreue charakterisieren.

Der sehr einflussreiche **Beamten- und Verwaltungsadel**, dem man Innstetten zuordnen kann, zeichnet sich durch eine fundierte Ausbildung aus, mit der eine eher moderne, flexible Einstellung, die sich unter anderem für eine starke Zentralgewalt ausspricht, einhergeht. Schließlich spielt auch der **Offiziersadel**, dem die Figur Crampas angehört, eine entscheidende Rolle. Er fühlt sich dem militärischen Ehrenkodex verpflichtet und steht in enger Verbindung zu den anderen Adeligen, die ihrerseits einst beim Militär waren. Sowohl der Verwaltungs- als auch der Offiziersadel zeichnen sich durch einen unbedingten und pflichtbewussten Gehorsam gegen Obrigkeiten sowie absolute Loyalität gegenüber dem Staat aus mit dem Ziel, größtmögliche Karriere zu machen.

Das Scheitern einiger Figuren innerhalb dieses rigiden Werte- und Normensystems und deren Einzelschicksale, auf die in der weiteren Erörterung eingegangen wird, machen Fontanes kritische Einstellung gegenüber den Traditionen des Adels im 19. Jahrhundert deutlich.

Das **Militär** nimmt, wie bereits angeführt, in der preußischen Gesellschaft des 19. Jahrhunderts einen hohen Stellenwert ein: Seine Wertvorstellungen prägen auch das Denken der meisten Figuren in *Effi Briest*. So ist man prinzipientreu, pflichtbewusst und einem männlichen Ehrenkodex unterworfen. Das Prinzip der **Ehre**, welches man in Adelskreisen tief verinnerlicht hat, steht immer in Zusammenhang mit öffentlichem Ansehen und Respekt vor Adeligen, da sich deren Selbstwertgefühl allein aus ihrer Stellung in der Gesellschaft ableitet. Bei Ehrverletzung steht den Beteiligten ein **Satisfaktionsrecht** zwecks beidseitiger Wiederherstellung der Ehre zu, welches in Form eines Duells umgesetzt wird. Ein Verzicht auf dieses Duellrecht, welches zwar offiziell verboten ist, aber dennoch geduldet und nur schwach sanktioniert wird, führt sowohl für die Person, die auf die Herausforderung verzichtet, als auch für denjenigen, der eine solche ablehnt, zwangsläufig zu sozialer Ächtung.

In *Effi Briest* fordert Innstetten Crampas zum Duell heraus, nachdem er von dessen Affäre mit seiner Frau erfahren hat. Dabei unterliegt Crampas und stirbt. Innstetten wird nach kurzer Inhaftierungszeit begnadigt und setzt seine Karriere fort. Fontanes Haltung gegenüber dieser zu seiner Zeit üblichen Duellierpraxis zeigt sich deutlich sowohl an der Veränderung der Vorlage der real existierenden Ardennen-Affäre, die damals in aller Munde war, als auch an den Reaktionen, die er den Figuren seines Romans zuschreibt.

Fontanes Roman basiert auf einem tatsächlichen Geschehen, das sich 1886 in Preußen ereignete: Die mit dem Rittmeister Armand von Ardenne verheiratete Elisabeth von Ardenne ging ein Verhältnis mit dem Reserveoffizier Emil Hartwich ein und wollte diesen heiraten. Doch die Affäre wurde, noch während sie bestand, aufgedeckt und Hartwich fiel in dem von Armand geforderten Duell. Armand wurde nach kurzer Haftstrafe rehabilitiert und erreichte den Rang eines Generalleutnants. Seine geschiedene Frau lebte im sozialen Abseits und verstarb im Alter von 99 Jahren.

Obwohl es in Fontanes Roman sicherlich viele Parallelen zu diesem Vorfall gibt, hat der Autor doch einige wichtige Aspekte abgeändert: So erfährt Innstetten erst nach sieben Jahren von der längst beendeten Affäre seiner Frau mit dem Offizier Crampas. Zudem hat Effi nie in Betracht gezogen, ihre Ehe zu beenden und eine neue Liaison einzugehen, und ist im Gegenteil eher froh darüber, dass diese Beziehung der Vergangenheit angehört. Darüber hinaus stirbt Effi schon nach kurzer Zeit an den Folgen ihrer sozialen Vereinsamung, während Elisabeth von Ardenne knapp hundert Jahre alt wurde. Fontane hat die Situation also drastisch verschärft und arbeitet die Problematik, die mit der Duellierpraxis einhergeht, anschaulich heraus. Dies geht auch aus der Einstellung der Figuren, die sich mit dem Für und Wider einer Satisfaktion im Duell beschäftigen, hervor.

Nachdem Innstetten die Briefe seiner Frau, die ihr früherer Liebhaber Crampas ihr geschrieben hat, gefunden hat, sucht er das Gespräch mit Geheimrat Wüllersdorf, seinem engsten Vertrauten. Sie kommen überein, dass die Schuld eigentlich bereits verjährt ist, und Innstetten betont außerdem, er sei zwar unglücklich über den Betrug seiner Frau, empfinde aber aufgrund der verstrichenen Zeit kein Gefühl der Rache. Zudem würde sich ein Duell, so ist er überzeugt, nachhaltig nicht nur auf sein Lebensglück, sondern auch auf das Effis auswirken, welche er nach wie vor liebe. Doch trotz all dieser Gründe kommt Innstetten zu dem Schluss, dass er die Affäre öffentlich machen muss: zum einen, weil es mit Wüllersdorf nun einen Mitwisser gibt, zum anderen, und das gibt für ihn den wesentlichen Ausschlag, weil es die Gesellschaft, in der sie leben, so verlangt. Innstetten bezeichnet dies aussagekräftig als ein „**tyrannisierendes Gesellschafts-Etwas**" und Wüllersdorf bestätigt seine Ansicht letzten Endes, indem er den adeligen Ehrenkultus als einen „Götzendienst" bezeichnet, dem sie unterworfen seien. Auch Crampas, der zügig unterrichtet wird, ist zwar entsetzt, fügt sich aber dem herrschenden System und sieht die Notwendigkeit eines Duells ein. Seinen letzten Blick kurz vor seinem Ableben interpretiert Innstetten als eine Art resignierten Vorwurf der Prinzipienreiterei und er bezeichnet das Duell als eine „Komödie", wenn auch der Begriff „Tragödie" hier wohl passender erscheint. Effi selbst, die das Schicksal hart getroffen hat, bittet kurz vor ihrem Tod darum, man möge Innstetten ausrichten, dass sie seine Handlungsweise nachvollziehen könne und er in allem recht gehandelt habe. Gerade diejenige Figur, die sich eben nicht mit dem strengen Werte- und Normenkorsett ihrer gesellschaftlichen Zugehörigkeit zufrieden geben konnte und wollte, sieht also letzten Endes dessen scheinbare Notwendigkeit ein und spricht Innstetten von jeglicher – auf das Duell bezogenen – Schuld frei.

Fontanes gesellschaftskritische Haltung äußert sich also dezidiert sowohl in der Abwandlung der bekannten Ardennen-Affäre als auch in der kritischen Stellungnahme seiner Figuren, sie seien einem gesellschaftlichen Zwang unterworfen, den sie eigentlich nicht befürworten. Gerade die Tatsache, dass er hierbei insbesondere die Figuren zu Wort kommen lässt, die dem adeligen Milieu entstammen, dessen Werte sie eigentlich vertreten sollten, zeigt, dass sich der Autor eine Umbruchsituation wünscht, in der überkommene Moralvorstellungen und Prinzipien überdacht werden. Interessanterweise tritt in diesem Zusammenhang die Hausangestellte Johanna als stärkste weibliche Befürworterin der adeligen Prinzipien auf, obwohl sie dem Adel, den Fontane zu kritisieren sucht, nicht angehört, sondern in dessen Abhängigkeit steht. Doch löst der Autor dieses scheinbare Paradoxon wieder auf, indem er Johannas Haltung dadurch erklärbar macht, dass sie sich zum einen mit dem Leben in einem adeligen Haus, für das sie ja aufgrund ihrer Stellung verantwortlich ist, identifiziert und zum anderen Innstetten liebt und sie deswegen womöglich jedwede seiner Taten gutheißen würde – zumindest urteilt so Roswitha, Effis Vertraute, die als Kindermädchen ebenfalls im Hause Innstettens beschäftigt ist.

Das starre adelig-preußische Denken zeigte seine Auswirkungen auch in der **Rolle der Frau um die Jahrhundertwende.** Traditionell hatte die Frau bereits seit dem Mittelalter einen untergeordneten Platz in der Gesellschaft inne, zur Zeit des Romangeschehens mittlerweile auch durch das geltende Eherecht manifestiert. Mit der Hochzeit trat sie von der Vormundschaft des Vaters in die des Ehegatten über. In Effis Fall bedeutet dies, dass sie von ihrem gutmütigen und eher von einer liberalen Weltsicht geprägten Vater in die Obhut des prinzipientreuen Barons Innstetten übergeben wird. Daher ist für Effi bereits aufgrund ihrer Erziehung ein gewisses Konfliktpotenzial vorgegeben, zumal Innstetten als der sehr viel Ältere den Bedürfnissen und Wünschen seiner jungen Gattin nicht aufgeschlossen gegenübersteht.

Primär bestand die Aufgabe der Ehefrau darin, dass sie Haushaltsvorstand und Mutter war, doch hatte der Mann als Familienoberhaupt grundsätzlich die letzte Entscheidungsgewalt in allen Lebensbereichen, also auch bei der Erziehung der Kinder. Meist war die adelige Haushaltsführung auch so eingerichtet, dass für die Ehefrau nicht viel zu tun blieb. Kindermädchen, Haushälterinnen, Gärtner, Köchinnen und Kutscher mussten zwar in ihren Tätigkeiten angewiesen und beaufsichtigt werden, doch eigene Aktivitäten wurden in höher gestellten Familien von der Frau nicht erwartet und waren regelrecht verpönt beziehungsweise verboten. Gerade in Innstettens Anwesen war man auch bisher jahrelang ohne die Anwesenheit einer Haushaltsvorsteherin ausgekommen und war gut eingespielt, wodurch für Effi weder die Notwendigkeit noch die Möglichkeit bestand, ihre eigenen Wünsche und Ideen zu verwirklichen.

Die patriarchalische Vorherrschaft des Mannes ging sogar soweit, dass er auch Briefe seiner Frau öffnen durfte, was bedeutet, dass der moralische Vertrauensbruch Innstettens, der die Briefe Effis liest und somit deren Affäre mit Crampas aufdeckt, rechtmäßig ist.

In adeligen Kreisen traten neben diese rechtlichen Bestimmungen allerdings auch noch die **gesellschaftlichen Konventionen**, denen die Familien unterworfen waren. Generell benötigte die Frau zur Ausübung eines Berufes die Erlaubnis ihres Gatten. Für Ehefrauen höheren Standes waren berufliche Tätigkeiten aber aus Prestigegründen grundsätzlich verpönt, bestenfalls konnten sie sich karitativ engagieren. Daraus erschließt sich auch, weshalb Effi selbst nach der Scheidung nicht daran denkt, eine berufliche Beschäftigung aufzunehmen. Die durch die Situation bedingte Unselbstständigkeit löste bei vielen Frauen eine Suche nach Ablenkung aus. Nur unverheiratete oder verwitwete Damen der Gesellschaft konnten als Gesellschaftsdame eine annähernd berufliche Tätigkeit ausüben, wie Fontane im Roman anhand der Geheimrätin Zwicker, Effis Kurbegleiterin, aufzeigt.

Da diese Konventionen den Ehealltag erheblich beeinflussten, gestaltete sich die Suche nach Zerstreuung schwierig. Ein Spaziergang in der Stadt oder andere Beschäftigungen, die Abwechslung in den Alltag bringen konnten, durften nur im Beisein des Ehemannes unternommen werden. Da in Effis Fall Innstetten allerdings beruflich bedingt nur selten in der Lage ist, diese Aufgaben zu übernehmen, bleiben Effi lediglich Spaziergänge in der freien Natur oder Ausritte in Begleitung einer ‚Ehrengarde' von Dienern, beispielsweise des Kutschers. Daher geht Effi bereitwillig und dankbar auf die Angebote des Majors ein, sie auf Ausritten und anderweitigen Aktivitäten zu begleiten. Zusammenfassend lässt sich sagen, dass die Rolle der Ehefrau lediglich eine repräsentative war und gerade junge Frauen mit moderneren Denkansätzen Schwierigkeiten hatten, sich in diese Situation zu fügen.

Konnte sich eine Dame höheren Standes nicht gänzlich den Konventionen unterwerfen und brach sie wie Effi aus dem Normenzwang aus, so sah sie sich mit erheblichen **gesellschaftlichen Sanktionen** konfrontiert. 2.

Bei Zuwiderhandlungen gegen die gesellschaftliche Ordnung, insbesondere beim Ehebruch, konnte der Ehemann die Scheidung einreichen. Das Scheidungsrecht war in besonderer Weise patriarchalisch geprägt und erfolgte strikt nach dem Schuldprinzip: Männliche Untreue galt hierbei als Kavaliersdelikt, diejenige der Frau allerdings als besonders verwerflich. Laut einer Äußerung des preußischen Justizministers aus dem Jahre 1848 verletzte eine Frau durch einen Seitensprung oder eine Affäre ihre natürliche Pflicht ebenso wie die Ehre und den Frieden der Familie. Da die Rolle des Mannes hingegen auf Beruf und Gesellschaft ausgerichtet war, berührte ein sogenannter Fehltritt seinerseits weder seine Ehre noch die Würde und das Ansehen der Familie. Diese Ansichten gingen noch auf das Alte Testament und die Rolle Evas als Verführerin zurück und wurden durch die Theorien Hegels und Schopenhauers weiter gestützt. So idealisierte man die Frau gerne als unschuldiges und reines Wesen, wie auch Effi zu Beginn des Romans dargestellt wird. Andererseits sah man die Frau aber stets der Gefahr der Versuchung ausgesetzt, auf die Effi durch ihre Mutter vor der Hochzeit hingewiesen wird, als diese anmahnt, als Frau in ihrem Handeln jederzeit vorsichtig sein zu müssen.

Nach Aufdeckung der Affäre verliert Effi nach der gültigen Rechtssprechung automatisch das Sorge- und Umgangsrecht für die gemeinsame Tochter Annie. Nicht einmal besuchen darf sie Annie ohne Innstettens Zustimmung und ist somit auch hier vollständig auf die Gnade ihres Mannes angewiesen. Gesellschaftlich gesehen ist sie nun isoliert, die einzige Unterstützung erfährt sie weiterhin durch ihr Kindermädchen Roswitha, das sie einst für ihre Tochter eingestellt hat. Wenig gebildet, aus der Arbeiterschicht stammend und als Katholikin in Preußen zudem in einer Außenseiterrolle, fügt diese sich nicht den im Hause Innstetten geltenden Normen. Als Gegenpol zu Johanna hält sie auch dann noch zu Effi, als diese aufgrund ihres Handelns bereits gesellschaftlich ausgegrenzt ist, da ihr die Menschlichkeit, Nächstenliebe und Herzlichkeit Effis bei Weitem wichtiger erscheinen als die in ihren Augen überkommenen Werte und Normen der Zeit. Fontane überträgt dieser Figur somit eine Vorbildrolle, die er in Adelskreisen vermisst.

Einen Unterhaltsanspruch durch Innstetten hat Effi ebenfalls nicht, wodurch sie auf die Unterstützung der Eltern angewiesen ist. Sie akzeptiert alle rechtlichen und gesellschaftlichen Konventionen ohne Widerspruch, was zum Ausdruck bringt, wie sehr sie selbst in diesem System verwurzelt ist. Sie sieht sich kritiklos als Schuldige an dieser Misere und nimmt sogar das Verbot der Eltern, nach Hause zu kommen, widerspruchslos hin. Auffallend ist, dass sich die Einstellung des Vaters im Verlauf des Werks gravierend ändert und er Effi gegen den Willen seiner Frau und aufgrund der Liebe zu seiner Tochter, die er zeituntypisch über gesellschaftliche Erwartungen stellt, nach Hause holt.

Effis Resignation gipfelt schließlich in einer gewissen Selbstaufgabe, die darin zum Ausdruck kommt, dass die eigentlich noch junge Frau beständig unter Krankheiten leidet und schließlich stirbt. Diese Akzeptanz der Gegebenheiten stellt für Effi einen Akt von unbewusster Selbstbestrafung dar, der nur nach dem Besuch ihrer Tochter in ihrer Wohnung einmal kurzzeitig durchbrochen wird. Hier macht sie ihrem Protest Luft und sie empfindet deutlich das Unrecht, das ihr angetan worden ist: Sie klagt nicht nur sich selbst, sondern auch die Gesellschaft und sogar ihren Mann an. Doch nimmt sie diese Aussagen im Moment des Sterbens im elterlichen Hause wieder zurück und spricht in ihren letzten Worten ohne jegliche Anklage von Innstetten. Sie stellt ihn vielmehr als jemanden dar, der viel Gutes in seiner Natur hat und so edel ist, wie ein Mensch nur sein kann, der keine rechte Liebe fühlt. Für den modernen Leser ist Effi allerdings einmal mehr in der Opferrolle und ihr Großmut und ihr Verzeihen stehen in krassem Gegensatz zur Härte und Rücksichtslosigkeit der Gesellschaft, die Fontane kritisiert.

Bereits Aristoteles spricht von dem Menschen als ‚zoón politicon', als einem **c.**
gemeinschaftsbildenden Wesen: Der Mensch ist auf die Gemeinschaft angewiesen, aber nicht primär um des Staates willen, sondern um sein höchstes Ziel, möglichst gut zu leben, in Einklang mit seinen Mitmenschen umzusetzen.

Doch diese ursprünglich selbst erwählte Ordnung kann auch zu einem gesellschaftlichen Korsett werden, wenn die freie Entfaltung und die persönliche Vorstellung eines möglichst guten Lebens nicht mehr mit den Forderungen der Gesellschaft übereinstimmen. Wie in der vorliegenden Arbeit dargestellt, befinden sich diese Zwänge, mit denen sich die Menschen konfrontiert sehen, stets im **Wandel** und sind dabei abhängig von den jeweiligen Umständen, die der zeitgenössische Kontext definiert. Der immerwährende **Konflikt zwischen dem Einzelnen und der Gesellschaft** ist somit nie gänzlich lösbar. Mit Effi Briest schuf Fontane eine Figur, die in ihrem Denken und Handeln ihrer Zeit weit voraus ist. Sie muss zwar mit den entsprechenden gesellschaftlichen Sanktionen zurechtkommen und beugt sich letzten Endes den in ihrem Milieu vorherrschenden Regeln und Normen, bietet aber dennoch nachfolgenden Generationen Identifikationspotenzial.

Das Dilemma zwischen persönlich empfundenen Einschränkungen und gesellschaftlichen Notwendigkeiten definiert sich also stets neu. Die Probleme und Konflikte, unter denen die Figuren des behandelten Romans noch litten, sind heute meist überwunden, doch treten in unserer hochtechnisierten Konsumgesellschaft sicherlich neue, nicht weniger diskussionswürdige Schwierigkeiten auf. Deren Erörterung allerdings ist an dieser Stelle „ein *zu* weites Feld".

Abitur Deutsch (Bayern G8) – Übungsaufgabe 7:
Verfassen einer materialgestützten Erörterung

Aufgabe:
Dem Spitzensport wird in unserer Zeit eine große gesellschaftliche Bedeutung zugeschrieben. Besonders aus diesem Grund finden krisenhafte Entwicklungen eine gesteigerte Beachtung in der Öffentlichkeit.
Erörtern Sie, ausgehend von zentralen gesellschaftlichen Funktionen des Spitzensports, Möglichkeiten und Grenzen, um die derzeit im Spitzensport erkennbaren Probleme zu beheben.
Beziehen Sie sich bei Ihren Ausführungen auch auf die beigefügten Materialien.

Material 1
Volker Gerhardt: Die Krise im Selbstverständnis des modernen Sports

Wann immer in diesen Jahren von „Sport und Ethik" die Rede ist, bekommt man Anklagen und Vorwürfe, feierliche Ermahnungen und strenge Forderungen zu hören. Neuerdings ergehen sich auch selbst die Sportler und ihre Repräsentanten, sobald die Moral zur Sprache kommt, in bitteren Selbstvorwürfen. Das ist durchaus verständlich, denn
5 der Sport ist offenkundig in eine Krise geraten, auch wenn es ihm äußerlich besser geht als je zuvor. Der breite Zulauf, das öffentliche Interesse, die internationale Betriebsamkeit, die glanzvollen Wettkämpfe und eine weltweite mediale Permanenz[1] können nicht davon ablenken, dass dem Sport sein gutes Gewissen abhanden gekommen ist. Das gesunde Selbstbewusstsein, in dem er sich jahrzehntelang präsentierte,
10 weil doch der Sport, alles in allem, für eine gute Sache steht, ist brüchig geworden. Die Sportler und Repräsentanten zweifeln an sich selbst. Dabei muss man den Eindruck haben, dass die Selbstzweifel in der Tat die Substanz berühren: Professionalisierung und Industrialisierung des Sports, der zu einem großen Wirtschaftszweig geworden ist, lassen es *erstens* fraglich erscheinen, ob hier noch ein zweckfreies Spiel
15 betrieben wird. Die Klagen über Spielertransfers und Ablösesummen, über Spitzengehälter und reine Schauwettkämpfe, über Werbung am Mann und den mit dem großen Geld verbundenen Verlust an Fairness sind ja sattsam bekannt. Angesichts der ökonomischen Potenzen des Sports hat die olympische Losung „Dabeisein ist alles!" des Barons de Coubertin längst einen Hintersinn, der die ursprüngliche Absicht ins
20 Gegenteil verkehrt.
Dem entspricht *zweitens*, dass der Sport, der schon lange kein Privileg der Oberschicht mehr ist, auch in der Breite nicht mehr bloß zum Ausgleich für die Belastungen in der Arbeitswelt betrieben wird. Seinen unter den Bedingungen einer Freizeitkultur gewachsenen Selbstzweck-Charakter hat er, zumindest in den hochentwickelten Län-
25 dern, verloren. Er ist zum Instrument der Selbstdarstellung privater Konsumenten, marktbewusster Produzenten und herrschender Gesellschaftssysteme avanciert und dabei schon lange nicht mehr auf die nationale Politik oder auf diverse Lokalpatrio-

tismen beschränkt. Der Sport ist zum Leitmedium der Mode und damit selbst zur Mode geworden. Er signalisiert nicht nur besondere Leistungsfähigkeit, sondern auch einen exklusiven Lebensstandard. Selbst noch bei den randalierenden Fans ist er das Statussymbol für einen Überfluss an Zeit, Geld und Kraft, und auf den immer breiter und voller werdenden oberen Rängen der Alterspyramide ist er zum Attribut einer auf Dauer gestellten Jugendlichkeit geworden. Man hat ihn als Attitüde habitualisiert[2] und bis in die Accessoires hinein konfektioniert. Innen wie außen wird alles zum Sport. Es wäre schön, wenn man dies als soziologischen Triumph des Sports deuten könnte; das Problem ist nur, dass der Sport in einer Kultur, die sich insgesamt als sportlich präsentiert, seine Identität zu verlieren droht. Was ohnehin alle machen, kann nichts Besonderes mehr sein.

Der gravierende Zweifel aber entsteht *drittens* mit der im Spitzensport längst offenkundigen, aber nun auch im Breitensport statistisch erhärteten Einsicht, dass der Sport gar nicht so gesund ist, wie man bislang gerne glaubte. Zwar steigert der Sport das Lebensgefühl; der Aktive spürt seine Kräfte wachsen und erfährt sich als leistungs- und widerstandsfähiger. In der Tat kann der Trainierte auch manche außersportliche Belastung besser ertragen. Aber im medizinischen Sinn gesünder wird man dadurch keineswegs. Noch nicht einmal bei der mit Abstand häufigsten Todesursache, bei den Kreislauferkrankungen, ergibt sich ein nachweisbarer medizinischer Effekt sportlicher Leistung. Wer Sport treibt, bekommt mit der gleichen Wahrscheinlichkeit einen Herzinfarkt wie der Nichtsportler – ein gewisses Bewegungsminimum vorausgesetzt. Natürlich sollte man gleich hinzufügen, dass dieses Minimum unter den Lebensbedingungen der modernen Zivilisation wohl durch nichts leichter, lustvoller und kreativer gesichert wird als eben durch den Sport. Gleichwohl gilt *medizinisch,* dass der aktive Sportler, insbesondere der Leistungssportler, nur die Hoffnung haben darf, dass ihn der Infarkt nicht mit gleicher Härte trifft. Da er aber mit nachweislich größeren Gelenk- und Bänderschäden rechnen muss, kürzt sich der ohnehin zweifelhafte Vorteil rasch weg. Mit Blick auf die in einer Gesellschaft insgesamt anfallenden Krankenkosten muss man sogar vermuten, dass der Sport die Ausgaben steigen lässt.

Das sind gewiss noch in manchem ungesicherte Erkenntnisse. Für sie spricht aber vieles, vor allem, wenn man bedenkt, dass die nunmehr schon seit Jahren mit dem Sport verbundene massenhafte Selbstmedikation dabei noch nicht berücksichtigt ist. Es ist noch gar nicht abzusehen, welche gesundheitlichen Folgen die weitverbreitete Leistungssteigerung durch Mineral- und Proteinkonzentrate sowie durch zentralnervöse und hormonelle Stimulantien haben wird. Das Doping im Hochleistungssport, dessen verheerende gesundheitliche Folgen nicht mehr bestritten werden können, ist bekanntlich nur die Spitze eines Eisbergs. Was die Fitnesspräparate, die Dauerbestrahlung in den Sonnenstudios oder die nicht verbotenen Lokalanästhetika und die Kortikosteroide für Langzeitwirkungen haben, vermag noch niemand abzusehen. Nur soviel kann man heute schon sagen: Der Gesundheit dienen sie nicht.

Aus: Gerhardt, Volker: Die Moral des Sports, in: Caysa Volker: Sportphilosophie, Leipzig: Reclam 1997, S. 172 ff.

Worterläuterungen:
1 *Permanenz:* ununterbrochene Dauer
2 *habitualisiert:* zur Gewohnheit machen

Material 2

Thomas Kistner: Wider die eilige Allianz

München – Erst hat ja, wenn man auf die Details blickt, alles gut ineinandergegriffen. Am späten Montagnachmittag – Redaktionsplanungen sind da generell weitgehend abgeschlossen – ging jäh die Erklärung fünf ehemaliger DDR-Leichtathletik-Trainer zu ihrer Dopingvergangenheit raus, in Windeseile begrüßt von Innenminister und Sportverbänden. Letztere würdigten die aufrechten Selbstanzeiger, Schäuble schob flott die Verantwortung zu den Funktionären rüber und sprach wieder mal von einer „Angelegenheit des Sports" (wie schon 2006 bei der Verhinderungsdebatte um ein effektives Antidopinggesetz im Land). Aber die Vergangenheit des Sports ist ein heikles Thema hierzulande und offenkundig lästig. Das stört beim Medaillenzählen, es soll endlich Ruhe herrschen im Karton – sollte dies, wie es aussieht, das Kalkül der eiligen Allianz gewesen sein, ist ihr Schuss nach hinten losgegangen.

Als „politische Perversion" und „Vertuschung" bewerten die Dopingopfer die konzertierte Aktion, in die sie, die Geschädigten, praktischerweise gar nicht eingebunden wurden. Die Grünen rügen eine „Schwammdrüber-Mentalität", und am Dienstagabend rief der Dopingopferhilfe-Verein zur Vorstandssitzung. Anzunehmen ist, dass er sich an den Petitionsausschuss wenden wird.

Kaskaden aus Wut und Empörung also im Lager der Betroffenen haben die Trainer und ihre politischen Doppelpasspartner entfesselt, mit einer Erklärung zur Beteiligung am DDR-Dopingsystem, die in der Tat so vage ist, dass sich die Frage stellt, warum es dafür 20 Jahre gebraucht haben soll. Beispielhaft heißt es, die Unterzeichner würden es sehr bedauern, „soweit die Sportler durch den Einsatz von Dopingmitteln gesundheitliche Schäden davongetragen haben sollten".

Nur: Ist das nicht längst geklärt durch Prozesse, Gutachten und die Existenz einer Dopingopferhilfe per se? Dass für die Täter von Gestern weiter der Konjunktiv die Grundhaltung ist, zählt zu den stärksten Argumenten der Opfer. Instant-Entschuldigungen wie diese lehnen sie ab.

Das Opfer-Paar Andreas und Ute Krieger richtet einen offenen Brief an Schäuble, DOSB-Chef Bach und DLV-Chef Prokop: „Ohne Einbeziehung der Geschädigten wurde hier zugunsten der genannten Trainer eine ‚Lösung' konstruiert, die nicht dazu taugt, eine Annäherung von Tätern und Opfern herbeizuführen". Politiker und Funktionäre versuchten, ihren „Anteil an der zwei Jahrzehnte währenden Ignoranz gegenüber den Opfern, an der Duldung eines […] Leugnens beteiligter Trainer, an mutmaßlich jahrelangen Verstößen gegen die Antidopingklauseln in den Zuwendungsbescheiden des BMI an die Sportverbände, mithin an der missbräuchlichen Verwendung von Steuergeldern, zu vertuschen". Flugs wies Bach all das per offenem Brief zurück; es gelte weiter „Einzelfallgerichtigkeit". Neben der Pauschal-Entschuldung.

Die jüngste Sommermärchen-Sportpolitik steht auch in Kontrast zu geltenden Regelungen. 2006 bei der Novellierung des Stasi-Unterlagengesetzes wurde der Sport ausgenommen, wegen seiner besonderen Verantwortung. Auch vor dem Hintergrund, dass sein schmutziges Treiben von der Stasi abgesichert worden war. Funktionäre, Trainer, Betreuer auf hoher Ebene sollen weiter überprüft werden können – dahinter steckt ein Sinn.

Geradezu kurios aber wirkt, dass diese Trainer-Erklärung nun den Skiverband unter Druck setzt. Der DSV hat einen Stab aus DSVlern eingesetzt, inklusive Marketingchef, der Bundestrainer Frank Ullrich anhören soll, welcher exklusive Wissenslücken aus seiner Zeit als DDR-Athlet und -trainer zurückbehalten hat. In Sachen Doping hat Ullrich eher nichts mitgekriegt, der DSV geht davon aus, dass er „weder als Aktiver noch als Trainer mit Dopingfragen direkt oder indirekt befasst gewesen sei". Die fünf Leichtathletik-Trainer indes waren das schon, wiewohl ja auch sie damals keine hohen Ämter innehatten.

Maßstab in der Klärung dieser Frage sind die Opfer. Die nicht unversöhnlich sind, aber nicht übergangen werden wollen; im Geist einer nur auf Erfolg gedrillten Sportpolitik, die anhaltend Leid über die Athleten bringt. Frag' nach in Wien, wo eine gewaltige Dopingaffäre Kreise auch ins Ausland zieht, und deren Schlüsselfiguren enge Anbindungen an DDR-Trainer hatten.

Aus: Kistner, Thomas: Wider die eilige Allianz, Süddeutsche Zeitung, Nr. 82, 8. April 2009, S. 29

Material 3

Doping – ein Problemaufriss

© ulstein bild - ddp
© Josef Muellek / Dreamstime.com

Spekulationen begleiten sportliche Höchstleistungen, seitdem bekannt ist, dass es Medikamente gibt, welche die eigene Leistung „unphysiologisch steigern". Lief die Sprinterin ihre phänomenale Zeit aufgrund optimalen Trainings oder hat sie zu verbotenen Substanzen gegriffen? Wurde der Ausdauerfähigkeit des Radrennfahrers mit Blutdoping oder EPO nachgeholfen? Können Spitzenleistungen überhaupt ohne Doping erbracht werden?

Aus: Rolf Dober: Doping, http:www.Sportunterricht.de/lksport/dopegeschi.html

Hinweise und Tipps

- Die Aufgabenstellung ermöglicht eine **klare Strukturierung** der Arbeit. Es wird empfohlen, nach einer angemessenen **Einleitung** (Hinführung zum Thema) bei den zentralen gesellschaftlichen **Funktionen** des Spitzensports anzusetzen und im Anschluss an die einzelnen Funktionsfelder jeweils die in ihnen erkennbaren Probleme des derzeitigen Spitzensports aufzuzeigen.
- Anschließend sollen **Maßnahmen** erörtert werden, um die Probleme zu beheben, sowie die **Grenzen** solcher Maßnahmen. Hierbei sollte die Strukturierung nach denselben Funktionsfeldern wie im ersten Teil erfolgen.
- Die beigegebenen **Materialien** ermöglichen die Einarbeitung in Kerngedanken der Aufgabe und liefern Informationen beziehungsweise Argumente für die Erörterung.
- Wichtig ist eine eigenständige sprachliche Gestaltung mit deutlicher Distanz zu den Materialien.

Gliederung

1   Bedeutung des Sports in der heutigen Gesellschaft
2   Gesellschaftliche Funktionen und diesbezügliche Probleme des Spitzensports
2.1 Wirtschaftlich-ökonomischer Bereich
2.2 Gesundheitlicher Bereich
2.3 Sozialer Bereich
3   Möglichkeiten und Grenzen der Maßnahmen gegen die Probleme des Spitzensports
3.1 Maßnahmen gegen die Kommerzialisierung
3.2 Anti-Doping-Maßnahmen
3.3 Weitere Maßnahmen
4   Rückbesinnung auf die positiven Wirkungsbereiche des Sports

Lösungsvorschlag

Dicke Balkenüberschriften in der Presse, Sondersendungen in Rundfunk und Fernsehen und stundenlange Übertragungen von Großereignissen des Sports wie Welt- und Europameisterschaften führen einem täglich vor Augen, dass der Sport, hier der Spitzensport, längst nicht mehr die ‚schönste Nebensache der Welt' ist, sondern in der Gesellschaft bereits einen **zentralen Stellenwert** einnimmt. Es spielt dabei kaum noch eine Rolle, ob von großen Erfolgen der Sportler, von Bewerbungen um die Ausrichtung Olympischer Spiele, von unglaublichen Ablösesummen für erfolgreiche Fußballspieler oder von gedopten

Spitzenpferden die Rede ist. Vorgänge rund um den Hochleistungssport beanspruchen das Interesse der Medien und von großen Teilen der Bevölkerung. Dafür gibt es Gründe, die sowohl in den positiven Auswirkungen des Spitzensports auszumachen sind, wie auch dort, wo sportliche Leistungen und Verhaltensweisen von Funktionären in die Nähe von Illegalität, Betrug und Skandal geraten sind oder zu geraten drohen. Es besteht kein Zweifel, dass die negativen Schlagzeilen über Vorgänge im Spitzensport in den letzten Jahren zugenommen haben. Darauf hat bereits 1997 Volker Gerhardt in seinem Beitrag *Die Krise im Selbstverständnis des modernen Sports* hingewiesen. Gleichwohl ist natürlich nach wie vor nicht zu übersehen, dass auch dem Spitzensport, nicht nur dem Sport allgemein, wichtige **gesellschaftliche Funktionen** zukommen. Gerade vor dem Hintergrund dieser Funktionen kann man deutlich erkennen, welche Probleme den Spitzensport derzeit besonders belasten.

Auf **wirtschaftlichem Gebiet** erweist sich der Spitzensport zunehmend als ein wichtiger Antriebsfaktor für bedeutende Industrie- und Gewerbezweige. Als Beispiele seien hier nur die Branchen für Sportschuhe, Sporttextilien, Sportgeräte und Sportanlagenbau genannt. Der Spitzensport stellt hohe Anforderungen an diese Branchen, denn die Optimierung der sportlichen Leistungen soll ja u. a. durch eine ständige Weiterentwicklung von Geräten und Ausrüstungen bewirkt werden, wovon natürlich auch der **Sport allgemein** profitiert und somit jeder Breitensportler. Man denke nur an die Verbesserungen, die sich im Verlauf der letzten Jahrzehnte bei den Laufschuhen oder bei der Skiausrüstung ergeben haben. Ohne Spitzensport wäre es nicht dazu gekommen.

2

2.1

Es kann auch nicht geleugnet werden, dass durch den Spitzensport mittelbar und unmittelbar zahlreiche **Arbeitsplätze** geschaffen werden, so zum Beispiel für die Sportler selbst, dann für die Beschäftigten in den sportbezogenen Branchen und nicht zuletzt auch bei der Vorbereitung und Durchführung von großen Sportereignissen, wie Weltmeisterschaften und Olympischen Spielen. Nicht zu vergessen sei schließlich die große Bedeutung des Spitzensports für die **Medienlandschaft**. Sie hat dazu geführt, dass zahlreiche neue Zeitschriften und sogar einige neue Sender (mit den entsprechenden Arbeitsplätzen) entstanden sind, die sich fast ausschließlich dem Spitzensport widmen, wie etwa *Premiere* oder *Eurosport*. Dass der Spitzensport in vielen Ländern zu einem wichtigen Wirtschaftsfaktor geworden ist, hat inzwischen dazu geführt, dass in seinem Einfluss auf die Wirtschaft und seiner Vernetzung mit der Wirtschaft längst schon eine gleichsam natürliche gesellschaftliche Funktion gesehen wird. Deshalb werden auch **Fehlentwicklungen** auf diesem Gebiet sehr schnell zu Themen, welche nicht nur in der sportinteressierten Öffentlichkeit großes Interesse, häufig auch große Empörung hervorrufen. In erster Linie gehört zu diesen Fehlentwicklungen die **maßlose Kommerzialisierung** in Teilen des Spitzensports. Dies betrifft vor allem die Ablösesummen und Spieler-, Trainer- und Funktionärsgehälter besonders im Profifußball, doch auch im Eishockey, Basketball, Handball, American Football und Baseball werden inzwischen Summen bezahlt, deren Höhe kein wirklich angemessenes Preis-Leistungs-Verhältnis mehr erkennen lässt. Auch die ‚Preisgelder' bei Tennis- und Golfturnieren, ganz zu schweigen im Motorsport, haben geradezu astronomische Höhen erreicht. Wenn ein spanischer Fußballverein für einen Spieler 90 Millionen Euro auf den Tisch legt und wenn der Sieger eines europäischen Golfturniers nach einer Woche Anstrengung 660 000 Euro mit nach Hause nehmen darf, dann stimmen die Relationen einfach nicht mehr. Dabei handelt es sich nicht einmal mehr um Ausnahmen. Die fürstliche Honorierung von Aktiven und Trainern ist im Spitzensport Normalität, was sich längst schon auf den sogenannten Amateur- oder Breitensport auswirkt. Bereits Fußballspieler in der Bezirksliga wollen für ihre doch recht schlichten Darbietungen bezahlt werden und die Vereine müssen Sponsoren suchen, um dies finanzieren zu können.

Auch hinter der Tatsache, dass man sich im Spitzensport nahezu vollständig den **Medien**, hier vor allem dem Fernsehen, und den großen Sponsoren ausliefert, stehen finanzielle und wirtschaftliche Gründe. Das Fernsehen bestimmt, zu welchen Sendezeiten die Sportveranstaltungen stattzufinden haben, sonst wird nicht gesendet. Die Sportler müssen sich damit abfinden, als Werbeträger wie wandelnde Litfaßsäulen herumzuspringen, und das Sehvergnügen der Fernsehzuschauer wird häufig durch die zahlreichen Werbespots unterbrochen. Das Merkwürdige an der ganzen Angelegenheit ist die Tatsache, dass die Konsumenten, also die Fernsehzuschauer und die Zuschauer in den Sportstadien, kaum Anstoß an den Pervertierungen nehmen. Sie zahlen hohe Eintrittspreise beziehungsweise hohe Gebühren für das Bezahlfernsehen und wiegen sich in der Illusion, denselben Sport geboten zu bekommen, dessen begeisterte Anhänger auch ihre Großväter schon gewesen sind – einen Sport, bei dem es um Gewinnen, Verlieren, Fairness, gute Technik und Taktik ging. Diesen Sport hat man als „zweckfreies Spiel" bezeichnet (vgl. Gerhardt, Z. 14), weil er seinen Zweck in sich selbst hatte. Der heutige Spitzensport ist nicht mehr „zweckfrei", sondern in starkem Maße auf wirtschaftlichen Erfolg ausgerichtet. Gelungene Schüsse, Würfe und Sprünge sind zu hochentwickelten Instrumenten für Bankkontenbewegungen geworden. Große Sportvereine sollte man als Firmen bezeichnen, der Gang an die Börse hat ja bei einigen von ihnen schon stattgefunden. Schließlich ist auch noch daran zu erinnern, dass der Spitzensport aufgrund der zunehmenden kommerziellen Globalisierung, z. B. beim ‚Handel' mit Spielern, massiv dazu beiträgt, dass die Nachwuchsförderung in großen Vereinen stark vernachlässigt wird (weil ausländische Spieler bequemer und preisgünstiger zu haben sind) und dass die starke Medienpräsenz bestimmter Sportarten schrittweise zu einer ‚Zweiklassengesellschaft' innerhalb der Sportarten führt: zu einer Klasse der von den Medien geförderten Sportarten wie z. B. Fußball, Motorsport und Skisport und einer Klasse der unterprivilegierten, aber keineswegs weniger attraktiven Sportarten wie z. B. Badminton, Hockey und Sportklettern. Diese letztgenannten Sportarten haben es auf Dauer schwer, von der Öffentlichkeit wahrgenommen zu werden und Jugendliche zu begeistern.

Die größte Gefahr der starken Kommerzialisierung des Spitzensports besteht darin, dass diese auf den gesamten Sport, also auch den Breiten- und Gesundheitssport, übergreift. Eine Folge wird sein, dass sich viele Vereine finanziell übernehmen (um konkurrenzfähig bleiben zu können), dann aber ihr breitensportliches Angebot reduzieren oder sozial unverträgliche Beiträge verlangen müssen. Eine andere Folge betrifft das Wesen des Sports, seine ideelle Substanz: Insbesondere der Spitzensport ist zu einem großen Wirtschaftszweig geworden (Gerhardt, Z. 13 f.), in dem Geldverdienen, Geldbeschaffen und – gar nicht mehr so selten – Insolvenzen nicht nur die ursprünglichen Wesensmerkmale des Spitzensports wie Leistungs- und Erfolgsorientierung in den Hintergrund gedrängt haben, sondern auch traditionell mit dem Sport verbundene Werte wie zweckfreies Spiel, fairen Leistungsvergleich und gesunden Ausgleich zum Alltag und Beruf.

Gerade der Aspekt **Gesundheit** gibt Anlass, sich auf eine weitere gesellschaftliche Funktion des Sports zu besinnen: Es geht um die Möglichkeiten, mit Hilfe sportlicher Betätigung die Gesundheit zu erhalten beziehungsweise wiederherzustellen sowie Krankheiten vorzubeugen. Regelmäßige Bewegung ist Bestandteil einer gesunden Lebensführung neben einer ausgewogenen Ernährung und dem weitgehenden Verzicht auf Nikotin und Alkohol. Zwar zweifelt Gerhardt dies an (vgl. Z. 39 ff.), doch haben Tausende von wissenschaftlichen Versuchen bewiesen, dass die gesundheitlichen Vorteile des Sports seine Nachteile (z. B. Verletzungs- und Überlastungsgefahr) bei weitem übertreffen. 2.2

Der Spitzensport in seiner traditionellen Ausprägung hatte im Bereich der Gesundheit die Funktion eines **Vorbilds**. Gut ausgebildete, regelmäßig trainierende, erfolgreiche und auch im gesetzten Alter noch aktive Sportler konnten als Beweis dafür dienen, dass der Sport gesund hält. Der Spitzensport hat es aber leider geschafft, diese wichtige gesellschaftliche Funktion des Sports in Misskredit zu bringen: So gilt es inzwischen als normal, wenn verletzte Sportler rasch wieder ‚fit gespritzt' werden, um sie so schnell wie möglich wieder in die finanziell ja so wichtigen Wettkämpfe schicken zu können. Erhöhte Verletzungsanfälligkeit und die Gefahr von Dauerschäden können die Folgen sein. Der Spitzensport liefert häufig auch Beispiele für einen körperlichen Einsatz bis zur absoluten Belastungsgrenze und über sie hinaus. Voll austrainierte Spitzensportler werden dies in der Regel gesund überstehen, einen Breitensportler, der sich an dem Vorbild orientiert und sich selbst dann überfordert, kann dies unter Umständen das Leben kosten, wie Beispiele im Bereich der Ausdauersportarten (Marathon, Triathlon) dies immer wieder bestätigen. Auch schwerste Verletzungen und Todesfälle bei sogenannten Risikosportarten (z. B. Eisklettern, Motorsport) haben nicht selten die Fragwürdigkeit einer Vorbildwirkung des aktuellen Spitzensports gezeigt.

Die schlimmste gesundheitliche und sportethische Perversion ist jedoch in der Leistungssteigerung durch **Doping** zu sehen. Doping bedeutet, die Leistungsgrenzen des eigenen Körpers mit Hilfe von Medikamenten beziehungsweise chemischen Substanzen oder auch durch Aufbereitung des eigenen Bluts (Blutdoping) zu überwinden und auf diese Weise sonst nicht erreichbare Leistungen und Platzierungen zu erzielen. Abgesehen von der juristischen und ethischen

Dimension des Dopings – schließlich handelt es sich hierbei um Betrug –, sind vor allem auch die mit ihm verbundenen gesundheitlichen Gefahren zu bedenken. So war Doping schon mehrfach unmittelbare Ursache von Todesfällen, etwa im Radsport, und es ist längst erwiesen, dass die regelmäßige Einnahme von Leistungsverstärkern, wie z. B. Anabolika, zu nicht mehr korrigierbaren Persönlichkeitsveränderungen und zu Krankheiten führt. Ein systematisches, vom Staat gefördertes und sogar gefordertes Doping hat es in der DDR gegeben, unter den Folgen leiden die Betroffenen noch heute (vgl. den Aufsatz von Kistner). In der DDR erfolgte Doping, um die Leistungsfähigkeit der sozialistischen Gesellschaft unter Beweis zu stellen; heutzutage wird in der Regel deshalb gedopt, weil die wirtschaftlich so interessanten sportlichen Erfolge auf andere Weise kaum noch als erreichbar gelten. Einige ertappte Dopingsünder, wie die Radsportler Jaksche und Kohl, haben dies ganz klar zum Ausdruck gebracht. Besonders bedenklich ist, dass das sehr weit verbreitete Doping im Spitzensport nicht von allen Sportinteressierten abgelehnt wird, weil es unehrlich und gefährlich ist, sondern entweder beschönigt oder sogar gutgeheißen und nachgeahmt wird. Anabolika sind problemlos erhältlich und finden in Kreisen überehrgeiziger Freizeitsportler zahlreiche Abnehmer. Bei ihnen ist das Einnehmen noch gefährlicher als bei Spitzensportlern, denn es fehlt jegliche ärztliche Kontrolle (vgl. Gerhardt, Z. 64 ff.). Die Vorbildfunktion des Spitzensports erweist sich also auch im Hinblick auf den Gesundheitsaspekt im aktuellen Sportgeschehen als äußerst fragwürdig.

2.3 Über einen weiteren, den **sozialen** Bereich gehen die Ansichten hinsichtlich der gesellschaftlichen Funktion des Spitzensports sicher stark auseinander. Es lässt sich jedoch nicht bestreiten, dass sportliche Großereignisse für Millionen von Menschen eine große Bedeutung für ihre – in diesem Fall passive – Freizeitgestaltung haben, dass sie Ablenkung und Ausgleich zu den vielfältigen Belastungen des Alltags bieten und einen Beitrag zur Identifizierung mit Sportlern und Sportbegeisterten des eigenen Landes (vgl. Fußball-Weltmeisterschaft 2006 in Deutschland) sowie zum Einblick in andere Sportkulturen leisten können. Andererseits haben sportliche Großereignisse, speziell Fußballspiele, zum Entstehen einer gewalttätigen Hooligan-Szene beigetragen. Daran ist u. a. die Tatsache schuld, dass gerade Spitzensportler oft und gerne für chauvinistische beziehungsweise nationalistische Absichten missbraucht werden, z. B. in der Boulevardpresse, und dass sich der auf diese Weise angestoßene Chauvinismus in Aggressionen und körperlicher Gewalt entlädt.

Ein anderes soziales Problem im Zusammenhang mit dem Spitzensport kann darin gesehen werden, dass dessen als erstrebenswert geltende Merkmale zunehmend zu Statussymbolen für diejenigen geworden sind, die als attraktiv, gut situiert, lässig, jugendlich und natürlich ‚fit' gelten wollen. Dies wird durch die Mode, die betriebenen Sportarten und das Verhalten im gesellschaftlichen Umfeld dokumentiert (vgl. Gerhardt, Z. 25 ff.). Dieses Problem ist sicher nicht schwerwiegend, aber es zeigt doch, wie sehr der Spitzensport dazu beiträgt, dem äußeren Schein und dem Geltenwollen ein starkes Gewicht in unserer Gesellschaft zu geben.

Schon seit geraumer Zeit machen Journalisten, Sportwissenschaftler, Soziologen und nicht zuletzt Spitzensportler selbst auf die gravierenden **Probleme des Spitzensports** und deren Auswirkungen aufmerksam und fordern entsprechende **Gegenmaßnahmen**. Sie zu ergreifen wird jedoch nicht leicht sein, denn dagegen gibt es Widerstand oder Hinhaltetaktiken von direkt oder indirekt Betroffenen sowie von einer mächtigen Lobby, deren Handeln hauptsächlich kommerzielle Motive bestimmen. Tatsächlich sind es vor allem **zwei Problembereiche**, die den Spitzensport und damit teilweise den gesamten Sport in eine Krise gebracht haben: Das ist zum einen die ausufernde **Kommerzialisierung** und zum andern das **Doping** in seinen vielfältigen Erscheinungsformen. Was könnte getan werden, um die Entwicklungen in diesen Bereichen zu stoppen und den Spitzensport damit wieder in den Stand zu versetzen, positiv auf die Gesellschaft einzuwirken? 3

Was die **Kommerzialisierung** betrifft, so sind hier in erster Linie die Verbände und Vereine gefordert. Von Seiten der Dachverbände müsste die Höhe der Ablösesummen für Sportler drastisch begrenzt werden, auch sollte es zu klaren Bestimmungen über die Höhe der Gehälter für Spieler, Trainer und Manager kommen, dem Wirken sogenannter ‚Spielervermittler' sollte vollständig Einhalt geboten werden. Als Begleitmaßnahme müsste Amateurvereinen grundsätzlich untersagt werden, ‚Gehälter' an Sportler zu bezahlen, wenn sie nicht ihre Gemeinnützigkeit verlieren wollen. Bei Geldzuwendungen durch Firmen müsste bestätigt werden, dass sie nicht für derartige Zwecke verwendet werden, andernfalls dürften sie steuerlich nicht mehr absetzbar sein. Die hier vorgeschlagenen Maßnahmen sollten nicht auf das Inland beschränkt bleiben, sondern auf den Weltsport ausgeweitet werden, um ‚Schlupflöcher' für Sportler und Funktionäre zu verhindern. Der Spitzensport und der Sport generell könnten auf diese Weise wieder etwas von ihrer früheren Glaubwürdigkeit zurückgewinnen, d. h., man würde akzeptieren, dass Hochleistungen auch angemessen honoriert werden, aber kommerzielle Aspekte würden die Leistungen, das Auftreten und die mögliche Vorbildfunktion der Sportler nicht völlig zudecken. 3.1

Schon die Umsetzung nur einiger der vorgeschlagenen Bestimmungen würde wahrscheinlich zu einem gewaltigen Protestgeschrei bei Verbands- und Vereinsfunktionären und häufig auch zum Gang vor die Gerichte führen. Diese verdienen meist an dem Geschäft mit dem Sport und den Sportlern ganz ordentlich und profitieren zusätzlich von den Annehmlichkeiten des Funktionärstourismus. Es bedürfte also großer Überzeugungskraft, um im Bereich der Kommerzialisierung Änderungen herbeizuführen. Falls nötig, müssten auch einmal Kommunen und Staaten aktiv werden, indem sie die Vereine und Verbände nicht unterstützen, die aufgrund ihres verfehlten Finanzgebarens insolvent geworden sind oder sich Änderungen gegenüber ablehnend verhalten. Auch an gesetzliche Bestimmungen könnte gedacht werden. Das Problem der Gefährdung der Chancengleichheit durch speziell entwickelte und sehr kostspielige Ausrüstungen (z. B. Schwimmanzüge) könnte – natürlich wieder gegen den

Wiederstand von Herstellern und Mitverdienern – ohne Schwierigkeiten durch die Fachverbände angegangen werden. Man müsste nur klare Vorschriften erlassen, wie dies im Schwimmsport ja schon teilweise geschehen ist.

In sehr engem Zusammenhang mit dem Problem der Kommerzialisierung steht das **Dopingproblem**, das Problem der „unphysiologisch[en]" Leistungssteigerung (vgl. Material 3). Da sich ja mit sportlichen Erfolgen sehr viel Geld verdienen lässt, ist die Versuchung groß, dem eigenen Leistungsvermögen nachzuhelfen. Dies ist nicht nur in höchstem Maße unfair, sondern es erfüllt auch den Tatbestand des Betrugs und kann zudem die Gesundheit nachhaltig gefährden (s. oben). Doping ist durch die Dachverbände verboten, in einigen Ländern, z. B. Italien, gibt es sogar Gesetze, die Doping unter Strafe stellen. Nach Wettkämpfen und gelegentlich auch beim Training werden die Sportler einer Dopingkontrolle unterzogen. Wer des Dopings überführt wird, muss zumindest mit einer Wettkampfsperre von ca. zwei Jahren rechnen. Und dennoch wird nach wie vor gedopt: Es werden regelmäßig Athleten überführt und es wird ebenso regelmäßig nach Ausreden gesucht. Was kann dagegen unternommen werden? 3.2

Die wirkungsvollste Maßnahme wäre eine **Beschränkung der Verdienstmöglichkeiten**. Wenn die Sportler mit Siegen und Rekorden nicht so unglaublich viel Geld verdienen könnten, wäre Doping nicht mehr so interessant. Eine **Intensivierung der Kontrollen** und eine **Verbesserung der Kontrollmethoden** wären ebenfalls Mittel, um Auswüchse zu verhindern, allerdings ist hier zu bedenken, dass auch das Doping selbst fortwährend ‚Fortschritte' macht, d. h., neue Dopingmittel werden entwickelt und der Umgang mit ihnen wird ständig raffinierter. Wenn sich dann auch noch Sportfunktionäre und Ärzte uneinsichtig zeigen und Dopingfälle verharmlosen oder vertuschen, wie dies zur Zeit wieder im Zusammenhang mit der Dopingvergangenheit ehemaliger DDR-Leichtathletik-Trainer geschieht, wird eine Ahndung schwierig (vgl. Material 2). Was auf jeden Fall durchgesetzt werden sollte, wäre die gesetzliche Festschreibung von Doping, Mithilfe beim Doping und Handel mit Dopingpräparaten als Straftaten, eine Kronzeugenregelung – geständige Dopingsünder und -zeugen erhalten Strafmilderung – und die Pflicht des Beschuldigten zum Nachweis seiner Unschuld. Ein weiteres Instrument der Dopingbekämpfung wären Sanktionen gegen Länder, die sich regelmäßigen und unangekündigten Dopingkontrollen verweigern, und nicht zuletzt sollte eine wesentlich konsequentere Aufklärung der Athleten über die gesundheitlichen Folgen des Dopings erfolgen. Von der Durchsetzung auch nur eines Teils dieser Maßnahmen ist man weit entfernt, denn die derzeit aus dem Gebrauch von Dopingmitteln für die Athleten, aber auch für Ärzte und Funktionäre erwachsenden Vorteile sind noch zu groß, als dass man auf sie verzichten möchte. Auch spielen ethische Bedenken bei den meisten Beteiligten kaum noch eine Rolle, dafür aber häufig sogenannte nationale Interessen. Anstöße zu wirksamen Anti-Doping-Maßnahmen müssten von der Spitze kommen, d. h. von den obersten Repräsentanten des Sports und der Politik, und zwar länderübergreifend. Nur so könnte der Spitzensport seine Vorbildfunktion wieder erhalten.

3.3 Neben den zentralen Problemfeldern Kommerzialisierung und Doping, welche die gesellschaftlichen Funktionen des Spitzensports am meisten gefährden, gibt es noch eine Reihe von Interaktionsräumen, in denen ebenfalls etwas gegen Erscheinungen getan werden könnte, welche dem Spitzensport abträglich sind: So ist es unbedingt nötig, in den Großstädten die Arbeit mit den Fangruppen zu intensivieren und damit Ausschreitungen von **Hooligans** auf Dauer zu verringern. Hierfür wären in erster Linie die Vereine zuständig. Ihnen käme auch die Aufgabe zu, die **Nachwuchsarbeit** in den einzelnen Sportarten zu verstärken und den ausgebildeten Jugendlichen dann vermehrt eine Chance zu geben, im eigenen Verein eine sportliche Karriere zu beginnen. Darauf könnten auch Bestimmungen der einzelnen Verbände hinwirken, was bisher nur in schwachen Ansätzen geschehen ist. Der Spitzensport könnte so dem Unterhaltungs- und Ablenkungsbedürfnis der Menschen auf eine friedvolle Weise Rechnung tragen und sich gleichzeitig als Handlungsfeld für den sozialen Aufstieg von Jugendlichen profilieren.

Einen ganz entscheidenden Beitrag für ein besseres Image des Spitzensports könnten die **Medien** leisten, indem sie nicht nur über Sportereignisse berichten, bei denen der finanzielle Aspekt (z. B. Fußball), mitunter auch das Spektakuläre eine große Rolle spielt – man denke nur an die zahllosen Reportagen über Boxkämpfe und Autorennen. Stattdessen sollten sie ihre Kameras und Mikrofone etwas öfter und länger auf Ereignisse richten, bei denen man auch sportliche Spitzenleistungen bewundern kann, dazu aber auch noch echten Sportlergeist und garantiert ehrlich erarbeitete Erfolge, so z. B. bei Behindertenwettkämpfen wie den Paralympics.

4 Die zuletzt genannten Möglichkeiten sind nicht gewichtig genug, um die derzeitigen Grundprobleme des Spitzensports zu lösen, sie sind aber vielleicht geeignet, sowohl den Konsumenten des Hochleistungssports als auch den Verantwortlichen die Augen dahingehend zu öffnen, was ehrlicher und sauberer Spitzensport wirklich sein könnte: ein faszinierendes Medium der Unterhaltung und Ablenkung, eine Autorität für die Vermittlung individueller Werte und Einstellungen sowie ein Motor für wirtschaftliche und medizinische Entwicklungen.

Abitur Deutsch (Bayern G8) – Übungsaufgabe 8:
Verfassen einer materialgestützten Erörterung

Aufgabe:
Erörtern Sie ausgehend von aktuellen Entwicklungen differenziert, ob die traditionelle Vorstellung von Familie noch eine Zukunft in Deutschland hat, und legen Sie dar, wie der Staat die momentane Situation der Familien verbessern kann. Beziehen Sie sich in Ihren Ausführungen auf die beigefügten Bild- und Textmaterialien.

Material 1
Stefanie Hallberg: Wandel des klassischen Familienbildes

So wandelte sich das Familienmodell

Der Mann verdient das Geld, die Frau kümmert sich um Haushalt und Kinder. Die Familie, die wir für traditionell halten, behauptet sich in unserer Gesellschaft nach wie vor. Dabei gibt es sie noch gar nicht so lange.

5   Die bürgerliche Kleinfamilie, wie wir sie heute kennen, war nie die allgemeingültige Lebensform. Es gibt sie kaum 200 Jahre. Erst mit der Industrialisierung, dem Wachstum der Städte und der Entwicklung des Bürgertums kam Mitte des 19. Jahrhunderts das bürgerliche Idealbild der Familie auf, das unsere Gesellschaft noch heute prägt: das traute Heim als Gegenpol zur rauen Erwerbswelt. Der Mann verdient das Geld,
10 die Frau kümmert sich um den Haushalt und die Erziehung der Kinder.

© Susan Law Cain/Dreamstime.com

Familienideal für viele Arbeiter unerreichbar

„Trotz dieser Ideologisierung hat es auch zur Zeit der Industrialisierung viele allein erziehende Mütter gegeben", sagt Gisela Notz, Sozialwissenschaftlerin bei der Friedrich-Ebert-Stiftung in Bonn. In so manchem Eifeldorf waren die Frauen mit ihren Kin-
15 dern während der Woche allein, weil die Männer im Ruhrgebiet das Geld verdienen

mussten. Das Leben der Arbeiterfamilien entsprach dabei keineswegs dem bürgerlichen Ideal: Um nicht zu verhungern, mussten Männer und Frauen bis zu 16 Stunden täglich arbeiten. Die Erziehung der Kinder blieb oft auf der Strecke. Diese mussten selbst schon früh in der Textilindustrie, im Bergbau oder in Heimarbeit ihr Brot verdienen. Für viele Arbeiter blieb das bürgerliche Familienideal bis in die heutige Zeit ein Traum, so Notz.

Familie politisch ideologisiert
Im 20. Jahrhundert wurde das Loblied auf die Familie mit klassischer Rollenverteilung ideologisiert. Der Kaiser wollte Soldaten, Hitler ebenso. Im Dritten Reich galt die Familie als „Keimzelle des Staates". Frauen, die keine Kinder hatten, wurden diffamiert. „Aber wie zu anderen Zeiten auch konnte das propagierte Ideal auf Grund der Umstände nicht gelebt werden", erklärt Notz. Frauen, deren Männer im Krieg waren, erzogen die Kinder ohnehin allein. Und so manche Ehe zerbrach, als die Männer heimkehrten und ihren angestammten Platz einforderten.

Viele Mütter alleinerziehend
Auch in den 50er-Jahren wurde seitens der konservativen Familienpolitik die bürgerliche Familienform als die einzig wahre dargestellt – trotz der Tatsache, dass nach dem Krieg in vier von zehn Familien die Mütter alleinerziehend waren. Artikel 6 des Grundgesetzes stellte Ehe und Familie unter besonderen Schutz. Andere Formen des Zusammenlebens waren nicht vorgesehen. Die Hausfrauen- und Mutterrolle wurde systematisch aufgewertet und finanziell gefördert. Nur wer verheiratet war, durfte zusammen leben. Wer nicht-ehelichen Beziehungen Obdach gewährte, machte sich nach Paragraf 180 des Strafgesetzbuches der Kuppelei schuldig, gelebt wurden sie trotzdem. Das beste Beispiel seien die Onkel-Ehen, erklärt Notz: „Viele Kriegswitwen haben absichtlich nicht geheiratet, um ihre Rente nicht zu verlieren. Vorhandene Kinder mussten den neuen Vater Onkel nennen."

© *ullstein bild*

Selbstbestimmtes Leben im Vordergrund
Spätestens seit dem beschleunigten Wertewandel, der Ende der 60er-Jahre mit der Studentenbewegung einsetzte, wurde die bürgerliche Kleinfamilie immer mehr in Frage gestellt. Es entwickelten sich alternative Formen des Zusammenlebens wie Wohngemeinschaften und Kommunen. Statt des traditionellen Daseins für andere, etwa Familie oder Eltern, rückte die Gestaltung eines selbstbestimmten Lebens stärker in den Vordergrund. Auch andere Faktoren trugen dazu bei, dass sich in den letzten drei Jahrzehnten die Familienstrukturen wandelten: Unter anderem wurde das Scheidungsrecht reformiert und die Geburtenkontrolle einfacher. Technik machte die Arbeit im Haushalt immer leichter. Die Berufstätigkeit von Frauen nahm zu.

Vielfalt an Lebensgemeinschaften
Anfang des 21. Jahrhunderts hat die bürgerliche Familie ihre dominante Stellung eingebüßt. Alleinerziehende, Stieffamilien, Patchworkfamilien, Wohngemeinschaften mit Kindern, kinderlose Ehepaare, eingetragene Partnerschaften, nicht-eheliche und andere Lebensgemeinschaften werden immer selbstverständlicher. Doch die bürgerliche Familie lebt. Zwar ist nur noch jeder dritte Haushalt eine Kleinfamilie mit Vater, Mutter und mindestens einem Kind. Aber vier von fünf Kindern, so [die Soziologin] Nave-Herz, würden bis zum Alter von 16 Jahren in dieser klassischen Familienform aufwachsen. „Die traditionelle Eltern-Familie hat an subjektiver Wertschätzung keineswegs verloren", schließt sie. Dennoch klappt es oft nicht mit der Familiengründung: etwa wegen der schwierigen Vereinbarkeit von Beruf und Familie, der Trennung vom Partner, hoher Ansprüche an eine eheliche Beziehung oder dem Zwang, mobil zu sein.

© Uschi Hering - Fotolia.com

Keine Lebensform bevorzugen
Wie sieht die Zukunft der Familie aus? Gisela Notz meint, dass sich die Formen des familiären Zusammenlebens weiter ausdifferenzieren werden. Wichtig sei, dass keine Lebensform bevorzugt oder benachteiligt werde. Wie könnte man den Begriff Familie für die Zukunft fassen? Vielleicht wie das Zunkunftsforum Familie, eine neu gegründete bundesweite Organisation: „Familie ist überall dort, wo Menschen dauerhaft füreinander Verantwortung übernehmen, Sorge tragen und Zuwendung schenken."

Aus: www.wdr.de/themen/panorama/gesellschaft/familie/familienbild_im_wandel/index.jhtml, Stand: 12. 4. 2006, zuletzt aufgerufen am 1. 9. 2009

Material 2 – Statistik: Geburten in Deutschland, 2007

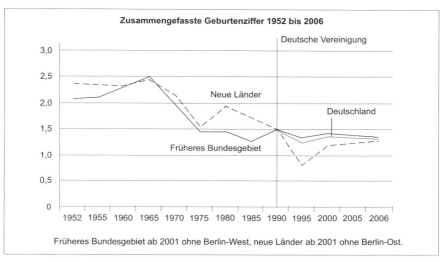

Aus: Olga Pötzsch, Geburten in Deutschland, hrsg. vom Statistischen Bundesamt, Wiesbaden 2007, S. 17, http://www.destatis.de/jetspeed/portal/cms/Sites/destatis/Internet/DE/Content/Publikationen/ Fachveroeffentlichungen/Bevoelkerung/BroschuereGeburtenDeutschland,property=file.pdf

Material 3 – Götz Wiedenroth: „Kinderlosigkeit steigert das Sozialprestige"

© Götz Wiedenroth • www.wiedenroth-karikatur.de

Hinweise und Tipps

- Eine genaue Auseinandersetzung und Beschäftigung mit dem Thema ist nötig, um ansprechend und möglichst differenziert Stellung nehmen zu können. Dies setzt eine intensive Studie der beigefügten Materialien voraus, deren **informativer Gehalt** in Ihre Arbeit einfließen sollte. Darüber hinaus wird von Ihnen eine sowohl inhcltlich als auch sprachlich **eigenständige Leistung** erwartet, die in sich geschlossen ist. Klären Sie dazu die **Schlüsselbegriffe** des Themas und legen Sie eine geordnete **Stoffsammlung** an, die Ihnen die einzubringenden Aspekte stets vor Augen hält.
- Einen grundlegenden und nicht zu vernachlässigenden Teil der Arbeit stellt die logisch angeordnete und in sich schlüssige **Gliederung** dar. Diese kann je nach Themenstellung entweder **linear** oder **antithetisch** aufgebaut sein, wobei die antithetische Erörterung Argumente, die für und gegen eine kontrovers diskutierte These sprechen, in direkten Kontrast setzt und gegeneinander abwägt. Die dem Lösungsvorschlag zugrunde liegende linear verlaufende Gliederung bietet sich vor allem dann an, wenn ein Thema von einem bestimmten Standpunkt aus – also nicht kontrovers – umfassend dargestellt werden soll.
- Überlegen Sie sich, ob Ihre Argumente zum Thema passen, Ihre These stützen und untermauern Sie sie mit passenden Beispielen.
- Hinsichtlich des **Sprachstils** sollten Sie darauf achten, **sachlich und objektiv** zu schreiben. Verknüpfen Sie Ihre Argumente mit passenden Konjunktionen und strukturieren Sie Ihren Aufsatz durch Absätze.

Gliederung

1   Das traditionelle Familienbild

2   Erörterung der zukünftigen Entwicklung des Familienbildes in Deutschland und Darlegung möglicher staatlicher Unterstützungsmaßnahmen für Familien

2.1   Entwicklung alternativer Lebensformen
2.1.1   Unterschiedliche Familienformen infolge des gesellschaftlichen Wandels
2.1.2   Veränderungen aufgrund des gestiegenen Anspruchs an den Partner

2.2   Zunahme der kinderlosen Haushalte in Deutschland
2.2.1   Schwierige wirtschaftliche Situation der Familien
2.2.2   Erwerbstätigkeit der Frau als einflussnehmender Faktor bei der Familienplanung

2.3   Darlegung der Notwendigkeit staatlicher Maßnahmen
2.3.1   Unterstützung durch staatliche Hilfen
2.3.1.1   Finanzielle Mittel
2.3.1.2   Verbesserung des Betreuungsangebots
2.3.2   Förderung des öffentlichen Ansehens der Familie

3   Zeitgemäße Definition von „Familie"

Lösungsvorschlag

Die Vorstellung einer **traditionellen Idealfamilie**, wie sie auch heute noch in den meisten Köpfen verankert ist, entstammt dem 19. Jahrhundert und beinhaltet das Bild einer Lebensgemeinschaft, in der der Mann einer klassischen Rollenverteilung gemäß das Geld verdient und die Frau sich um den Haushalt und die Kinder kümmert. Obwohl diese bürgerliche Vorstellung aufgrund finanzieller Notlagen oder Kriegserfahrungen bei Weitem nicht immer dem tatsächlichen Leben der Menschen entsprach, wurde sie immer wieder ideologisiert oder, wie in den 1950er-Jahren, seitens einer konservativen Familienpolitik als die einzig vernünftige dargestellt. Doch im Laufe der Zeit bildeten sich aus vielfältigen Gründen alternative Lebensformen heraus, die die klassische Familienstruktur nach und nach zu verdrängen scheinen und heute eher als die Regel denn als die Ausnahme angesehen werden. 1

Angesichts der wachsenden Scheidungsrate und der zunehmenden Kinderlosigkeit fragt man sich, ob das traditionelle Familienbild in Deutschland noch eine Zukunft hat und inwiefern ein Eingreifen des Staates durch geeignete Unterstützungsmaßnahmen nötig ist. Die aktuellen Entwicklungen zeigen, dass man sich hierzulande womöglich an andere Formen als die der lange propagierten Idealfamilie gewöhnen muss. 2

Bereits Anfang der 70er-Jahre wurde die bürgerliche Kleinfamilie aufgrund eines tiefgreifenden **Wertewandels** von vielen Menschen nicht mehr als der lang vorgelebte Idealzustand hingenommen. Es entwickelten sich Kommunen und Wohngemeinschaften, die es ihren Mitgliedern ermöglichen sollten, ihr Leben freier und selbstbestimmter zu gestalten. Dies ist neben weiteren gesellschaftlichen Veränderungen ein Grund für die **Entwicklung vielfältiger alternativer Lebensformen**, wie zum Beispiel Patchworkfamilien, Stieffamilien, alleinerziehende Elternteile oder eingetragene Partnerschaften, die parallel zu der selbstverständlich nach wie vor existierenden Kleinfamilie, zusammengesetzt aus Vater, Mutter und ein bis zwei Kindern, bestehen. 2.1

Diese Vielfalt an unterschiedlichen Lebensmodellen ist sicherlich dadurch bedingt, dass sich die Gesellschaft im Laufe der Zeit stark gewandelt hat. Eine grundlegende Rolle spielt dabei die **Stellung der Frau** in der Gesellschaft. Im Zuge der Emanzipation werden Töchter nicht mehr wie in früheren Zeiten aus der Obhut des Vaters in die des Ehegatten übergeben, sondern entscheiden sich ebenso wie Männer für eine ihnen gemäße Lebensform, sei es als Single oder innerhalb einer wie auch immer gearteten Partnerschaft. So ist der Trauschein heute schon längst keine Voraussetzung mehr dafür, als Paar eine gemeinsame Wohnung zu beziehen oder Kinder zu bekommen. Weiterhin sehen sich alleinerziehende Eltern nicht mehr der öffentlichen Kritik ausgesetzt, was gewiss auch daran liegt, dass man in Zeiten, in denen die Scheidungsrate bei knapp 50 Prozent liegt, längst an das Bild alleinerziehender Eltern gewöhnt ist. Selbiges gilt für Familien, in die die Partner Kinder 2.1.1

aus vorherigen Beziehungen mitbringen – sogenannte Stief- oder Patchworkfamilien. Des Weiteren sind gleichgeschlechtliche Partnerschaften heutzutage gesellschaftlich akzeptiert und viele deutsche Bundesländer bieten homosexuellen Paaren die Möglichkeit, ihrer Beziehung über eine eingetragene Lebenspartnerschaft einen rechtlichen Rahmen zu geben.

Einen weiteren Aspekt, der wesentlich dazu beiträgt, dass sich einige der dargestellten unterschiedlichen Lebensformen in unserer Gesellschaft zunehmend manifestieren und das Bild der Idealfamilie verdrängen, stellt die gestiegene **Erwartung an die partnerschaftliche Beziehung** dar. Frauen geben sich nicht mehr damit zufrieden, auf die Versorgung des Haushalts und der Kinder reduziert zu werden, und Männer wehren sich dagegen, lediglich als der Ernährer aufzutreten. Der Partner muss heutzutage einer Vielzahl von Anforderungen gerecht werden. So soll er zum Beispiel gleichzeitig ein guter Zuhörer, verständnisvoller Vertrauter, zärtlicher Liebhaber, gleichgesinnter Freund und pflichtbewusstes Elternteil sein. Dieses von den Medien propagierte Bild wird der Realität oft nicht gerecht, weshalb viele Beziehungen scheitern. Mittlerweile enden fast 50 von 100 Ehen in der **Scheidung**, deren Umsetzung sich heutzutage relativ leicht gestaltet. Zum einen ist sie gesellschaftlich völlig akzeptiert und schon fast Normalität, zum anderen sichert sie per gesetzlicher Regelung beide Seiten finanziell ab. Da es vielen Menschen in diesem Zusammenhang ähnlich ergeht, sind die Chancen, einen neuen Partner zu finden – auch dank Partnerschaftsplattformen im Internet – unabhängig vom Alter recht hoch. So relativiert sich auch die eventuell bisher abschreckende Vorstellung von der auf eine Trennung folgenden Einsamkeit. 2.1.2

Neben den zahlreichen Familien mit Kindern gibt es immer mehr Menschen, die sich gegen Nachwuchs entscheiden. Während es im Jahr 1952 noch durchschnittlich zwei, in den neuen Bundesländern sogar knapp 2,5 Geburten pro Frau gab, waren es in Gesamtdeutschland 2006 nur mehr durchschnittlich 1,3. Auffallend ist der in den alten und neuen Bundesländern von 1952 bis 1972 ungefähr parallel sinkende Verlauf der **Geburtenrate**, bevor diese in der ehemaligen DDR wieder anstieg. In Folge der wirtschaftlichen und sozialen Umbrüche, die mit der deutschen Wiedervereinigung einhergingen, brach das Geburtenniveau der Frauen in den neuen Bundesländern stark ein: Von 1990 bis 1994 sank die Geburtenziffer von 1,5 auf 0,8, bevor sie sich dann nach und nach wieder auf ein Niveau von 1,3 einpendelte, was dem gesamtdeutschen Stand entsprach. Auch diese Entwicklung, deren Gründe im Folgenden dargestellt werden, ist ein Indiz dafür, dass die traditionelle Form der Familie in Deutschland unter den gegebenen Umständen einen Wandel erfährt. 2.2

Viele Partner sehen sich gerade zu Zeiten der Wirtschaftskrise dazu gezwungen, dass sie beide arbeiten, und sie können die **finanziellen Einbußen**, die mit der Bereitschaft einhergehen, ein oder mehrere Kinder großzuziehen, nicht oder nur schwer tragen. Oft müssen sich die Partner sogar räumlich trennen 2.2.1

und leben in einer Fernbeziehung, da die **Berufswelt** Mobilität verlangt und zwei Menschen schon lange nicht mehr davon ausgehen können, dass sie beide am selben Ort einen Beruf ausüben. Auch das Risiko der Arbeitslosigkeit ist in Zeiten der Kurzarbeit nicht zu missachten und es kann gravierende Folgen haben, wenn man nicht durch ein zweites Einkommen abgesichert ist, welches im Falle der Kinderbetreuung durch ein Elternteil allerdings wegfallen würde. Zudem ist es für viele Paare, die an ein doppeltes Einkommen gewöhnt sind, eine grundsätzliche Entscheidung, ob sie bisher erschwingliche Luxusgüter gegen den Kinderwagen, der darüber hinaus wenig soziales Prestige mit sich bringt, eintauschen wollen.

Einer der wichtigsten Gründe dafür, dass Frauen keine oder weniger Kinder bekommen, liegt wohl aber in der **zunehmenden Anzahl der erwerbstätigen Frauen**. Seit sie das Privileg einer fundierten Ausbildung in Anspruch nehmen können, stehen viele im Berufsleben und sehen nicht genügend Möglichkeiten, Karriere und Kind miteinander zu verbinden, ohne dass das eine oder andere vernachlässigt wird. In vielen Berufen ist die Möglichkeit, in Teilzeit zu arbeiten, nicht gegeben, doch Plätze in Kindertagesstätten sind oft rar gesät und zuverlässige Tagesmütter verlangen häufig fast ebenso viel, wie der in eben jener Zeit erarbeitete Lohn einbringt. Darüber hinaus sind die Wiedereinstiegsmöglichkeiten für Frauen in gehobenen Positionen nach einer Babypause oft erschwert und es fehlt das Verständnis für die Sorgen einer Mutter, die den Arbeitsplatz eventuell einmal etwas früher verlassen muss, da das Kind zum Beispiel erkrankt ist. So stehen viele Frauen vor der grundsätzlichen Entscheidung für Kind oder Karriere. Ganz offensichtlich verlieren die Argumente, die einst für Nachwuchs sprachen, immer mehr an Gewicht zu Gunsten der persönlichen Erfüllung und finanziellen Unabhängigkeit der Frau, die im Berufsleben „ihren Mann steht". 2.2.2

Auch über die nicht in ausreichender Anzahl zur Verfügung stehenden Kindertagesstätten hinaus fühlen sich viele Eltern oder Paare mit Kinderwunsch **vom Staat nicht ausreichend unterstützt**. Der Staat hat es versäumt, seine Familienpolitik rechtzeitig auf gesellschaftliche Veränderungen und den geographischen Wandel auszurichten, was dazu geführt hat, dass sich viele Paare in der Familienplanung alleine gelassen fühlen. Nach und nach findet in der Politik allerdings ein Prozess des Umdenkens statt und es wird erkannt, dass man einiges tun muss, um die Position und das Ansehen der Familie wieder zu stärken. 2.3

So könnte man den Familien helfen, indem man sie **finanziell entlastet**. Mit der Einführung des **Elterngeldes** zu Beginn des Jahres 2007, welches das bisherige Erziehungsgeld ersetzt, geht man bereits in die richtige Richtung. Die Höhe des Elterngeldes richtet sich nach dem Einkommen des Elternteils, welches den Antrag darauf stellt, und dient als vorübergehender, maximal allerdings 14-monatiger Entgeltersatz. Das Modell sieht eine freie Aufteilung 2.3.1 2.3.1.1

unter den Partnern vor – eine Regelung, die der modernen Auffassung gleichberechtigter Partner- und Elternschaft entgegenkommt. Neben dieser finanziellen Zuwendung seitens des Staats und dem mittlerweile gestiegenen Kindergeld können Eltern außerdem weitere Fördermöglichkeiten beantragen, doch sind diese oft recht unübersichtlich und erschließen sich vielen Familien nicht. Hier wäre eine höhere Transparenz und Vereinfachung der bürokratischen Wege wünschenswert, damit jeder auch wirklich wüsste, auf welche Gelder er einen Anspruch hat.

Doch sollte es der Staat nicht bei der Entlastung der Eltern in den Anfangsmonaten einer Familiengründung belassen. Viele Paare schrecken auch vor den hohen Ausbildungskosten zurück, die im Leben eines Kindes anfallen. Die Zusicherung eines kostenfreien Kindergartenplatzes und einer kostenfreien Ausbildung wären sicherlich maßgebliche Faktoren, die von vielen Paaren bei einer Familienplanung berücksichtigt würden. Dazu zählt auch die staatliche Finanzierung sowohl schulischer Mittel, wie zum Beispiel Bücher, als auch des Studiums, welches mittlerweile in den meisten Bundesländern Deutschlands mit nicht unerheblichen Gebühren verbunden ist. Gerade in einem Land mit immer weniger Kindern sollte die Förderung potenzieller zukünftiger Leistungsträger eine wesentliche Aufgabe sein, welche dem Staat letzten Endes wieder zugute kommt.

Doch die finanzielle Unterstützung der Familien kann nur dann wirklich Erfolge zeigen, wenn es auf der anderen Seite genügend **Betreuungseinrichtungen** gibt, die die Eltern nutzen können. Obwohl das bereits 2005 in Kraft getretene Tagesbetreuungsausbaugesetz einen bedarfsgerechten Aufbau von Betreuungsangeboten für unter Dreijährige anstrebt, gestaltet sich die Umsetzung in die Praxis offensichtlich schwierig. Viele Mütter und Väter sehen sich mit jahrelangen Wartelisten der Kinderkrippen, Horte oder Kindergärten konfrontiert und müssen bei der Betreuung ihres Nachwuchses vermehrt auf private Hilfe zurückgreifen. Diese ist allerdings zum einen meist wesentlich teurer und erfüllt zum anderen nicht immer die gewünschte erzieherische Kompetenz, die in staatlichen Einrichtungen gewährleistet ist. Die Schaffung flächendeckender Ganztagsbetreuungsplätze, wie sie in einer wirtschaftlichen Situation, in der oft beide Partner für den Lebensunterhalt aufkommen müssen, immer dringlicher werden, sollte daher erklärtes Ziel einer vorausschauenden Familienpolitik sein und wesentlich schneller vorangetrieben werden. 2.3.1.2

Darüber hinaus ist es dringend notwendig, das **soziale Prestige der Familie** in der Gesellschaft zu steigern. Viele deutsche Familien beklagen die oft kinderunfreundliche Umgebung, sei es beim Einkaufen oder Restaurantbesuch. Grundsätzlich fühlen sich viele Menschen hierzulande durch die Anwesenheit von Kindern eher gestört und zeigen sich wenig tolerant. Deutschland könnte sich in dieser Hinsicht an anderen europäischen Ländern, wie z. B. Italien, ein Vorbild nehmen, in denen Kinder einen deutlich höheren Stellenwert haben und überall gern gesehen sind. 2.3.2

Denkbar wäre in diesem Zusammenhang eine groß angelegte öffentliche Kampagne, wie sie der deutsche Staat zur Förderung einer positiveren Einstellung gegenüber Sport mit ‚Deutschland bewegt sich' durchgeführt hat. Auch die Kampagne für mehr Kinderfreundlichkeit ‚Du bist Deutschland' stieß bei den Bürgern auf große Resonanz. Gelder, die man in diesem Sinne einsetzen würde, dürften sicherlich dazu beitragen, die Stellung der Familien mit Kindern in unserer Gesellschaft zu stärken, und könnten langfristig dazu führen, dass sich Partner wieder vermehrt darauf einließen, Kinder zu bekommen. Es wäre sogar denkbar, dass sich solchermaßen verbesserte Bedingungen positiv und stabilisierend auf die Beziehung der Eltern auswirken.

Auch wenn das Ideal der traditionellen Kleinfamilie, wie es sich seit dem 19. Jahrhundert entwickelt hat, zusammenfassend gesehen den geänderten gesellschaftlichen Umständen sicherlich nicht mehr ganz gerecht wird, hat es seine subjektive Wertschätzung in den Köpfen der Menschen nach wie vor nicht verloren. Aufgrund der dargestellten Lebenswirklichkeit, in der sich die Menschen heutzutage befinden, ist diese Form des Zusammenlebens allerdings immer schwerer umsetzbar und viele Beziehungen scheitern daran, die einst als einzig wahre propagierte Familienform aufrechterhalten zu wollen. Staatliche Verantwortung und verbesserte Rahmenbedingungen können die Situation der Familien in Deutschland zwar deutlich aufwerten, doch muss man sich von der althergebrachten Vorstellung der bürgerlichen Familie vielleicht lösen und die Menschen von dem Druck befreien, den der Versuch erzeugt, eine heute kaum mehr realistisch umsetzbare Tradition zu erfüllen. Eine **neue, offenere Definition von Familie**, die das ‚Zukunftsforum Familie' vorschlägt und die allen heutzutage gängigen alternativen Lebensformen gleichermaßen gerecht wird, erscheint wesentlich zeitgemäßer und reeller als die Bemühung, nach überholten Vorstellungen zu leben. Dem Forum zufolge ist Familie eben überall dort, „wo Menschen dauerhaft füreinander Verantwortung übernehmen, Sorge tragen und Zuwendung schenken" (vgl. Material 1, Z. 69 ff.). 3

Abitur Deutsch (Bayern G8) – Übungsaufgabe 9:
Verfassen eines Kommentars auf der Grundlage eines Sachtextes

Aufgaben:
1. Verfassen Sie eine strukturierte Inhaltsangabe zu dem Beitrag von Nikolas Westerhoff (Material 1).
2. Schreiben Sie, ausgehend von Ihren Ergebnissen und unter Einbeziehung der weiteren Materialien, einen inhaltlich und sprachlich eigenständigen Kommentar zum Thema *Wesen und Auswirkungen von Vorurteilen*. Wählen Sie dazu eine passende Überschrift. Ihr Kommentar sollte ca. 800 Wörter umfassen.

Material 1

Nikolas Westerhoff: Die Macht des Klischees

Blondinen sind nicht alle dumm, es macht nur Spaß, die Witze zu erzählen, mag sich manch einer denken. Aber oft genug erzählt, brennen sich solche Vorurteile dann doch tief ins Gehirn ein. Sie bestimmen unser Denken, auch wenn sie dabei äußerst diskret vorgehen. Ihr Auftrag ist es, die Welt in simple Kategorien zu unterteilen – in Gut und
5 Böse, schön und hässlich, anziehend und abstoßend. Vorurteile machen das Unüberschaubare überschaubar. „Menschen sind kognitive Geizhälse", sagt der Psychologe Christian Fichter von der Universität Zürich. Vorurteile ersparten ihnen Denkarbeit. Sie erlaubten es, sich schnell ein Bild zu machen. Das habe sich im Laufe der Evolution durchaus als Vorteil erwiesen.
10 Die Nachteile aber lassen nicht lange auf sich warten: Vorurteile führen allzu oft in die Irre. Fichter hat ein und denselben Artikel über Mobilfunkanbieter in zwei verschiedenen Zeitungen platziert: in dem Boulevardblatt *Blick* und in der Qualitätszeitung *Neue Zürcher Zeitung* (NZZ). Der NZZ-Beitrag sei wesentlich besser als derselbe Artikel in *Blick,* meinten Testleser einhellig. „Das Image zählt eben mehr als der In-
15 halt", sagt Fichter. Und geübte Zeitungsleser ließen sich ebenso von ihren Vorurteilen leiten wie Lesemuffel.
Nicht nur Produkte haben ein Image, sondern auch Menschen. Amerikanische Unternehmer sind an einem Bewerber erheblich stärker interessiert, wenn er einen Durchschnittsnamen wie Greg hat, fand die Ökonomin Marianne Bertrand von der University
20 of Chicago heraus, indem sie Bewerbungsmappen an verschiedene Arbeitgeber versendete, in denen sie lediglich den Namen des Bewerbers austauschte. Wählte sie ausländisch anmutende Namen wie Lakisha oder Jamal, hagelte es Absagen.
Der bloße Name genügt, und schon glauben wir zu wissen, was für ein Mensch sich dahinter verbirgt. Das gilt auch für Namen, die alle demselben kulturellen Hintergrund
25 entspringen. Wie attraktiv sind Anna, Johanna und Horst?, fragte der Sozialpsychologe Udo Rudolph von der Technischen Universität Chemnitz. Anna kam dabei meist gut weg, Horst galt dagegen meist als unattraktiver Gesell. Hintergrund ist offenbar eine automatisch ablaufende Vorurteilskaskade: Zunächst beurteilten die Befragten, ob die

Namen in ihren Ohren altmodisch, zeitlos oder modern klangen. Daraus leiteten sie dann das vermeintliche Alter der Personen ab und zogen daraus wiederum Rückschlüsse auf deren Attraktivität. Hier haben die Befragten also gleich drei Vorurteile aneinandergereiht.

Aber woher kommen die vermeintlichen Weisheiten, die wir dabei benutzen? Wem von klein auf immer wieder gesagt wird, er solle nicht wie ein Bauer essen, der assoziiert „Bauer" irgendwann mit „grob" und „unzivilisiert". Solche gedanklichen Automatismen lassen sich später nur schwer durchbrechen, wie die Psychologin Patricia Devine von der University of Wisconsin in zahlreichen Experimenten nachwies.

Allerdings seien die gedanklichen Verknüpfungen, so ärgerlich sie auch sein mögen, gar nicht das eigentliche Problem, so Devine. Niemand müsse sich für sie rechtfertigen. Entscheidend sei jedoch, ob Menschen sich dieser Assoziationen bewusst seien und sich ihrer schämten. Ohne ein Gefühl von Schuld oder Scham ließen sich Vorurteile nicht aufbrechen.

Doch auch mit Schuld und Scham gelingt es nicht immer, Vorurteile wieder loszuwerden. In seinem Buch „Kleine Einführung in das Schubladendenken" berichtet der Sozialpsychologe Jens Förster von einem Kollegen, der offen zugibt, sich vor Sex zwischen Männern zu ekeln. Zwar schäme er sich dafür, doch befreien könne er sich von dem Gefühl des Ekels nicht. Dieses Beispiel illustriert, dass Vorurteile mehr sind als irrige Ansichten oder falsche Meinungen. Anders als stereotype Einstellungen („Afrikaner können schneller laufen als Europäer") weisen Vorurteile eine starke emotionale Tönung auf. Sie lassen uns nicht kalt, sondern lösen in uns Ekel, Angst oder Verachtung aus. Und just diese Gefühle sind es, die das Vorurteil als etwas Legitimes erscheinen lassen, schließlich gelten Emotionen gemeinhin als echt und authentisch. Wer käme schon auf die Idee, seine Gefühle zu hinterfragen oder sie als falsch und rückständig zu geißeln?

Ohne kollektiv gelerntes Wissen gäbe es keine emotionsgeladenen Vorurteile. So weiß jedes Kind, dass Schwaben für geizig gehalten werden. Doch woher dieses Klischee stammt, können die wenigsten sagen. Französische Vokabeln lernt man willentlich; Vorurteile hingegen unwillentlich, quasi en passant.

„Ein [...] Haarsträuben, eine spontane Gänsehaut kann man nicht so leicht bekämpfen, sie sind einfach da", meint Förster. „Sagen Sie mal jemandem mit Spinnenangst, dass Spinnen sehr nützliche Tiere sind. Selbst wenn er das einsieht, wird er nicht freudestrahlend den Rücken einer dicken, haarigen Spinne massieren." Vorurteile sind ein Mix aus Gefühlen und Überzeugungen. Das macht sie so zäh und langlebig. „Es ist schwieriger, Vorurteile zu zertrümmern als Atome", befand schon Albert Einstein.

Eine Zeitlang hatten Psychologen die Hoffnung, Vorurteile zerstören zu können, indem sie Menschen mit der bunten Vielfalt der Wirklichkeit konfrontieren. Hält ein Mann Frauen für mathematisch unbegabt, dann müsse man ihm einfach eine Frau vorstellen, die gut rechnen kann, so die Logik. Doch leider funktioniere das nicht, sagt die Sozialpsychologin Maya Machunsky von der Universität Jena. Informationen, die mit den eigenen Vorurteilen nicht übereinstimmen, spaltet ein solcher Mann einfach ab. Eine mathematisch begabte Frau sieht er als untypisch für die Kategorie Frau an. Stattdessen erfindet er eine neue Schublade, etwa die der „Mannsweiber". Diesen mittlerweile gut erforschten Mechanismus nennen Psychologen Substereotypisierung.

Wie subtil und stark Vorurteile wirken, hat der Psychologe John Bargh von der Yale University nachgewiesen. Er ließ seine Probanden klischeehafte Aussagen über alte Menschen lesen, etwa den Satz „Alte Menschen haben graue Haare". Das bloße Lesen solcher Altersstereotypien veränderte die Probanden: Sie bewegten sich nach dem Experiment langsamer in Richtung Aufzug.

Wer glaubt, von solchen Mechanismen frei zu sein, der muss nur einmal einen Impliziten Assoziationstest (IAT) absolvieren, wie ihn die Psychologen Anthony Greenwald und Mahzarin Banaji vor zehn Jahren entwickelt haben. Ganz gleich, ob es um negative Einstellungen gegenüber homosexuellen, alten oder schwarzen Menschen geht – der Test offenbart seinen Machern zufolge alle unausgesprochenen und tabuisierten Vorbehalte in Sekundenschnelle. Die Logik dahinter ist: Je mehr Zeit ein Mensch benötigt, positive Begriffe wie Glück oder Sonne mit dem Gesicht eines Schwarzen, Schwulen oder Greises zu kombinieren, desto negativer bewertet er die entsprechende Eigenschaft.

Das Gehirn aktiviert die Klischeevorstellungen ohne unser Zutun. Und oft genug auch gegen unseren Willen. In solchen Reaktionstests zeigte sich immer wieder: Auch manch alter Mensch hat Vorbehalte gegen Alte. Auch einigen Schwarzen fällt es schwer, positive Begriffe mit dem Gesicht eines Schwarzen zu kombinieren. Implizit gemessene und offen geäußerte Vorurteile können Hand in Hand gehen, sie müssen es aber nicht. Das zeigt auch eindrucksvoll ein Experiment der Sozialpsychologen Joshua Correll von der University of Chicago und Bernadette Park von der Colorado University.

Auf einem Bildschirm sind in stetem Wechsel schwarze und weiße Männer zu sehen. Manche von ihnen halten eine Waffe in der Hand, andere ein Handy. „Erschieße die gefährlichen Männer mit der Pistole und lass die unbewaffneten am Leben." So lautet der Auftrag in diesem Computerspiel. Die Probanden müssen in Sekundenschnelle entscheiden: Ist der gerade eingeblendete Mann bewaffnet oder nicht? Von dieser Einschätzung hängt es ab, ob sie sich fürs Schießen oder fürs Nicht-Schießen entscheiden.

Die Versuchspersonen erschossen häufiger unbewaffnete schwarze als unbewaffnete weiße Männer. Offenbar assoziierten sie die Hautfarbe eines dunkelhäutigen Menschen automatisch mit Gefahr und Kriminalität. Dieser Effekt trat bei allen Versuchspersonen gleichermaßen auf. Auch Vertreter ethnischer Minderheiten erschossen eher unbewaffnete Schwarze als unbewaffnete Weiße. Da es sich um blitzschnelle Entscheidungen handelt, sind die Probanden ihren vorurteilsbehafteten Denkprozessen mehr oder weniger schutzlos ausgeliefert. Sie handeln also rassistisch, ohne sich darüber im Klaren zu sein und ohne es richtig zu finden.

Vorurteile wirken sich sogar auf das Selbstverständnis aus. „Rechnet ein Mensch damit, dass andere ihm Vorurteile entgegenbringen, dann fühlt er sich bedroht", sagt der Sozialpsychologe Johannes Keller von der Universität Mannheim. Dieses Gefühl blockiere ihn. Zahlreiche Studien des Psychologen Claude Steele von der Stanford University sind hierfür ein Beleg: So schnitten Studentinnen in einem Mathematiktest schlechter ab, wenn ihnen zuvor gesagt wurde, dass Frauen mathematisch weniger begabt seien als Männer. Die bloße Erwähnung dieses Vorurteils verschlechterte ihre Leistungen erheblich – gleichgültig, ob die Frauen das Vorurteil selbst absurd fanden oder nicht. Und es genügte sogar, wenn sie auf der ersten Seite nur ihr Geschlecht ankreuzen mussten.

120 Vorurteile sind demnach alles andere als witzig. Sie sind nicht einmal harmlos. Ihnen ist eine Erwartung eingeschrieben, der sich Menschen – wider Willen – unterwerfen.

Aus: Süddeutsche Zeitung Nr. 81, 7. April 2009, S. 16

Material 2
Max Frisch: Andorra

In dem Drama „Andorra" von Max Frisch wird gezeigt, wie die Vorurteile, welche die Andorraner gegenüber dem jungen Andri, dem außerehelichen Sohn des Lehrers Can, aufbauen, Schritt für Schritt eine Mechanik entwickeln, der sich niemand mehr entziehen kann. Am wenigsten gelingt dies Andri, der das Bild, das man sich von ihm gemacht hat, schließlich selbst übernimmt.

ANDRI Seit ich höre, hat man mir gesagt, ich sei anders, und ich habe geachtet drauf, ob es so ist, wie sie sagen. Und es ist so, Hochwürden: Ich bin anders. Man hat mir gesagt, wie meinesgleichen sich bewege, nämlich so und so, und ich bin vor den Spiegel getreten fast jeden Abend. Sie haben recht: Ich bewege mich so und so.
5 Ich kann nicht anders. Und ich habe geachtet auch darauf, ob's wahr ist, daß ich alleweil denke ans Geld, wenn die Andorraner mich beobachten und denken, jetzt denke ich ans Geld, und sie haben abermals recht: Ich denke alleweil ans Geld. Es ist so. Und ich habe kein Gemüt, ich hab's versucht, aber vergeblich: Ich habe kein Gemüt, sondern Angst. Und man hat mir gesagt, meinesgleichen ist feig. Auch da-
10 rauf habe ich geachtet. Viele sind feig, aber ich weiß es, wenn ich feig bin. Ich wollte es nicht wahrhaben, was sie mir sagten, aber es ist so. Sie haben mich mit Stiefeln getreten, und es ist so, wie sie sagen: Ich fühle nicht wie sie. Und ich habe keine Heimat. Hochwürden haben gesagt, man muß das annehmen, und ich hab's angenommen. Jetzt ist es an Euch, Hochwürden, Euren Jud anzunehmen.

Aus: Max Frisch, Andorra, Suhrkamp Taschenbuch 277, Frankfurt/M.: Suhrkamp 1981, S. 86

Material 3

Vorurteil, kritiklos, ohne persönl. Urteilsbildung oder Erfahrung übernommene Meinung, die einer sachl. Argumentation nicht standhalten kann. V. dienen der psych. Entlastung des Urteilenden in Angstsituationen mangels Orientierung und dem Abbau von Unsicherheit in sozialen Handlungsfeldern. Gruppen-V., mit denen eigenes Unvermögen dadurch kompensiert
5 wird, dass dieses u. a. auf fremde Völker oder nat. Minderheiten und/oder deren Wertsysteme übertragen wird, werden oft durch Manipulation vermittelt oder bestärkt.

Aus: Annette Zwahr: Vorurteil, in: Brockhaus Universallexikon A – Z in 26 Bänden, Bd. 25, Leipzig: F. A. Brockhaus GmbH 2003, S. 8130

Hinweise und Tipps

– *Die Aufgabenstellung erfordert eine zweigliedrige Bearbeitung; die* **strukturierte Inhaltsangabe** *hat nur den Text von Nikolas Westerhoff zum Gegenstand und sollte mit einer zum Thema hinführenden Einleitung versehen sein.*
– *Für den* **Kommentar** *als einem eigenständigen Textblock muss eine geeignete Überschrift gefunden werden. Die Ausführung, die auch essayistische Elemente (z. B. betonte Subjektivität einer Auffassung, assoziative Gedankenführung, provokative Ausdrücke oder Aussagen) enthalten kann, soll eine eigenständige Auseinandersetzung mit dem Thema und den zur Verfügung gestellten Materialien sein, d. h. vorgefundene Argumentationen sollten nicht einfach übernommen, sondern veranschaulicht und problematisiert werden. Ein abrundender Schluss ist nicht verpflichtend.*

Gliederung

1 Abgrenzung der Begriffe „Klischee" und „Vorurteil"
2 Strukturierte Inhaltsangabe des Artikels „Die Macht des Klischees" von Nikolas Westerhoff
2.1 Die Simplizität von Vorurteilen und ihre zentrale Funktion (Z. 1–9)
2.2 Ein gravierender Nachteil von Vorurteilen (Z. 10–16)
2.3 Das Image von Menschen (Z. 17–32)
2.4 Gedankliche Automatismen als Basis für Vorurteile (Z. 33–42)
2.5 Die emotionale Tönung von Vorurteilen (Z. 43–54)
2.6 Vorurteile basierend auf Überzeugungen und Gefühlen (Z. 55–64)
2.7 Substereotypisierung (Z. 65–73)
2.8 Die Stärke von Vorurteilen (Z. 74–87)
2.9 Vorurteile als unbewusste und unbeabsichtigte Vorstellungen (Z. 88–109)
2.10 Vorurteil und Selbstbeurteilung (Z. 110–122)
3 Kommentar: „Nichts gegen ein gesundes Vorurteil?"
3.1 Zum Begriff „Vorurteil"
3.2 Vorverurteilung des Menschen
3.3 Die „tödliche Mechanik" des Vorurteils
3.4 Konsequenz für das eigene Verhalten

Lösungsvorschlag

Wenn die Überschrift eines Zeitungsartikels den Begriff „Klischee" enthält, 1 erwartet der Leser die Auseinandersetzung mit einer Form der Bewertung und Beurteilung, welche in einschlägigen Lexika als „billige Nachahmung" bezeichnet wird, also gleichsam als nachgeplappertes Urteil gelten kann, das in seinen Umrissen vollständig feststeht und so übernommen wird. Dies entspricht auch dem Ursprung des Begriffs, der als Druckstock in der Drucktechnik ja auch etwas eng Umrissenes, starr Fixiertes bedeutet. Wer Westerhoffs Artikel jedoch liest, merkt schnell, dass er den Begriff „Klischee" kaum verwendet, sondern fast nur noch von „Vorurteilen" spricht. Klischees sind in gewisser Weise Vorurteile, also vorgeformte Meinungen, aber Vorurteile sind mehr als Klischees: Sie sind in der Regel komplexer, nicht selten auch schwerer durchschaubar, in ihren Wirkungen tiefer greifend und damit auch mühsamer auszulöschen. Die Ausführungen von Westerhoff geben eine Vorstellung davon, wie schwer es ist, Vorurteile zu erklären, mit ihnen umzugehen und sie eben nicht nur als „Klischees" zur Kenntnis zu nehmen.

In dem am 7. April 2009 in der Süddeutschen Zeitung erschienenen Artikel 2 „Die Macht des Klischees" von Nikolas Westerhoff geht es um die Auswirkungen von Vorurteilen und die Forschungen auf diesem Gebiet.

Auch nur witzig gemeinte Vorurteile, z. B. jenes über die Blondinen, entfalten 2.1 ihre Wirkung nicht nur an der Oberfläche, sondern hinterlassen ihre Spuren auch in den Tiefen der Psyche. Sie liefern den Menschen einfache Strukturen von der sie umgebenden Welt und erleichtern ihnen damit das Denken. Dies wurde von dem Psychologen Christian Fichter festgestellt.

Der Psychologe weist aber auch darauf hin, dass Vorurteile sehr oft in die Irre 2.2 führen, d. h. Denkprozesse nachhaltig beeinträchtigen und manipulieren. Dies veranschaulicht er am Beispiel eines Artikels, der in zwei Zeitungen unterschiedlicher Qualität völlig identisch veröffentlicht wurde. Die Probanden hielten den Artikel in der qualitativ hochwertigeren Zeitung aufgrund ihrer Voreingenommenheit für besser.

Den bisher geäußerten Feststellungen über Vorurteile im Zusammenhang mit 2.3 Produkten schließt Westerhoff Gedanken über das Image von Personen an, wobei der Begriff „Image" – übernommen von Fichter – letzten Endes nichts anderes ausdrückt als das Ergebnis von Vorurteilen. Der Verfasser führt an – wobei er seine Thesen im Wesentlichen auf Untersuchungen von Sozialpsychologen stützt –, dass etwa der Name eines Menschen bereits genügt, um ihm bestimmte Eigenschaften zuzuschreiben, daraus Rückschlüsse auf sein Alter und seine Attraktivität zu ziehen und um danach schließlich z. B. seine Stellenbewerbung anzunehmen oder abzulehnen.

Ein wesentlicher Grund dafür, dass ein Mensch Vorurteile entwickelt, sind 2.4
sogenannte gedankliche Automatismen, die sich aufgrund von ständigen, seit
der Kindheit wiederholten und damit für ihn als unumstößlich geltenden
„Weisheiten" in das Denken eines Menschen eingelagert haben. Die Psychologin Patricia Devine hält dies aber für weniger gravierend als das Fehlen von
Schuld oder Scham im Hinblick auf eine vorschnell hergestellte Assoziation.
Ohne solche Reuegefühle seien Vorurteile nicht zu überwinden.

Dass Schuld und Scham nicht immer ausreichen, um Vorurteile zu tilgen, ver- 2.5
anschaulicht der Sozialpsychologe Jens Förster anhand eines Beispiels über
Probleme eines Kollegen mit dem Sex zwischen Männern. Der Hauptgrund
für die tiefe Verwurzelung von Vorurteilen sei in ihrer starken emotionalen
Tönung zu sehen, d. h. sie lösen im Menschen Gefühle wie Angst, Ekel oder
Verachtung aus und gelten daher – ebenso wie die beteiligten Gefühle – als
authentisch und damit als legitim. Die Emotionen sind der Grund dafür, dass
der Mensch seine Vorurteile für richtig hält, denn Gefühle – so scheint es ihm
– können nicht trügen. Dieser Aspekt unterscheidet Vorurteile auch wesentlich
von „irrige[n] Ansichten" oder „stereotype[n] Einstellungen" (Z. 48).

Das in einer Gesellschaft „kollektiv gelernte[ ] Wissen" (Z. 55) ist laut Wester- 2.6
hoff eine Bedingung für das Entstehen von Vorurteilen: Dieses Wissen entspricht in etwa den bereits angeführten „gedanklichen Automatismen" (Z. 35 f.)
und bewirkt gemeinsam mit den beteiligten Gefühlen die Langlebigkeit von
Vorurteilen. So ergeben das Wissen um die angebliche Gefährlichkeit von
Spinnen und das zutiefst emotionale Grauen vor ihnen ein Vorurteil, das schwer
zu bekämpfen ist.

Der von Psychologen unternommene Versuch, Vorurteile dadurch zu zerstö- 2.7
ren, dass man einem mit Vorurteilen behafteten Menschen Gegenbeispiele vor
Augen führte, die dessen Vorurteile eigentlich widerlegten, erwies sich als vergeblich, da nach Aussagen der Sozialpsychologin Maya Machunsky Informationen, die nicht mit den eigenen Vorurteilen übereinstimmen, als atypisch zurückgewiesen werden. Für diese atypischen Fälle werden dann ganz einfach
neue Sammelbegriffe festgelegt. Dieser Vorgang wird von den Psychologen
als „Substereotypisierung" bezeichnet.

Wie stark die Auswirkungen von Vorurteilen sein können, ist durch mehrere 2.8
Experimente und einen speziellen Test erkannt worden: So hat das bloße Lesen von stereotypen Aussagen über alte Menschen die Leser dazu gebracht, im
Anschluss an die Lektüre ihr eigenes Verhalten dem Verhalten der alten Menschen anzupassen. Beim sogenannten Impliziten Assoziationstest (IAT) werden positive Begriffe wie Glück oder Sonne mit den Gesichtern von Schwarzen oder Greisen kombiniert. Je länger der Proband braucht, um zwischen den
Begriffen und Gesichtern Assoziationen zu knüpfen, desto negativer bewertet
er die Gesichter.

Auch die Tatsache, dass Vorurteile ohne unser Zutun, also unfreiwillig, und häufig gegen unseren Willen, also unabsichtlich, ihre Wirkung entfalten können, ist durch Reaktionstests bestätigt worden. So ist es gar nicht selten, dass alte Menschen gegenüber anderen Senioren Vorbehalte haben, ohne sich dessen wirklich bewusst zu sein. Ein bemerkenswertes Experiment in den USA hat ebenfalls gezeigt, dass Vorurteile oft unbewusst unser Denken und Handeln bestimmen: Die Probanden sollten in einem Computerspiel sekundenschnell entscheiden, ob ein eingeblendeter Mann bewaffnet ist oder nicht, und im ersteren Fall auf ihn schießen. Es wurden schwarze und weiße Männer eingeblendet. Es zeigte sich, dass die Schwarzen häufiger „erschossen" wurden als die Weißen, auch dann, wenn sie unbewaffnet waren. Mit den Schwarzen wurde in der Regel „Gefahr" assoziiert, die ethnische Zugehörigkeit der Probanden spielte dabei keine Rolle. Das Bedenkliche am Ergebnis dieses Experiments ist vor allem, dass die Probanden sich gegen ihre Vorurteile überhaupt nicht wehren konnten, sondern falsch, also rassistisch handelten, ohne es in diesem Augenblick zu wollen. 2.9

Auf das Ausmaß der Wirkung von Vorurteilen hat der Sozialpsychologe Johannes Keller aufmerksam gemacht: Seine Experimente zeigten, dass ein Mensch, der sich Vorurteilen ausgesetzt sieht, ein Gefühl der Bedrohung empfindet. Dieses Gefühl führt dazu, dass er in der Folge nicht das leistet, was er eigentlich könnte und wollte. Dabei muss das Vorurteil nicht einmal persönlich gegenüber dem betroffenen Menschen geäußert werden, es genügt bereits, wenn es allgemein formuliert ist, also z. B. *Frauen sind mathematisch weniger begabt*. Ja lediglich eine Andeutung genügt, um die Probanden in ihrem Können negativ zu beeinflussen. Westerhoff betont abschließend, dass Vorurteile weder witzig noch harmlos seien, da Menschen ihnen oft gegen ihren Willen ausgeliefert sind. 2.10

Nichts gegen ein gesundes Vorurteil? 3

„Vorurteil" ist einer derjenigen Begriffe, mit denen eigentlich niemand etwas Positives assoziiert. Menschen, denen man gründliche Überlegungen im Hinblick auf Personen und Sachverhalte abspricht, gelten als „mit Vorurteilen behaftet", d. h. als äußerst oberflächlich oder auch als böswillig. Wer sich „von Vorurteilen leiten lässt", ist nach allgemeiner Ansicht nicht fähig, selbstständig und unabhängig zu urteilen. „Gegen Vorurteile kann man nichts ausrichten, gegen sie ist kein Kraut gewachsen", selbst mit den besten Argumenten kann man sie nicht aushebeln. Und: An jemanden, „der sich mit Vorurteilen panzert", kommt man nicht heran, er kann auf sie vertrauen, denn sie sind zäh und haben sich bewährt. 3.1

Das alles sind keine Lobeshymnen auf das Vorurteil, und Lobeshymnen hat es ja auch nicht verdient, wie man weiß. Nicht umsonst hat der Journalist Nikolas Westerhoff in seinem Beitrag *Die Macht des Klischees* eine ganze Galerie führender Sozialpsychologen aufgeboten, um aufzuzeigen, dass Vorurteile ober- 3.2

flächlich und gleichzeitig subtil, unwillentlich und emotional, zäh und langlebig, rückwirkend und irritierend sind. Wie die Ausführungen Westerhoffs zeigen, hat die Psychologie mittlerweile schon ziemlich genau erforscht, wie Vorurteile entstehen und wie sie sich auswirken können, und dass es vor allem bequem ist, sich ihrer zu bedienen, denn sie ersparen Denkarbeit, erlauben also, „sich schnell ein Bild zu machen". Diese Formulierung Westerhoffs verweist im Übrigen – vom Verfasser wohl gar nicht beabsichtigt – auf die besondere Bedeutung des Vorurteils, die Max Frisch seinem modellhaften Stück *Andorra* zugrunde legt: Danach ist ein Vorurteil über einen Menschen nichts anderes, als sich ein „Bildnis von ihm zu machen", und dies wiederum heißt, sich eine genaue Vorstellung davon zu machen, welche Eigenschaften, welchen Charakter der Mensch hat, welcher Schicht oder welchem Volk er angehört, was er glaubt, denkt, fühlt. Diese umfassende Art und Weise der Urteilsbildung über einen Menschen ist extrem bedenklich, denn sie erfolgt ohne konkretes Wissen und wagt sich auch an das Innerste im Menschen. Sie erlaubt sich also, auf dieser Basis andere Menschen einzuordnen, ihnen Kategorien zuzuweisen und damit möglicherweise auch den eigenen Stellenwert so zu bestimmen, wie es der selbst geschaffene Bezugsrahmen eben zulässt.

„Du sollst dir kein Bildnis machen ..." heißt es bereits im Alten Testament 3.3 (2. Mose 20,4), und wer sich ein Bildnis von einem Menschen macht, ihn also vollständig als gesamte Persönlichkeit in einen Käfig vorgefasster Meinungen einsperrt, hindert den auf diese Weise abgestempelten Menschen daran, er selbst zu sein. Dieser Effekt wird dadurch noch verstärkt, dass Vorurteile und ihre Verkünder es auf die Dauer so weit bringen, dass der Betroffene selbst an das (Vor)urteil glaubt, sich mit seinem Inhalt identifiziert – mag es noch so falsch oder verlogen sein. Genau dies hat Max Frisch ja mit seinem Stück *Andorra* gezeigt: Andri wird so lange mit den Vorurteilen der Andorraner hinsichtlich seines vermeintlichen Judentums verfolgt und gequält, bis er selbst von diesem überzeugt ist und alle Versuche ablehnt, ihn am Ende doch über die Wahrheit aufzuklären.

Eben an dieser Art der Vorurteilsbildung zeigt sich auch ein Phänomen, welches Hellmuth Karasek die „tödliche Mechanik des Vorurteils" genannt hat. Diese „tödliche Mechanik" ist darin zu sehen, dass der Eingefangene oder Abgestempelte kaum Chancen hat, sich dem Vorurteil zu entziehen, und schließlich selbst daran glaubt. Aber nicht nur er, sondern auch der Urteilende hält seine Ansichten für legitim, weil er ja, worauf Westerhoff hinweist, seinen eigenen Gefühlen nicht misstrauen will. Zieht man in Betracht, dass sich Vorurteile nicht nur gegen Einzelpersonen, sondern gegen ganze Völker oder Religionen, z. B. Juden oder Muslime, richten, dann erkennt man, dass Vorurteile mehr sind als nur vorgefasste falsche Ansichten über Banalitäten.

Dies wird klar, wenn man den Beitrag von Nikolaus Westerhoff gelesen hat und sich darüber hinaus Gedanken über die „tödliche Mechanik" des „Bildnisses" gemacht hat, unter dessen Räder der junge Andri in *Andorra* gerät. Genauso klar wird aber, dass auch die Elite der Sozialpsychologie ziemlich ratlos ist, wenn es um die Zerstörung und Auflösung von Vorurteilen geht. Sie erforscht zwar das Phänomen, ein ‚Mittel gegen das Vorurteil' hat sie bisher jedoch nicht gefunden.

Soll man sich also geschlagen geben, soll man einfach akzeptieren, dass es unzählige Vorurteile gibt, dass sie zählebig sind und unterschiedlichste Auswirkungen, auch auf den oder die Auslösenden, haben können? Daran, dass es sie gibt, wird man nur wenig ändern können. Das sollte aber nicht heißen, dass man auch akzeptiert, was sie beinhalten. Widerspruch und Widerstand gegenüber jedem Vorurteil, das man als solches erkannt hat, kann niemals verkehrt sein. 3.4

Ein anderer Weg erscheint dagegen weniger empfehlenswert, nämlich Vorurteile als Ausflucht zu verwenden, also auch dort Vorurteile zu unterstellen, wo sie gar nicht vorhanden sind, wo es sich etwa um gut recherchierte Fakten und nicht um unsachliche, oberflächliche Behauptungen handelt. Mit dieser Waffe, recht oft in der Politik eingesetzt, werden seriöse Positionen in Frage gestellt, Personen diskriminiert und Vorgänge manipuliert. Die Unterstellung, eine (politische) Position nur mit Vorurteilen zu belegen, ist bereits selbst wieder zum Vorurteil geworden, und wie viele Vorurteile ist es infam und äußerst praktisch. Man kann damit intrigieren, attackieren und von sich selbst ablenken.

Aus dieser Vielzahl negativer Auswirkungen von Vorurteilen erwächst die Einsicht, dass die Existenz „salomonischer", d. h. weiser Vorurteile wohl tatsächlich anzuzweifeln ist. Ein „gesundes Vorurteil" kann es demnach gar nicht geben.

Abitur Deutsch (Bayern G8) – Übungsaufgabe 10:
Verfassen eines Kommentars auf der Grundlage eines Sachtextes

Aufgaben:
1. Verfassen Sie eine strukturierte Inhaltsangabe zu dem Beitrag von Julia Bonstein (Material 1).
2. Schreiben Sie ausgehend von Ihren Ergebnissen und unter Einbeziehung der weiteren Materialien einen inhaltlich und sprachlich eigenständig formulierten Kommentar zur Situation des Kinos. Wählen Sie dazu eine passende Überschrift. Ihr Text sollte ca. 750 Wörter umfassen.

Material 1

Julia Bonstein: „Prosecco statt Popcorn"

Deutschlands Kinos kämpfen ums Überleben, die Besucherzahlen sinken dramatisch. Schuld sind unattraktive Filme und der Siegeszug der DVD. Viele ältere Zuschauer schreckt aber auch die seelenlose Atmosphäre der gigantischen Multiplex-Klötze. Nun wollen die Marktführer umsteuern.

Der Kinokönig sitzt in einem seiner 32 Popcorn-Paläste und sieht müde aus. Sein Blick senkt sich auf den Teppichboden im Foyer, Standardfarbe Grau. Neben roten Cinemaxx-Sternchen – „unsere Corporate Identity" – haben sich Ascheflecken und Abdrücke von Stuhlbeinen in den abgetretenen Belag gegraben. Von der Decke baumeln Plakate, die für einen DVD-Verleih im Internet werben, hinterm Tresen wischt ein Mitarbeiter die Popcorn-Maschine aus.

„Ja, ich weiß", sagt Hans-Joachim Flebbe, „wir müssen dem Kino die Seele zurückgeben." Dem Vorstandsvorsitzenden der Cinemaxx AG ist neuerdings nostalgisch zumute. Er träumt davon, dass Kino „etwas Menschliches ist und nicht McDonald's", und erzählt von früher, von „Leuten, die mit dem Kopf ins Kino gingen". Damals verteilte der Student Flebbe in Hannover Handzettel mit Rezensionen seiner Lieblingsfilme, er zeigte im örtlichen Programmkino Ingmar-Bergman-Reihen, er schimpfte auf Sexfilmchen, billige Action-Ware und die lieblos geführten Schachtelkinos der Konkurrenz. „Damals ging es noch um Inhalte", sagt Flebbe.

Heute geht es um Zahlen. Im ersten Halbjahr stürzte das Betriebsergebnis von Flebbes Cinemaxx AG von minus 2,1 Millionen im Vorjahr auf minus 8 Millionen Euro ab. Das Jahr 2005 droht für die gesamte Kinobranche zum Alptraum zu werden. Von Januar bis Juni wurden in Deutschland nur 60,3 Millionen Kinokarten verkauft, 16,6 Prozent weniger als im Vorjahr. Die Einnahmen der Häuser sanken ebenfalls um 16 Prozent auf 352,5 Millionen Euro. Im dritten Quartal brachen die Besucherzahlen sogar um 27 Prozent ein.

Die großen deutschen Kinoketten kämpfen ums Überleben. Flebbes Cinemaxx AG konnte die Krise bislang nur überstehen, weil im vergangenen Jahr der Münchner

Filmhändler Herbert Kloiber mit knapp 50 Prozent einstieg. Die Lübecker Marktführer Heiner und Marlis Kieft begaben sich mit ihrem Cinestar-Familienunternehmen in die Hände eines australischen Geldgebers, und UCI, früher Tochter der Hollywood-Studios, wurde im letzten Herbst von der britischen Beteiligungsfirma Terra Firma Capital Partners geschluckt.

Von einer Kinokrise wollte in der Branche bislang dennoch niemand sprechen. „Wir haben es mit einer Filmkrise zu tun", sagt Heiner Kieft, Geschäftsführer der Cinestar-Kette. Er schimpft auf die amerikanischen Filmstudios in Hollywood, die derzeit angeblich am deutschen Publikumsgeschmack vorbeiproduzieren: „Der Einbruch in diesem Jahr ist auf das schlechte Filmangebot aus Hollywood zurückzuführen."

Auch sonst suchen die Kinobetreiber die Schuld für ihre Misere bei den Produzenten und Verleihern, die mit dem DVD-Geschäft inzwischen fast doppelt so viel umsetzen, wie an den Kinokassen eingenommen wird, und deswegen die Filme nach dem Kinostart immer eiliger auch als DVD auf den Markt werfen – mit der Konsequenz, dass immer mehr Filmfans die wenigen Wochen länger warten und sich den neuesten Blockbuster aus Hollywood lieber gleich im heimischen Wohnzimmer anschauen. Längst wird hinter den Kulissen heftig um Veröffentlichungsfenster und Verleihkonditionen gestritten.

Aber die Multiplex-Betreiber klagen nicht nur über die Produzenten, sondern auch über die Konsumzurückhaltung der Kinobesucher, über die Sparsamkeit der Werbekunden und über das Wetter – bei so viel Sonnenschein sei eben kaum jemand zum Gang in dunkle Kinosäle zu bewegen.

Nur von Selbstkritik war in der Branche bislang nicht viel zu hören.

Doch nun setzt das Nachdenken ein. „Wir haben 500 bis 600 Kinosäle zu viel in Deutschland, das ist eine riesige Summe", sagt Cinestar-Chef Heiner Kieft. 15 Jahre nach dem Bau der ersten deutschen Multiplex-Kinos wird den Baulöwen von einst die gigantische Ödnis ihres futuristischen Lichtspiel-Imperiums bewusst. Der Blick der Betreiber fällt auf ihre eigenen Kinos, auf wuchtige Klötze aus Glas und Beton, funktional banale Zweckbauten mit Abfertigungsfoyers, die herabbaumelnde meterlange Plakate und Cola-Popcorn-Theken in Reklamefriedhöfe verwandelt haben.

„Am Anfang waren Hobby und Begeisterung, irgendwann wurde es dann kommerziell", sagt Flebbe. Aus dem Filmenthusiasten wurde der Porsche-Fahrer, aus dem Programmkinomacher der Geschäftsmann, der Ende der achtziger Jahre in den USA eine neue jugendliche Freizeitgeneration heranwachsen sah, deren Spaßbedürfnisse er mit Tonsystemen im THX-Standard, überdimensionierten Leinwänden und computergesteuerten Projektionsmaschinen befriedigen wollte.

1993 heizte der Film „Jurassic Park" die Saurierträume der Branche weiter an: Mit einem Schlag nahm die Zahl der Kinogänger in Deutschland um 25 Millionen zu, die Experten prognostizierten langfristig 200 Millionen Kinobesucher pro Jahr, und die Multiplex-Monarchen stampften ein Jumbo-Kino nach dem anderen aus dem Boden.

Doch die Zahlen, auf denen der Bauboom gründete, erwiesen sich schnell als Illusion. Inzwischen sind die Betonkinos zu menschenleeren Millionengräbern verkommen. In den ersten sechs Monaten dieses Jahres waren Flebbes Hightech-Säle gerade mal zu 13,6 Prozent ausgelastet. Maximal 130 Millionen Besucher werden es in Deutschland insgesamt in diesem Jahr werden. Der September geriet mit einem

Rückgang von 42 Prozent zum Vorjahr gar zu einem der schlechtesten Kinomonate in der Geschichte der Multiplex-Kinos.

Sonnige Herbsttage und der DVD-Boom allein können dieses Desaster nicht erklären. Ein grundlegender Wandel der Kinokultur zeichnet sich ab. Special Effects, das Pfund, auf das US-Blockbuster und Multiplex-Betreiber seit Jahrzehnten setzen, locken immer weniger Besucher in die Kinos. Eine Studie der deutschen Filmförderungsanstalt zeigt: Ein Viertel jener Filmfans, die sich im Kino noch vor einem Jahr von computeranimierten Riesenwellen, Meteoriteneinschlägen und Explosionen begeistern ließen, hat die Leidenschaft für Spezialeffekte mittlerweile verloren.

Die Kinobranche wird nun ausgerechnet von jener Zuschauergruppe im Stich gelassen, die sie in den vergangenen 20 Jahren am heftigsten umworben hat: Junge Männer zwischen 13 und 25 Jahren sind heute mit Videospielen, Handys und Surfen im Internet viel zu beschäftigt, um sich groß angekündigte Action-Reißer wie „Die Insel" im Kino anzusehen. In den USA, wo Einbußen von zehn Prozent derzeit bereits für Katastrophenstimmung sorgen, verzeichnet die Branche in der Gruppe der Männer unter 25 Jahren die drastischsten Rückgänge. Die Botschaft ist auch in Deutschland angekommen: „Unsere Kernzielgruppe fällt nun aus", sagt Flebbe.

Hierzulande spielen derweil ruhig erzählte deutsche Produktionen wie „Gegen die Wand" und „Die weiße Massai" Rekordergebnisse ein. Im ersten Halbjahr 2005 war der Marktanteil des deutschen Films mit 19,7 Prozent so hoch wie noch nie seit Beginn der Datenerfassung 1995. Gleichzeitig stieg der Anteil der älteren Kinogänger ab 30 Jahren von 27 Prozent im Jahr 1991 auf 50 Prozent im vergangenen Jahr deutlich. Gewinner dieses Trends sind die Programmkinos. Der Anteil der über 60-Jährigen ist bei ihnen doppelt so hoch wie im Durchschnitt aller Kinobesucher. „Die Zuschauer werden älter und anspruchsvoller", sagt Cinemaxx-Betreiber Flebbe.

Und weil der 54-Jährige neulich selbst bei der Premiere des neuen „Star Wars"-Films eingeschlafen ist und genug Menschen kennt, bei denen Cola-Eimer im XXL-Format Übelkeitsattacken auslösen, träumt sich der Cineast von einst zurück in die samtige Wohlfühlatmosphäre der Art-House-Kinos. Längst hätte er sich von den unprofitabelsten Exemplaren seiner Konsumkinos getrennt – wären da nicht die Mietverträge, die er im Optimismusrausch der neunziger Jahre gleich für Laufzeiten von 20 Jahren abgeschlossen hat.

Und so sollen bei Cinemaxx nun die Innenarchitekten retten, was kaum noch zu retten scheint. „So richtig gediegen, auch altmodisch", wünscht sich Flebbe die neue Atmosphäre, „eben so, dass man gern hingeht". Rote, schwere Samtvorhänge und Kronleuchter in den Foyers sollen „Ambiente" zaubern, statt Popcorn soll demnächst Prosecco im Rampenlicht der Kinobars stehen. Verkaufsflächen sollen Parkettböden weichen und Sofas zum stilvollen Lümmeln in der Lounge einladen. Sogar dunkelbraune Regalwände mit Büchern und dicke Ledersessel kann sich der Multiplex-Chef vorstellen.

Auch bei der Konkurrenz beginnt das Umdenken. „Diese Concession-Tresen sind etwas für ein junges Publikum, das dieses Feeling aus der McDonald's-Ära mitbringt. Leute ab 30 wollen in intimer Atmosphäre auf die Vorstellung warten", hat Cinestar-Chef Kieft erkannt und will ebenfalls umdekorieren.

Kieft setzt auf Wohlfühlkino: Im Lübecker Multiplex-Kino hat er bei der letzten Renovierung in den hinteren Reihen Kuschelbänke – sogenannte Love Seats – einbauen lassen, an denen Snacks und Getränke serviert werden. Neben schmusewilligen Pärchen nimmt Kieft auch Frauen mit ihren Freundinnen ins Visier. Zu Vorstellungen der Reihe „Cinelady" werden Besucherinnen mit einem Glas Prosecco und Rosen begrüßt. Und weil selbst das nicht ausreichen könnte, um die Säle zu füllen, will Kieft den einen oder anderen Saal gleich schließen und ihn zu einem Restaurant umbauen.

Kleiner, aber feiner sollen die Unterhaltungssupermärkte also werden, damit Art-House demnächst auch im Mainstream-Bunker funktioniert: „Wir sind dankbar für jeden erfolgreichen Film, der nicht aus Hollywood kommt", sagt Heiner Kieft.

Aus: DER SPIEGEL 47/2005 vom 21. 11. 2005, S. 204

Material 2

Filmförderungsanstalt: Der Kinobesucher 2008
Key Facts zum Kinobesucher 2008 – *soziodemografisch und kinospezifisch*

- Den größten Besucheranteil stellten auch 2008 die 20- bis 29-Jährigen mit 27 Prozent. Fast ein Viertel der Kinobesucher (23 Prozent) waren Jugendliche bis 19 Jahren.

- Im Zeitverlauf der letzten zehn Jahre ist die Zahl der 20- bis 29-Jährigen Kinobesucher jedoch enorm gesunken. Im Vergleich zu 1999 gingen 2008 42 Prozent weniger Twens ins Kino.

- Die Altersgruppen ab 40 Jahren werden immer kinoaffiner. Im Vergleich zu 1999 lösten die 40- bis 49-Jährigen 39 Prozent, die 50- bis 59-Jährigen 48 Prozent und die Generation 60+ sogar 164 Prozent mehr Tickets. 2008 stellten diese zusammen jeden Dritten Kinobesucher (33 Prozent).

- Das Geschlechterverhältnis bleibt weiterhin ausgewogen mit leichter Tendenz für die weiblichen Kinobesucher (54 Prozent). Damit gingen in 2008 wieder 8 Prozent mehr Frauen ins Kino als in 2007.

- Im Zeitverlauf zeigt sich, dass der rückläufige Kinobesuch der Twens der letzten Jahre in erster Linie auf die männlichen Kinobesucher zurückzuführen ist.

- Mit steigendem Alter wuchs auch in 2008 der Anteil der Besucher, die allein ins Kino gehen.

- Je jünger das Publikum, umso mehr zog es sie in Kinos mit mehreren Sälen. In den Kinos mit 7+ Sälen stellten die 10- bis 29-Jährigen in 2008 54 Prozent der Kinobesucher.

Aus: Der Kinobesucher 2008, hrsg. v. der Filmförderungsanstalt, S. 33,
http://www.ffa.de/downloads/publikationen/kinobesucher_2008.pdf

Material 3

**Filmförderungsanstalt: Der Kinobesucher 2008
Allgemeine Entwicklung des Kinomarktes – *Kino vs. Home Video*
Basis: Umsatz in Mio. €**

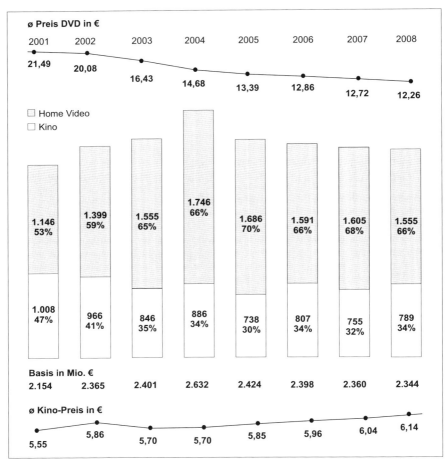

Aus: Der Kinobesucher 2008, hrsg. v. der Filmförderungsanstalt, S. 11,
http://www.ffa.de/downloads/publikationen/kinobesucher_2008.pdf

Hinweise und Tipps

- Die Aufgabe ist zwar äußerlich unterteilt und umfasst zwei große deutlich voneinander getrennte Blöcke, soll jedoch in der Ausformulierung eine **geschlossene Einheit** bilden.
- Der erste Block, die **strukturierte Inhaltszusammenfassung**, die der Vorbereitung des zweiten Teils dient, erfordert die genaue Wiedergabe des Gedankengangs des vorliegenden Artikels. Dabei sollten einzelne Aspekte strukturiert, in **eigenen Worten** zusammengefasst und in ihrer logischen Verknüpfung wiedergegeben werden. Die einzelnen Gesichtspunkte sind *formal durch Absätze* voneinander zu trennen.
- Bei dem zweiten Block handelt es sich um einen **eigenständig verfassten Kommentar**, in dem **subjektiv und meinungsbildend** zu einer aktuellen Problematik Stellung genommen wird, verschiedene Aspekte – manchmal auch pointiert – zueinander in Beziehung gesetzt werden und der Leser möglichst dazu gebracht wird, sich der aufgezeigten Meinung anzuschließen. **Sprachlich** bietet sich dafür im Besonderen die Verwendung wertender Nomen und Adjektive sowie der Einsatz rhetorischer Mittel, wie der rhetorischen Frage, an. Zu berücksichtigen ist die Wortbegrenzung von 600 bis 800 Wörtern, die während des Schreibprozesses beachtet werden sollte. Um das Wörterzählen zu erleichtern, hilft es, sich einen Überblick darüber zu verschaffen, wie viele Wörter man im Durchschnitt pro Zeile schreibt.
- **Inhaltlich** ist die Einbindung der gestellten Materialien, zumindest in Teilen, erfordert. So könnten Sie im vorliegenden Beispiel auf die Beziehung der einerseits sinkenden DVD-Preise und der andererseits steigenden Kinopreise eingehen. Ebenfalls berücksichtigen könnten Sie die dargestellte Alters- und Geschlechterverteilung der Kinobesucher. Die Auswahl bestimmter Aspekte bedingt allerdings stets eine zuvor geleistete gedankliche Auseinandersetzung mit der Aussage, die der jeweilige Kommentar verfolgen soll. Überlegen Sie sich also zunächst, welchen **Leitgedanken** Sie Ihrem Kommentar zugrunde legen, und unterfüttern Sie Ihre eigenen Gedanken dann mit entsprechenden Gesichtspunkten aus dem Zusatzmaterial.
- Ein **Schlussgedanke**, wie er einer klassischen Gliederung entspricht, ist hier nicht zwangsläufig gefordert, dient allerdings sehr wohl einer **Abrundung** der gesamten Arbeit. Dabei bietet es sich an, entweder den Einleitungsgedanken aufzugreifen oder einen sich dem Kommentar sinnvoll anschließenden Ausblick in die Zukunft zu geben.

Gliederung

1 Überlegungen zur Lage des Kinos
2 Verfassen einer strukturierten Inhaltsangabe und Erstellen eines Kommentars
2.1 Zusammenfassung des Artikels „Prosecco statt Popcorn" von Julia Bonstein
2.1.1 Umsatzrückgang in deutschen Kinos
2.1.2 Erklärungsversuche der Branche
2.1.3 Errichtung kommerzialisierter Hightechsäle
2.1.4 Verlust der Kernzielgruppe
2.1.5 Reaktion der Kinobetreiber
2.2 Kommentar „Made in Hollywood: von der Traumfabrik zur Albtraumfabrik"
2.2.1 Das Scheitern der Traumfabrik
2.2.2 Multimediales Überangebot
2.2.3 Die DVD als größte Konkurrenz
2.2.4 Schlechte Verkehrsanbindung
2.2.5 Fehlende Infrastruktur
2.2.6 Kino in Zeiten der Wirtschaftskrise
3 Verzicht der Schauspieler auf überhöhte Gagen

Lösungsvorschlag

Ungeachtet der immer weiter abnehmenden Zuschauerzahlen und der negativen Prognosen für das Kino feiern sich jedes Jahr in Cannes die Stars und Sternchen des Filmgeschäfts. Sie trotzen der Krise mit hoch erhobenen Köpfen und geben sich allem Anschein nach hoffnungsfroh und zuversichtlich. Doch die Statistiken, die auf drastische Umsatzeinbußen aufmerksam machen, lassen sich nicht einfach leugnen und so fragt man sich immer häufiger, wohin die Reise des Kinos wohl gehen mag. Auch in Deutschland werden zunehmend Stimmen laut, die Fragen nach der Zukunft des Kinos aufwerfen, sich kritisch über unsere Kinolandschaft äußern oder nach Lösungen suchen. [1]

In dem am 21.11.2005 im „Spiegel" erschienenen Artikel „Prosecco statt Popcorn" von Julia Bonstein äußert sich die Autorin zur momentanen **Lage der deutschen Kinokultur** und zeigt Ansätze einer notwendigen **Reformierung** auf. [2] [2.1]

Um die Situation der deutschen Kinobetreiber zu verdeutlichen, zitiert die Autorin Hans-Joachim Flebbe, den Vorstandsvorsitzenden der Cinemaxx AG, welcher sich an frühere Zeiten erinnert, in denen das Kino noch eine Seele hatte und es bei Filmen noch um Inhalte ging. Aufgrund der abnehmenden Besucherzahlen sehen sich deutsche Kinobetreiber mittlerweile in einer Existenzkrise. So hat man in den ersten drei Quartalen des Jahres 2005 einen **Um- [2.1.1]

satzrückgang zwischen 16 und 27 Prozent verzeichnet, der nur durch ausländische Investoren aufgefangen werden konnte. (Z. 1–28)

Die Autorin legt dar, dass man in der Branche die Gründe für die drastischen Einbußen zunächst wenig selbstkritisch beim amerikanischen Filmangebot oder aber auch bei der Konkurrenz durch die DVD sieht. Das Geschäft mit der **DVD** spielt mittlerweile fast doppelt so viel Umsatz ein wie das Kino und aufgrund der immer schnelleren Vermarktung der Filme auf DVD warten viele Menschen darauf, diese kaufen und zuhause anschauen zu können. Darüber hinaus wurden die Einbußen auf die finanzielle Zurückhaltung sowohl der Konsumenten als auch der Werbeträger und schließlich auf die Wetterlage zurückgeführt, bevor man sich nun endlich genauer mit der Problematik auseinandersetzt. (Z. 29–46)   2.1.2

Nachdem man dem amerikanischen Vorbild folgend die Programmkinos seit dem Ende der achtziger Jahre in einem regelrechten Bauboom zu kommerzialisierten Hightechsälen umgewandelt hatte, hat man feststellen müssen, dass die hohen **Besucherzahlen**, wie sie Filmerfolge wie „Jurassic Park" versprachen, bereits nach kurzer Zeit ausgeblieben sind. Die in zu großer Anzahl erbauten Kinosäle, hier bezeichnet als „funktional banale Zweckbauten" (Z. 51 f.) aus Glas und Beton, stünden leer, sagt Cinestar-Chef Heiner Kieft. Ihm zufolge kann man heute davon ausgehen, dass es in Deutschland ungefähr 500 bis 600 Säle zu viel gibt. So berichtet auch Flebbe, dass seine Kinos im ersten Halbjahr des Jahres 2005 nur zu 13,6 Prozent ausgelastet gewesen seien. (Z. 47–70)   2.1.3

Weiterhin wird aufgezeigt, dass die von der Branche am meisten beworbene **Kernzielgruppe** der 13- bis 25-jährigen Männer den Kinosälen zunehmend fernbleibt, da sie zum einen die anfängliche Begeisterung für Spezialeffekte verloren und sich ihr Interesse zum anderen auf diverse weitere multimediale Beschäftigungen verlagert hat. (Z. 71–85)   2.1.4

Dagegen verzeichnen laut Bonstein vor allem die Programmkinos heutzutage wieder einen größeren Zuspruch bei einem älteren und anspruchsvolleren Publikum, das besonders an deutschen Produktionen interessiert ist. Wegen dieses sich abzeichnenden Trends sind die Kinobetreiber zum Umdenken gezwungen. Aufgrund der Bindung an langfristige Mietverträge bemühen sie sich nun, in ihren Kinokomplexen das Ambiente vergangener **Art-House-Kinos** aufleben zulassen. So versucht man, durch Umgestaltung der Foyers eine gediegene Atmosphäre zu erzeugen, möchte Themenabende zum Beispiel für Frauen anbieten und den ein oder anderen Saal in ein Restaurant verwandeln, was das Publikum schlussendlich wieder zum Kinobesuch anregen soll. (Z. 86–123)   2.1.5

Made in Hollywood: von der Traumfabrik zur Albtraumfabrik   2.2

Sie jammern und klagen, die Kinobetreiber. Sie trauern vergangenen Zeiten 2.2.1
hinterher, in denen das Kino noch eine Seele hatte und man sich unter Kuppeldächern und auf knarzenden Stühlen in eine andere Welt träumte. Sie sind aufgewacht aus einem Traum made in Hollywood, der ihnen Millionenumsätze vorgaukelte und dazu führte, dass sich eben jene kleinen Altstadtkinos mit Ambiente nicht mehr gegen die Übermacht der Multiplexcenter großer Kinoketten wehren konnten und in einem nach dem anderen der Vorhang für immer fiel. Nun beschweren sie sich über die Massenproduktionen der US-Traumfabrik, der sie doch bisher so brav hinterhergelaufen sind. Doch können diese der einzige Grund sein, der die Krise des Kinos erklärt? Und wäre dem Kino mit anspruchsvolleren Filmen Marke ‚ArtHouse' tatsächlich geholfen, um aus dem Albtraum wieder einen Traum zu machen?

Es ist unbestritten, dass die Spezialeffekte der großen Hollywood-Blockbuster 2.2.2
nach und nach ihren Reiz verloren haben, gerade bei der einstigen Kernzielgruppe der Männer zwischen 13 und 25 Jahren. Die Jugend von heute wächst in einer Zeit des **multimedialen Überangebots** auf und verbringt einen Großteil ihrer Freizeit vor dem Computer, an der Spielekonsole oder mit dem Handy. Diese Medien locken mittlerweile mit immer neuen Effekten und realistischen Animationen – da entringt man den Teens und Twens selbst für die bombastischsten Produktionen oder gar für den neuesten Trend der 3-D-Filme nur ein müdes Lächeln. Zumal man diese ja meist bereits vor dem offiziellen Kinostart auf die Festplatte rippen kann, oder, für die wenigen, die den illegalen Weg scheuen, bereits kurz nach Filmstart in den Kinos kostengünstig auf DVD erwerben kann. Willkommen im multimedialen Zeitalter!

Überhaupt scheint die **DVD** eine der größten Konkurrenten für die Kinos zu 2.2.3
sein. Laut der Statistik der Filmförderungsanstalt wird sie – im Gegensatz zu den mittlerweile gesalzenen Kinopreisen – nicht nur immer günstiger, sondern kommt bereits nach immer kürzerer Zeit auf den Markt, lockt mit immer mehr Bonusmaterial und wird überdies in immer besser werdender Qualität, mittlerweile sogar in Blue Ray, angeboten. Daneben gehören Dolby-Surround-Anlagen und extragroße Flatscreen-Fernseher inzwischen zur Standardeinrichtung eines jeden gut ausgestatteten Wohnzimmers. Warum also den unbequemen Weg Richtung Kino auf sich nehmen?

Durch die **Auslagerung der Kinokomplexe aus der Innenstadt** muss man 2.2.4
sich nun in Rand- oder Gewerbegebiete begeben. Dort wird zwar mit Parkplätzen in Hülle und Fülle geworben, doch greift dies nur für den motorisierten Teil des Kinopublikums. Diejenigen, die nicht über den Luxus eines eigenen Autos verfügen – oder schlichtweg noch zu jung sind, um einen Führerschein zu besitzen –, müssen sich umständlich um Fahrgemeinschaften bemühen oder auf das meist schlecht ausgebaute öffentliche Nahverkehrssystem zurückgreifen, welches einen darüber hinaus oft noch eine Weile wartend im Dunkeln

und im Regen stehen lässt. Wenn man bedenkt, dass ein nicht zu vernachlässigender Teil des Zielpublikums unter 18 Jahre alt ist, erscheint die Standortwahl vieler Kinopaläste eher fragwürdig.

Zudem fehlt in einer solchen Randlage die **Infrastruktur**, die sich gerade das ältere und anspruchsvollere Publikum wünscht, das einen Kinobesuch gerne auch mal mit einem Restaurantbesuch oder einem anschließenden Getränk in einer gemütlichen Bar verbindet. Die Kinobetreiber sehen zwar die Notwendigkeit, ebensolche Möglichkeiten zu schaffen, doch ist es mehr als fraglich, ob man die Atmosphäre einer gewachsenen Kneipen- und Restaurantkultur, wie man sie in jeder Altstadt vorfindet, künstlich einem von Beton und Stahlrohr dominierten Kinokomplex einhauchen kann. Zu dumm, dass man sich Anfang der neunziger Jahre in einem Anfall von Euphorie auf langfristig bindende Mietverträge eingelassen hat. Nun stehen sie da, die Kinokönige, in ihren leeren Palästen! 2.2.5

Doch trotz all dieser schlechten Prognosen wird das Kino – in welcher Form auch immer – sicherlich überleben. Menschen genießen das gemeinsame Erlebnis, das sie mit einer anonymen Masse verbindet, in der sie sich als Teil eines Ganzen empfinden können. Und selbst wenn es paradox klingt, so profitiert der eigentlich überteuerte Kinospaß doch gerade von der **Wirtschaftskrise**, denn die 90-minütige Auszeit ist nach wie vor ein ab und an erschwinglicher Luxus, den man sich nun ganz bewusst einmal gönnt. Aber die Zeiten, in denen man auch aufgrund mangelnder Alternativen mehrfach in ein und denselben Film gegangen ist, sind vorüber. Da hilft kein Jammern und kein Klagen! Und vielleicht sollten sich die Kinomogule schlichtweg an den Gedanken gewöhnen, dass der Traum à la Hollywood geplatzt ist und man mit kommerzialisiertem Kino niemals das Herz des wahren Cineasten von einst erreichen wird, der noch voller Vorfreude in seinem plüschigen Sessel darauf wartete, dass sich der Samtvorhang öffnet. (717 Wörter) 2.2.6

Abschließend sollte man jedoch auch Überlegungen anstellen, inwiefern die Kinoriesen wirklich alleine schuld an der Misere sind oder ob nicht auch Hollywood einen entscheidenden Beitrag dazu leistet. Denn könnten aus den USA günstigere, aber dennoch qualitativ wertvolle Produktionen gekauft werden, müssten die Leihgebühren für Filme vielleicht nicht in gigantische Höhen klettern und die einzelne Kinokarte wäre wieder erschwinglich. Doch wäre es dafür von Nöten, dass auch die sich mit Vorliebe selbst feiernden Stars und Sternchen des Filmgeschäfts bereit wären, auf **astronomische Gagen** zu verzichten, und somit zwar einige Millionen weniger verdienen würden, aber dafür eventuell auch in der Zukunft einen Job hätten. 3

Musterabitur

Abitur Deutsch (Bayern G8) – Musterabitur 1: Verfassen einer Rede auf der Grundlage eines Sachtextes

Aufgaben:
1. Bundespräsident Horst Köhler hat mit einer Rede bei einer Schillerfeier in Berlin Position zum sogenannten Regietheater bezogen. Arbeiten Sie aus dem Text die Argumentationsstruktur heraus.
2. An Ihrer Schule wird am Ende des Schuljahres ein Treffen bayerischer Schultheatergruppen stattfinden. Verfassen Sie für die Eröffnungsveranstaltung eine inhaltlich und sprachlich eigenständige Rede, die die zentralen Aspekte der Rede Köhlers berücksichtigt. Entwickeln Sie dabei eine These zur Bedeutung des Schultheaters heute und ziehen Sie für Ihr Redemanuskript Ihre literaturgeschichtlichen Kenntnisse und Erfahrungen heran. Vorgegeben ist ein Umfang von etwa 900 Wörtern.

Vorbemerkung
Das Publikum der Eröffnungsveranstaltung setzt sich zusammen aus Schülern der Oberstufe und ihren Lehrern sowie weiteren interessierten Teilnehmern. Auf dem Programm der Schultheatertage stehen u. a.: Schiller: *Kabale und Liebe*; *Gretchen-Mädchen* (Eigenproduktion nach Motiven von J. W. v. Goethe); Frank Wedekind: *Frühlings Erwachen*; Georg Büchner: *Leonce und Lena*.

Grußwort von Bundespräsident Horst Köhler im Berliner Ensemble am 17. 04. 2005 anlässlich der Matinee zum 200. Todestag Schillers

[…] Bleiben wir bei Schiller: Wie viel ist immer noch zu lernen von seinen Gedanken zur ästhetischen Erziehung? Wie viel ist immer wieder neu zu begreifen von seinen Überlegungen zum Zusammenhang von Menschsein und Spielen? Wie viel ist immer noch in die Tat umzusetzen von seinen Gedanken zu so kostbaren Begriffen wie „Anmut" und „Würde"? Wären Didaktiker, Pädagogen oder Kultusminister schlecht beraten, in dieser Hinsicht noch einmal bei Schiller in die Schule zu gehen?

Oder nehmen wir – etwas ganz anderes – die selbstverständliche Internationalität des Autors Friedrich Schiller. Die Stoffe zu seinen Stücken nahm er aus der gesamten europäischen Geschichte und Geographie. Über den „Räubern" steht der Satz: „Ort der Handlung ist Deutschland." Aber Orte der Handlung in anderen Stücken sind auch Spanien, Frankreich, Italien, England, Schottland, die Schweiz. Ein wahrhaftiger Europäer. Damit verglichen erscheint so manches Werk der Gegenwart provinziell. Es kann für die künstlerische Arbeit durchaus förderlich sein, über die Grenzen der eigenen Gegenwart und des eigenen Kiezes hinauszuschauen.

Schiller besticht auch durch seine politische Leidenschaft und sein politisches Interesse. Was sind das für Stoffe! Es geht im Leben eben doch um mehr als nur den eigenen Bauchnabel und die eigene Befindlichkeit. Eine „moralische Anstalt" kann das Theater im Sinne Schillers nur sein, wenn es auch die politischen Bedingungen, unter denen die Individuen leben, im Blick behält.

Wie soll man das Erbe für die Zukunft fruchtbar machen? Nun, auf alle Fälle zunächst einmal dadurch, dass man es neu <u>bekannt</u> macht. Die Zeiten der Klassiker-Überfütterung an den Schulen sind endgültig vorbei. Gott sei Dank. Vielleicht ist den Klassikern am meisten dadurch geschadet worden, dass man sie dazu missbraucht hat, unschuldige Schüler damit zu quälen, die sogenannte „richtige Interpretation" zu liefern. Und es gibt ja auch gute und wichtige Gegenwartskunst und -literatur.

Aber so ganz ohne Kenntnis der Klassiker sollte man doch nicht sein Abitur machen. Nur muss der Unterricht so frisch sein, dass es Freude macht, sich damit zu beschäftigen, ohne falsche Ehrfurcht und Dünkel und ohne Instrumentalisierung!

Hans Magnus Enzensberger hat neulich ein Buch geschrieben, das heißt: „Lyrik nervt. Erste Hilfe für gestresste Leser". Er zeigt, wie viel Spaß es machen kann, sich zum Beispiel auch für klassisches Versmaß zu interessieren, wenn der pädagogische Zeigefinger eingerollt bleibt. Genauso müsste man auch an das Drama, an das Theaterstück herangehen können. So dass Schüler am Ende nicht sagen „Theater nervt!", sondern: „Theater macht Spaß. Schiller ist interessant. Die Klassiker, oder wenigstens das eine oder andere Stück, das hat mit uns zu tun. Da sind Fragen und Probleme formuliert, da sind Lösungen vorgeschlagen, die gehen uns an …"

Und welch eine Chance besteht heute für das Theater selbst! In dieser Situation, wo die Kenntnis der großen Stücke, auch eben Schillers, immer geringer wird, wo die Menschen, gerade die jungen Leute, wissbegierig und neugierig sind, diese Stücke erst einmal kennenzulernen, können die Theater ihre Anstrengungen ganz darauf konzentrieren, diese Stücke in ihrer Schönheit und Kraft, in ihrer Komplexität und ihrem Anspruch zu präsentieren.

Es hat gewiss eine Zeitlang einmal die Notwendigkeit gegeben, die Klassiker zu entstauben und zu problematisieren. Aber das heute immer noch fortzusetzen, erscheint mir wie der Ausweis einer neuen arroganten Spießigkeit. Ein ganzer Tell, ein ganzer Don Carlos! Das ist doch was! Natürlich stellt uns die hohe Sprache, auch das Pathos Schillers heute vor Schwierigkeiten. Aber soll man ihn deswegen auf kleines Maß reduzieren?

Ich stelle mir vor, dass in der Berliner Nationalgalerie die Bilder von Caspar David Friedrich mit schwarzer Pappe beklebt würden, nur hier und da ließe man zwanzig bis dreißig Quadratzentimeter sichtbar bleiben. Wer würde das akzeptieren? Oder dass man bei einer Aufführung von Beethovens 6. Sinfonie nur den ersten Satz nach der Partitur spielte, den zweiten als Blockflötenquartett und den Rest ganz ausfallen ließe oder rückwärts spielte. Wer möchte sich das gefallen lassen?

Nur unsere klassischen Dramen konnten sich Jahrzehnte nicht dagegen wehren, in Stücke zerlegt und nach Gutdünken wieder zusammengesetzt zu werden. Ich habe meine Zweifel, ob auf solche Weise Kultur an die kommenden Generationen produktiv weitervermittelt werden kann.

Wir sind heute in einer grundlegend anderen Situation als in den sechziger Jahren. Es gibt nicht nur einen Bruch in der Kontinuität der kulturellen Überlieferung. Es gibt auch einen tiefgreifenden Wandel in der demographischen Zusammensetzung unserer Bevölkerung.

Wie bekommt ein Stadttheater der Zukunft ein Publikum – in einer Stadt, in der die Hälfte der jungen Leute, die ja auch älter werden, einen Migrationshintergrund hat?

Was heißt im Zuge dieser neuen Entwicklungen Weitergabe unseres kulturellen Erbes? Wie fruchtbar können Klassiker sein für gesellschaftliche Integration? Für Identitätsfindung in einer kulturell gemischten Gesellschaft? Wie müssen sie gespielt werden, damit sie in ihren Problemkonstellationen als aktuell angesehen werden?

Ich hoffe, dass die Diskutanten darauf gleich ein wenig eingehen werden. Diese Fragen sind entscheidend für die Existenz dessen, was man Kulturnation nennt. Gerade in Zeiten des Umbruchs, der auch für die individuellen Biographien zutiefst spürbar ist und immer mehr spürbar sein wird, brauchen wir eine kulturelle Selbstverständigung.

Schiller und vielleicht vor allem seine Stücke bieten dafür viele Voraussetzungen. Die grundlegenden Konflikte zwischen Individuum und politischer Verstrickung, zwischen Pflicht und Neigung, Unterdrückung und Freiheitsverlangen, Selbstverwirklichung und Verantwortung, Ideal und Wirklichkeit – diese Konflikte haben wir auch heute immer neu auszufechten. Die Lösungen werden wir selber finden müssen – aber es ist doch vielleicht hilfreich, wenn in den alten Stücken die Probleme und Konflikte, um die es geht, paradigmatisch dargestellt werden.

Ein letzter Gedanke: Es hat Zeiten gegeben, da jeder, der in Deutschland die Schule verließ, eine ganze Menge Zeilen von Schiller auswendig konnte. Die eine oder andere Ballade zu lernen und für das Leben zu behalten – ich glaube, das richtet auch heute keinen größeren seelischen Schaden an. Schillers Sprache ist so faszinierend, dass man selber Lust bekommt an poetischer und gleichzeitig exakter, an differenzierender und – wie man so sagt – „gehobener" Sprache.

In einer Zeit, in der wir immer mehr von Bildern bestimmt und auch manipuliert werden, in der wir von Bildern dominiert werden, in der unsere politischen Entscheidungen, unsere Einstellungen und Überzeugungen, ja unser privater Seelenhaushalt von Bildern erzeugt werden, müssen wir aufpassen, unsere Sprach- und Ausdrucksfähigkeit nicht zu verlieren.

Differenzierungsvermögen und Sprachfähigkeit können wir an unseren großen Sprachkünstlern erleben. Wir brauchen es. Unsere Kritikfähigkeit, unsere Vernunft, unsere Möglichkeit zu fruchtbarem Streiten und zur präzisen Ausfechtung von Konflikten – all das hängt an unserer Fähigkeit, genau, differenziert und überzeugend zu sprechen. Vor allem aber das selbständige Denken, ohne das es keine eigenständige Persönlichkeit und keine Kreativität gibt, braucht Sprachfähigkeit.

Ich komme kurz zum Anfang zurück. Selbstbewusstsein zeigt sich auch daran, dass man mit gelassenem, bescheidenem Stolz das Erbe annimmt, das einem geschenkt worden ist. Nicht um sich mit dem zufrieden zu geben, was andere geleistet haben, sondern um daraus Kraft zu schöpfen – und um daraus Funken zu schlagen für die Zukunft.

Schillers Leben und seine Werke sind ohne Zweifel ein Geschenk an die Kulturnation Deutschland. Was wir heute daraus machen, davon hängt sehr viel ab. Nicht zuletzt, ob wir auch in Zukunft ein Land sein werden, in dem kreative Köpfe und gescheite Leute zu Hause sind, so dass wir immer noch mit Recht sagen können: Das ist bei uns die Regel, das fällt nicht weiter auf.

Aus: http://www.bundespraesident.de/Anlage/original_625082/Schillermatinee-17.04.2005.pdf, aufgerufen am 23.09.2009

Hinweise und Tipps

- *Wie in dem Einführungskapitel dieses Buchs bereits betont, verlangen gerade die neuen Anforderungen an den Prüfling eine genaue Analyse der Aufgabenformulierungen.* **Teilaufgabe 1** *nimmt hier die Funktion einer* **Vorarbeit** *ein: Aus der vorgelegten Rede des Bundespräsidenten sollen alle relevanten Informationen herausgearbeitet werden, vor allem geht es darum, die* **Argumentationsstruktur** *der Rede wiederzugeben, also darzulegen, mit welchen Argumenten der Redner seine Zuhörer überzeugen möchte und wie diese Argumente aufgebaut sind. Es ist dabei* **nicht** *notwendig, die sprachlich-stilistische Ebene des Textes zu analysieren. Sehr wohl überlegenswert ist dagegen, ob es nicht sinnvoll sein kann, die Situation und den (vermuteten) Adressatenkreis der Köhler-Rede mitzudenken, denn hier ergeben sich schon erste Ansatzpunkte für eine eigenständige Bearbeitung von Teilaufgabe 2.*
- *Trotz der deutlichen* **Zweiteilung** *der Gesamtaufgabe wird für den Abituraufsatz auch weiterhin eine* **geschlossene Darstellung** *gefordert werden. D. h. in diesem Fall, dass eine allgemeine hinführende* **Einleitung** *zum Thema „(Schul-)Theater in der heutigen Zeit" zu schreiben ist.*
- **Teilaufgabe 2** *führt zum eigentlichen Kern, nämlich dem Verfassen einer eigenständigen Rede. Diese Aufgabe ist* **situationsorientiert**, **adressatenbezogen** *und zielt auf eine* **rhetorisch gewandte Darstellung** *des besagten Themas. Als Redenschreiber müssen Sie sich in Ihren Ausführungen auf die These Köhlers, der ein ganz klar definiertes Bild vom klassischen Theater hat, beziehen und dem Leser (eigentlich: dem Zuhörer) Ihre Kenntnisse der Literatur- bzw. der Dramen- und Theatergeschichte vermitteln. Weiterhin fordert die Aufgabe dazu auf, eigene Erfahrungen mit dem Theater zu verarbeiten. Geachtet werden sollte auch noch darauf, dass die Aufgabenstellung auf jeden Fall einen Bezug zum* **Schultheater** *verlangt.*
- *Für die Ausarbeitung gibt die Aufgabenstellung einige zusätzliche Hinweise, die Sie geschickt in den eigenen Aufsatz einarbeiten können: Sie wissen, wen Sie ansprechen sollen. Sie können einige Vermutungen zum Programm der Schultheatertage anstellen. Und Sie müssen sich in Ihren Ausführungen auf ca. 900 Wörter begrenzen. Das ist nicht unbedingt wenig, wird es aber kaum erlauben, einen umfassenden Überblick über die Dramengeschichte der letzten 2 000 Jahre zu geben. Es empfiehlt sich im Vorfeld, die ungefähre Wörterzahl pro handgeschriebener Seite individuell zu ermitteln.*
- *Wer diese Aufgabe auswählt, sollte wissen, dass eine* **Rede** *einige wenige* **festgelegte Merkmale** *aufweist, die eingehalten werden sollten. Dazu zählt vor allem die allgemein übliche Anrede, z. B.: „Sehr geehrter Herr Oberstudiendirektor (der Hausherr wird in der Regel als Erstes genannt), liebe Lehrer und Eltern, liebe Mitschüler und Theaterbegeisterte aus ganz Bayern …". Es wäre aber sicher auch nicht falsch, wenn die Rede schlicht mit einem „Sehr geehrte Damen und Herren!" beginnen würde. Ebenso ist eine frei wählbare Schlussformel („In diesem Sinn wünsche ich den Schultheatertagen interessante, diskussionswürdige und sehenswerte Aufführungen.") Kennzeichen eines rhetorischen Auftritts. Hinzu kommen immer wieder direkte Ansprachen an das Publikum, die allerdings sparsam einge-*

setzt werden sollten („Sie, liebe Lehrer, haben uns das alles in mühsamer Kleinarbeit vermittelt ..."; „Ihnen, liebe Eltern, ist das alles bereits bekannt ..."). Gegenüber rein schriftlich argumentierenden Texten zeichnet sich mündlich Gesprochenes auch dadurch aus, dass die Satzkonstruktionen eher kurz und überschaubar sind und bewusst Wiederholungen und Zusammenfassungen eingebaut werden, weil nur so gewährleistet werden kann, dass die Zuhörer dem Gedankengang folgen können. Darüber sollten Sie nicht vergessen, dass in Redetexten die Gesetze des Argumentierens gelten. Überzeugend ist eine Rede dann, wenn sie Aussagen begründet und mit Beispielen untermauert.

– Ansonsten ist eine Rede in ihrer Ausgestaltung frei. Es ist durch die Aufgabenstellung auch nicht vorgeschrieben, welche inhaltlichen Aspekte als Schwerpunkte herausgearbeitet werden sollen.

Gliederung

1   Vom Dramentext zur Inszenierung
2   Analyse der Argumentationsstruktur der Rede des Bundespräsidenten
2.1   Schillers Bedeutung heute
2.2   Aufforderung zur Pflege der Klassiker in der Schule und im Theater
2.3   Identitätsstiftende Bedeutung des klassischen Theaters
2.4   Vorbildfunktion der Sprache Schillers
3   Rede zur Eröffnung der Schultheatertage
3.1   Anrede und Hinführung zum Thema „Schultheater"
3.2   Professionelles Theater und Schultheater
3.3   Hinweise zur Theatergeschichte
3.4   Die Thesen von Bundespräsident Köhler
3.5   Schlussformel: Eröffnung der Theatertage

Lösungsvorschlag

Theater, das weiß zumindest der Besucher eines Schauspiels, ist immer mehr 1
als die bloße Wiedergabe von Rollentexten, die ein Autor aufgeschrieben hat
und die unter Umständen auch veröffentlicht werden. Erst wenn ein Regisseur
mit seinen Schauspielern den Text auf die Bühne bringt, entsteht ein Theaterstück. Viel mehr noch als bei der Aufführung eines Musikstückes muss bei der
Inszenierung aber vieles hinzugefügt werden, was so nicht im Text steht, angefangen von den Requisiten bis hin zur Sprechhaltung der einzelnen Figuren.
Deshalb kommt es auch immer wieder zu Auseinandersetzungen darüber, was
eine „richtige" Inszenierung ist. Die Frage, welche Streichungen notwendig
sind, welche Aufführungspraxis angemessen ist, beschäftigt dabei das professionelle Theater wie das Laientheater gleichermaßen. Und es gibt viele Stim-

men in der Öffentlichkeit, die sich zu diesem Thema auslassen. So hat sich vor Kurzem der Romancier Daniel Kehlmann anlässlich seines Auftritts bei den Salzburger Festspielen 2009 bitter darüber beklagt, dass gegenwärtig nur eine destruktive Inszenierung, also eine Inszenierung, die sich möglichst weit vom Ursprungstext wegbewegt, Chancen auf Verwirklichung habe, klassisches, wortgetreues Theater aber abgelehnt werde. Kehlmann glaubt, dass das sogenannte Regietheater die klassische Inszenierung verdrängt habe. Diese Rede wurde im Feuilleton intensiv rezipiert und hat die unterschiedlichsten Reaktionen hervorgerufen. Schon einige Jahre zuvor hat der deutsche Bundespräsident Horst Köhler einen ähnlichen Ansatz vertreten. In einer Rede anlässlich des 200. Todestags von Friedrich Schiller kritisierte auch er das Regietheater und plädierte für die vollständige, texttreue Aufführung klassischer Werke.

Jeder, der Theater macht, muss sich also mit dieser Frage beschäftigen. Im Folgenden sollen zunächst die Thesen Köhlers aufgezeigt werden. Anschließend wird dann eine Rede zur Eröffnung der Schultheatertage eine eigene Position zum angesprochenen Problem entwickeln und dabei vor allem die Rolle des Schultheaters akzentuieren.

Zunächst muss darauf hingewiesen werden, dass der Textauszug nur einen Teil der Rede wiedergibt. Die einleitenden Worte „Bleiben wir bei Schiller" (Z. 1) legen nahe, dass der Redner vorher einen anderen Gedankengang verfolgt hat und jetzt wieder zu seinem Thema kommen möchte. 2

Köhler beginnt im vorgelegten Auszug der Rede anlässlich des 200. Todestages von Friedrich Schiller mit einer Reihe von Fragen, die auf die **Bedeutung des Dichters** für die heutige Zeit abzielen (Z. 1–6). Schiller wird in diesem Absatz als philosophischer Denker eingeführt, von dessen Überlegungen zur *conditio humana,* also zur grundsätzlichen Beschaffenheit des Menschen, die Gesellschaft auch heute noch profitieren könne. Köhler reißt allerdings nur einige Stichworte (ästhetische Erziehung, Anmut und Würde, Spieltheorie) an, ohne diese inhaltlich zu füllen. Seine Fragen sind insofern rhetorisch, als sie die Antwort implizieren: Eine Auseinandersetzung mit dem Menschenbild des Klassikers hält der Bundespräsident für sinnvoll. Begründungen für diese Annahme fehlen ganz. Sie werden eventuell vom Redner als bekannt vorausgesetzt. 2.1

Im nächsten Argument wird der Bundespräsident etwas konkreter, wenn er Schiller als **europäischen Denker** vorstellt (Z. 7–14). Aus der Stoffwahl für dessen Dramen leitet Köhler ab, dass sich Schiller mit der europäischen Geschichte beschäftigt habe und deshalb ein Vorbild sein könne für die aktuelle Literatur, die sich, so der Bundespräsident, oftmals im allzu Provinziellen verliere. Für letztere These finden sich allerdings keine konkreten Beispiele.

Neben der europäischen Ausrichtung weist der Redner dann noch auf den **politischen Denker** Schiller hin, der die Entwicklung der Individuen immer mit Blick auf das politische Umfeld darlege und damit, so Köhler, Theater als „moralische Anstalt" qualifiziere (Z. 15–19). Auch in diesem kurzen Absatz wird deutlich, dass es Köhler nicht um eine wissenschaftliche Abhandlung geht, sondern eher darum, Stichworte zu sammeln, die die Bedeutung des Klassikers insgesamt unterstreichen sollen. Der Hinweis auf das Theater als moralische Anstalt zitiert den bekannten Aufsatz Schillers *Was kann eine gute stehende Schaubühne eigentlich wirken?* (1784), der die Überlegungen des frühen Schiller zum Theater zusammenfasst.

Nachdem der Bundespräsident Schiller als großen, vor allem politisch denkenden Autor charakterisiert hat, stellt er nun die Frage, wie mit dem Klassiker heute umgegangen werden solle. Seine Hauptthese lautet dabei, dass Schiller vor allem jungen Menschen wieder nahegebracht werden müsse (Z. 20–36). Die **Schule** spiele dabei die entscheidende Rolle. Köhler fordert dazu auf, unvoreingenommen und mit Elan Schillers Texte (und wohl auch andere ‚Klassiker') in der Schule zu unterrichten. Er grenzt in diesem Zusammenhang einen älteren Literaturunterricht, der unter Umständen falsch mit den Texten verfahren sei, von einem modernen Literaturunterricht ab. Obwohl die Argumentation an dieser Stelle ausführlicher wird, beziehen sich die Ausführungen kaum auf Konkretes. Als Vergleich zieht Köhler ein Buch von H. M. Enzensberger heran, das ihm als Paradebeispiel für eine Spaß machende Beschäftigung mit Literatur dient. Er fordert zudem, die Aktualität und Relevanz der Texte für das eigene Leben müsse den Schülern bewusst werden. 2.2

Neben der Schule ist es natürlich das **Theater** selbst, das einen Beitrag zur Vermittlung klassischer Stücke leisten sollte. Weil, so behauptet Köhler ohne jeden weiteren Beleg, ein allgemeines Interesse besonders der Jugendlichen an diesen Texten bestehe, müssen sie auf den Bühnen gespielt werden (Z. 37–42). Inszenierungen, die nur Bruchstücke der Texte wiedergeben, lehnt er ab und ermuntert die Verantwortlichen dazu, auf Veränderungen des Originals zu verzichten (Z. 43–48 und Z. 55–58). Als Begründung verweist der Redner auf den Umgang mit bildender Kunst und mit klassischer Musik, die ja meist auch weitgehend werkgetreu dargeboten werden (Z. 49–54).

Der Bundespräsident sieht in diesem Zusammenhang noch eine weiterreichende Aufgabe des Theaters: Durch die Präsentation der traditionellen Texte und Geschichten werde die **Integrationskraft einer Gesellschaft** gestärkt (Z. 59–72). In einer Zeit, in der demographische Probleme genauso desintegrierend wirken wie die kulturell gemischte Zusammensetzung der Gesellschaft, könne das Theater einen wichtigen Beitrag liefern zur Stärkung des kulturellen Fundaments. In Schillers Stücken sieht der Redner Themen angelegt, die für die Selbstverständigung einer modernen Gesellschaft von zentraler Bedeutung sind. Dabei gehe es vor allem um das Verhältnis zwischen Individuum und Gesellschaft (Z. 73–79). 2.3

Abschließend beschäftigt sich der Bundespräsident mit der **Bedeutung von Schillers Sprache**, die in ihrer Vorbildfunktion gesehen wird (Z. 80–96). Er bezeichnet sie als gleichermaßen „poetisch[ ]" und „differenzier[t]" (Z. 84). Sie sei deshalb geeignet, gerade in einer von Bildermedien bestimmten Zeit einen Beitrag zum genauen Denken und Diskutieren zu leisten. 2.4

Zusammenfassend stellt Köhler noch einmal fest, dass sich die Auseinandersetzung mit Schiller lohne und eine wichtige Voraussetzung dafür sei, die Anforderungen der Zukunft anzunehmen und schließlich zu meistern (Z. 97–105).
Abschließend kann konstatiert werden, dass der Redetext, vielleicht typisch für die Situation einer Feierstunde, bei der ein politisch hochrangiger Vertreter über ein ihm eigentlich fremdes Sachgebiet einleitende Worte spricht, einige Thesen ohne argumentativ überzeugende Ausarbeitung anbietet. Trotzdem ist der Text geeignet, eine Diskussion über die **Frage nach dem ‚richtigen' Theater** anzuregen. Die Hauptthese Köhlers ist eine Aufforderung: Spielt die Klassiker auf den Bühnen, möglichst ohne jeden Eingriff in den Text, weil unsere Gesellschaft auf diese Art von Traditionspflege angewiesen ist. In der nachfolgenden Rede zur Eröffnung der Schultheatertage wird deshalb auch auf den Zusammenhang zwischen Klassikvermittlung und Schule eingegangen.

„Es muss nicht immer Schiller sein!"   3

Sehr geehrter Herr Oberstudiendirektor, liebe Gäste, liebe Mitschüler, 3.1
zur Eröffnung der diesjährigen Theatertage darf ich Sie und euch alle herzlich begrüßen. Die Aufgabe, heute ein Grußwort zu sprechen, habe ich gerne, aber auch mit Bangen übernommen, sitzen doch hier lauter Fachleute. Aber nachdem ich selbst einige Erfahrung im Schulspiel gesammelt habe, traue ich mir schon den ein oder anderen sinnvollen Hinweis zu.

In den nächsten Tagen werden auf unserer Schulbühne zahlreiche Theater-AGs 3.2
zeigen, was sie während der letzten Monate erarbeitet haben. In dieser Hinsicht unterscheiden sie sich nicht von den professionellen Theatern. Ich möchte aber gleich zu Beginn auf einen fundamentalen Unterschied aufmerksam machen: **Stadt- und Staatstheater** werden von großen Apparaten gelenkt. Von der Kostümbildnerin bis hin zum Regisseur wirken ausgebildete Profis bei der Inszenierung eines Stückes zusammen – nicht zu vergessen die ‚echten' Schauspieler. Diese Theater haben in meinen Augen die Aufgabe, die großen Stücke der Weltliteratur lebendig zu präsentieren und die aktuellen Möglichkeiten des gegenwärtigen Theaters zu erproben. Für das Publikum zählt bei der geleisteten Arbeit nur das Ergebnis, also die Aufführung, die beklatscht, gefeiert oder eben auch ausgebuht wird. Nicht so an der **Schule**: Bei uns geht es um ein kreatives Angebot, vergleichbar mit dem Chor oder der Fotogruppe. Engagierte Lehrer unternehmen mit ihren Schülern an vielen Nachmittagen und an den Wochenenden eine spannende Reise zu den Texten, die im Unterricht vielleicht eine Rolle spielen, dort aber doch eher trocken behandelt werden. Im Schultheater agieren aber keine Profis, sondern engagierte Laien, die sich mit den Stücken auseinandersetzen oder Selbstgeschriebenes aufführen. Das geht in erster Linie uns selber an. Wir wollen unserer Fantasie freien Lauf lassen. Wir wollen miteinander auch Spaß am Spiel haben. Denn das habe ich von Friedrich Schiller gelernt: Der Mensch ist nur dort Mensch, wo er spielt. Deswegen, meine Damen und Herren, ist die wöchentliche Arbeit in der Theater-

gruppe viel wichtiger als das Ergebnis. Jeder freut sich über eine gelungene Inszenierung, aber mit den Profis können und wollen wir uns gar nicht vergleichen.

Trotz des Unterschieds kann es aber durchaus sinnvoll sein, wenn wir uns mit der **Theatergeschichte** beschäftigen. Lassen Sie mich deshalb einige wenige Aspekte dieser Tradition hier einfügen, damit wir prüfen können, ob das Schultheater daraus etwas lernen kann. 3.3

Mit dem 18. Jahrhundert beginnt in Deutschland die lange Tradition des politischen, besser: des gesellschaftlich engagierten Theaters. Die Bühne ist der Ort, an dem die bürgerliche Gesellschaft Ideen und Konzepte verhandelt, die erst viel später in konkrete Politik umgesetzt werden können. Den schillerschen Anspruch nach einer „moralischen Anstalt" kann das Schultheater wohl kaum erfüllen, das wäre ‚eine Nummer zu groß'. Dennoch kann eine moderne, schülergerechte Bearbeitung der *Räuber* z. B. zeigen, dass die Probleme, die dort dargestellt werden, auch uns interessieren. Wer von uns möchte nicht einmal das „tintenklecksende Säkulum" kritisieren!

Die von unserem Bundespräsidenten geliebten Dramen der Weimarer Klassik machen es uns da schon schwerer. Die Klassiker Schiller und Goethe zeigen in ihren Dramen historische Persönlichkeiten in Entscheidungssituationen, zum Beispiel Maria Stuart, die lieber auf's Schafott geht, als sich der Rivalin zu beugen. Schönheit entsteht dabei durch Wahrheit und Wahrhaftigkeit. Das sind starke Stücke, aber sind sie auch geeignet für das Schultheater? Sicher nicht in ihrer ganzen Länge und Breite. Bearbeitungen, die diese Entscheidungssituationen herausstellen, könnten reizvoll sein, aber für einen ganzen *Faust* reicht bei uns die Kraft wohl eher nicht.

Mehr übernehmen kann man vom Theater des 20. Jahrhunderts. Hier fällt mir vor allem der Name Brecht ein. Sein episches Theater bringt insofern eine Neuerung, als der Realismus der Bühnendarstellung immer wieder durchbrochen wird, um den Zuschauer aus der passiven Rolle herauszuführen. Das kann ein sinnvoller Ansatz für das Schultheater sein. Das Verfremden durch Lieder und Schrifttafeln kann auch Laien helfen, ihre Botschaft noch deutlicher zu formulieren.

Meine Damen und Herren, das Schultheater darf die großen Entwürfe der Theatergeschichte nicht links liegen lassen, aber es ist doch ein gehöriges Stück Arbeit, einen Klassiker auf die Bühne zu stemmen. Gerade deshalb bin ich schon sehr gespannt auf die Inszenierungen der nächsten Tage, die sich an die ganz großen ‚Brocken', an den *Faust* zum Beispiel, gewagt haben.

Spannender als die Frage, ob wir die Theatergeschichte kennen müssen, ist für mich allerdings, was vom Theater heute eigentlich erwartet wird. Dies ist von erheblichem Interesse: Vor Kurzem hat sich sogar unser Staatsoberhaupt dazu geäußert. **Horst Köhler** hat anlässlich des 200. Todestags von Friedrich Schiller in Berlin eindeutig Stellung bezogen. Lassen Sie mich seine Thesen kurz zusammenfassen: 3.4

Köhler plädiert vehement für die Wiederbeschäftigung mit der Klassik, auch in der Schule. Für ihn ist das Theater ein Integrationsfaktor in der modernen, multikulturellen Gesellschaft. Am liebsten wäre es ihm, wenn dabei die Originaltexte möglichst unverändert gespielt werden. Der ganze Schiller muss es bei ihm schon sein.
Der Bundespräsident hat auch darauf hingewiesen, dass dieser „ganze Schiller" in der Schule gelesen werden sollte. Und das tun wir auch – im Deutschunterricht! Aber das Schultheater braucht alle Freiheiten, um sich überhaupt an einem Stoff abzuarbeiten – gerade für das Schultheater darf es keine Einengungen geben.
Ich habe neulich in einem kleinen Theater gleich hier um die Ecke eine sehr freie Bearbeitung von Schnitzlers *Reigen* gesehen und ich muss Ihnen sagen, dass mich die Aufführung noch lange beschäftigt hat. Das ist möglich, auch wenn der Regisseur nicht textgetreu bis zum letzten Komma ist. Ich gebe aber auch zu, dass mir die hiesige Inszenierung der *Iphigenie* sehr gefallen hat, obwohl oder weil hier sehr nahe am Original gearbeitet wurde.

Liebe Theaterfans: Es muss nicht immer der ganze Schiller sein. Wenn der Funke zwischen Bühne und Zuschauer überspringt, dann ist Theater gelungen. Ein Blick in das Programm zeigt, dass wir die unterschiedlichsten Interpretationen sehen werden. Freuen Sie sich mit mir auf jede einzelne Aufführung der Bayerischen Schultheatertage, die hiermit eröffnet sind.

Vielen Dank! (947 Wörter)

© *picture-alliance/dpa*

**Abitur Deutsch (Bayern G8) – Musterabitur 2:
Verfassen einer materialgestützten Erörterung**

Aufgabe:
Nehmen Sie Stellung zu der Notwendigkeit, den Möglichkeiten und den Grenzen der Sprachpflege in der heutigen Zeit. Beziehen Sie sich bei Ihren Ausführungen auch auf die beigefügten Bild- und Textmaterialien.

Material 1

Jens Jessen: Die verkaufte Sprache

Aus dem Kreis der Weltsprachen ist das Deutsche schon verschwunden. Nun wird es auch in seiner Heimat zum Sanierungsfall.

Es gibt einen Typus des übellaunigen, heimattümelnden Sprachschützers, dem man nicht im Dunklen begegnen möchte. Aber es gibt auch Gründe, im hellen Mittagslicht der aufgeklärten Vernunft Sorge um den Bestand der deutschen Sprache zu empfinden. Warum ist auf Bahnhöfen kein Schalter für Auskünfte, sondern ein *Service Point*?
5 Was hat der englische Genitiv-Apostroph in *Susi's Häkelstudio* zu suchen? Welcher Teufel trieb eine deutsche Wissenschaftsministerin zu einer Kampagne mit dem Motto „*Brain up*", was weder auf Deutsch noch auf Englisch Sinn ergibt?
Die Überflutung mit englischen Wendungen ist nur ein, wahrscheinlich der kleinste Teil des Problems. Der größere Teil besteht in ihrer kenntnislosen Aneignung zu
10 dekorativen Zwecken. Viel spricht dafür, den Geist einer aufschneiderischen Werbung dabei am Werk zu sehen. Die deutsche Bahn will sich nicht nur technisch modernisieren; sie will auch modern wirken. Dass ihre sprachliche Modernisierung ein *fake* ist (um ein gutes englisches Wort zu verwenden), scheint ihr egal zu sein. Ähnliches gilt für ihre Neigung, jede Neuigkeit *à tout prix kommunizieren* zu müssen, anstatt sie
15 einfach mitzuteilen.
Der Ausdruck *à tout prix* ist übrigens aus einer älteren Epoche überkommen. Den Import von französischen Wendungen des 18. Jahrhunderts hat das Deutsche allerdings gut überstanden. Die meisten Ausdrücke sind wieder verschwunden; die übrigen haben sich bis zur Unkenntlichkeit in den Wurzelbestand des Deutschen eingemoost. Von der
20 erfolgreichen Anverwandlung zeugt sogar die Wortbildung: Die Endung -*ieren,* die ursprünglich dazu diente, französische Verben einzudeutschen *(parlieren),* wurde bald auch zu Neubildungen mit deutschen Wortstämmen benutzt *(spintisieren, verlustieren).*
Um sprachschützerische Einfalt von berechtigter Sorge zu trennen, muss man sich klarmachen, dass Deutsch seit Langem eine Hybridsprache ist, die nicht nur Fluten
25 fremder Wörter aufgenommen hat, sondern auch in ihrer Grammatik mehrfach überformt wurde. Den Anfang machten Mönche des Mittelalters, die zahllose Lehnbildungen nach lateinischem Vorbild prägten – berühmtes Beispiel ist die Neubildung *Gewissen* nach lateinisch *conscientia*. Den zweiten Schub besorgten Humanismus und

Reformation, als die Syntax dem Lateinischen anverwandelt wurde. Man vergleiche die einfachen Satzmuster des Mittelhochdeutschen mit dem Frühneuhochdeutschen, erst recht aber mit dem barocken Deutsch, in dem die Hypotaxen, die Partizipialkonstruktionen und Verschachtelungen geradezu explodieren. Die Sprache eines Kleist oder Hegel wäre ohne diese syntaktische Überfremdung nicht denkbar.

Daraus folgt freilich keine Entwarnung für die Gegenwart. Denn die früheren Übernahmen haben das Deutsche komplexer, reicher, intellektueller und expressiver, philosophischer und dichterischer, auch wissenschaftsfähiger gemacht. Unter dem Einfluss des globalisierten Englisch aber vollzieht sich eine geradezu atemberaubende Simplifizierung. Die englischen oder pseudoenglischen Ausdrücke kommen nämlich nicht einfach hinzu, sie ersetzen auch nicht nur deutsche Wörter, was schlimmstenfalls überflüssig wäre. Sie verdrängen vielmehr die natürliche Wortbildung des Deutschen, die keinerlei Schwierigkeiten mit Neologismen hätte, weil sie mit ihrer Leichtigkeit der Wortzusammensetzung sonst nur im Altgriechischen einen Vergleich hat.

Es scheint aber, dass die Eigenarten des Deutschen inzwischen selbst zum Ärgernis geworden sind, vielleicht schon als Standortrisiko gelten. Das Hauptärgernis lässt sich freilich nur schlecht leugnen. Es gibt, mit Schweiz, Österreich und Südtirol, kaum 100 Millionen Sprecher des Deutschen. Das Englische, jedenfalls in seiner globalisiert heruntergekommenen Spielart, wird dagegen auf der ganzen Welt verstanden. Es hat daher seine Logik, wenn sich der Gebrauch des Deutschen aus der Wissenschaft zurückzieht, die auf weltweiten Austausch angewiesen ist. Aber muss deshalb neu gegründeten Universitäten in Deutschland gleich das Englische als Unterrichtssprache aufgezwungen werden? Manches spricht dafür, dass hier nicht internationale Konkurrenz, sondern ein Zeitgeistopportunismus am Werk ist, der das Deutsche wie eine überholte Technologie ablegen will. Denn es sind ja nicht Amerikaner, die uns ihre Wörter aufzwingen. Es sind Deutsche, die in ihrer Bewunderung für alles Amerikanische mit der transatlantischen Praxis zugleich die Begriffe dafür mitbringen – wie Geschenke, die glitzernd verpackt werden müssen, damit ihrem dürftigen Inhalt Respekt gezollt werde.

Es lohnt sich, bei der Psychologie des Sprachimporteurs zu verweilen. Es ist nicht deutscher Selbsthass, der ihn antreibt, wie manche Sprachschützer meinen. Der Sprachimporteur ist vor allem ein Marketingexperte in eigener Sache. Er will angeben mit der frisch erworbenen Kenntnis, er kehrt ins verschnarchte Dorf seines Ursprungs zurück und brilliert dort im Glanze seiner Glasperlen, die er den zurückgebliebenen Landsleuten andrehen will. Die Undeutlichkeit und die Euphemismen des Business-Englisch sind kein Mangel, sie sind die Voraussetzung des betrügerischen Tuns. So werden dem *Trainee* (deutsch: Lehrling) die *Karriere-Optionen eröffnet* (deutsch: Hoffnungen gemacht), zum *Asset Manager* (deutsch: Kaffeekocher) aufzusteigen. Unvergessen ist der Bertelsmann-Chef Thomas Middelhoff, dessen Lieblingsmotto „*Speed, speed, speed*" lautete und der selbst im internen Schriftverkehr seine leitenden Angestellten anwies, englisch zu schreiben.

Es ist nicht so, dass überpersönliche Mächte für den Unfug verantwortlich wären. Es sind identifizierbare Sprecher, die der Sprache Gewalt antun, und nur selten unterläuft es ihnen. In den allermeisten Fällen ist, was uns ärgert, auch beabsichtigt. Der Business-Schwafler will uns ein X für ein U vormachen. Der Vergleich mit den Glasperlen ist nicht zufällig gewählt. Der Sprachimporteur handelt mit Waren, die in ihrem Herkunftsland bereits als wertlos gelten. Über die Ausdrucksweise der PowerPoint-Präsentationen wird in den USA längst gespottet.

Der Geist eines ridikülen Marketings, der in der Managersprache steckt, will Exklusivität, die elitäre Anmutung eines arkanen Wissensvorsprungs. Den Zweck der Ausschließung teilt sie mit der Jugendsprache, der es seit alters darum geht, sich von der Erwachsenenwelt abzuschotten. Töricht wäre es, sich über Kürzel aufzuregen, die von den Eltern nicht verstanden werden – denn das ist ihr Sinn. Es fragt sich allerdings, was von Geschäftsleuten zu halten ist, die sich wie Kinder gebärden, die Erwachsene verblüffen und ärgern wollen.

Es liegt bei uns, die Antwort zu formulieren. Es liegt in der Macht jeden einzelnen Sprechers, die Zukunft des Deutschen zu gestalten. Das unterscheidet marodes Deutsch etwa von einem maroden Kernkraftwerk, das nur Experten reparieren können. Das Deutsche wird nicht sterben, es sei denn, die Deutschen wollen es. Es sei denn, sie kapitulieren vor der Werbung, vor der Geschäftssprache, vor dem kollektiven Hass auf alles Komplizierte, den die Medien nähren. Aber selbst wenn das Deutsche stürbe – es würde als tote Sprache weiterleben, als eine Art Griechisch oder Latein der Neuzeit. Die Zahl kanonischer Autoren, von Philosophen wie Dichtern, wird den Gelehrten das Deutsche immer attraktiv erhalten. Das ist vielleicht kein Trost – aber ein Gedankenspiel, das uns Heutigen Respekt vor der achtlos malträtierten Umgangssprache einflößen sollte.

Aus: DIE ZEIT, 26. 07. 2007 Nr. 31,
http://www.zeit.de/2007/31/Deutsch-Aufmacher, aufgerufen am 23. 09. 09

Material 2

Sprachpflege. Form der → Sprachlenkung: „beratende Bemühung" um die Verbesserung des Sprachgebrauchs bzw. der sprachlichen Kompetenz (Greule & Ahlvers-Liebel [1986]). Die moderate S. beruht auf wissenschaftlicher Sprachkritik, ihre Kriterien sind funktionale, strukturelle, soziale, historische (z. B. in der Fremdwort-Diskussion), aber auch ästhetische, kulturkritische (Korn, [1962]) oder politische (z. B. in der Planungsphase der Rechtschreibreform). Die S. ist in Frankreich institutionalisiert (Académie Française), in Deutschland gehören S. und Sprachberatung zum Tätigkeitsfeld des „Instituts für Deutsche Sprache" (Mannheim), der Redaktion des → Duden am „Bibliographischen Institut" und der „Gesellschaft für Deutsche Sprache" (GfdS), dem Nachfolgeinstitut des puristisch und politisch ausgerichteten „Allgemeinen Deutschen Sprachvereins". [...]

Aus: Hadumod Bußmann, Lexikon der Sprachwissenschaft, Stuttgart: Kröner, 4. Auflage 2008.

Material 3

Mit freundlicher Genehmigung der Berliner Stadtreinigung und der Heymann Schnell AG http.//www.fontblog.de/picts/we_kehr-jpeg (zuletzt aufgerufen am 16.1.2008)

Hinweise und Tipps

- *Das Verfassen einer materialgestützten Erörterung ist eine neue Aufgabenform des G8-Abiturs. Verlangt wird im Ergebnis allerdings nichts anderes als eine traditionelle* **schriftliche Argumentation**. *Dies erkennt man am* **Operator** *der Aufgabe ‚Stellung nehmen'. Sie sollen zu einem Thema eine eigene Position einnehmen und diese begründen. Nicht verlangt wird, dass Sie Ihren Standpunkt in Abgrenzung zu einem anderen Autor, z. B. gegenüber von Jens Jessen, entwickeln. Dies wäre die Anforderung an eine Erörterung im Anschluss an einen Text.* **Materialgestützt** *heißt lediglich, dass für die Erarbeitung Texte zur Verfügung gestellt werden, die die Auseinandersetzung mit dem Thema unterstützen sollen.*
- *Für die Erörterung des Themas ‚Sprachpflege' bietet die hier vorliegende Aufgabenstellung deutliche Hilfen, die eine* **Gliederung** *im Grunde vorgeben: Es sollen die Notwendigkeit, die Möglichkeiten und die Grenzen der Sprachpflege in der heutigen Zeit geprüft werden.*
- *Eine materialgestützte Erörterung geht anders als eine klassische (antithetische oder steigernde) Erörterung davon aus, dass der Verfasser zwar einige Informationen und eigene Anschauungen zum Thema mitbringt, dass aber fachliche Einzelheiten nicht immer im Detail vorhanden sind. ‚Sprache' als Lerngegenstand ist im Lehrplan in jeder Jahrgangsstufe vorgeschrieben. Das heißt allerdings nicht, dass es zwingend eine Unterrichtseinheit geben muss, die sich speziell mit dem Thema ‚Sprachpflege' beschäftigt. Das beigefügte* **Material** *soll deshalb als wirkliche Hilfe verstanden werden. Zum einen werden konkrete Informationen gegeben, die für die Bearbeitung der Aufgabe notwendig sind. So ist der Lexikoneintrag z. B. geeignet,*

um eine sehr genaue Definition des Schlüsselbegriffs ‚Sprachpflege' zu erarbeiten. Zum anderen kann das Material aber auch als Anregung gesehen werden, um eigene Ideen und Argumentationen zum Thema zu entwickeln. Gerade der Artikel des Zeitredakteurs Jessen kann in seiner teilweise polemischen Art ein Anstoß für eigene Überlegungen sein. Seine Unterscheidung zwischen richtig und falsch verstandener Sprachpflege kann auch verhindern, das Thema nur oberflächlich zu behandeln. Anregend ist natürlich auch das Werbeplakat der Berliner Stadtreinigung (BSR), das aus dem oft gescholtenen Denglisch ein Sprachspiel macht. Die Kombination aus Text- und Bildaussage ist ein Beispiel für die Verknüpfung englischer und deutscher Sprachelemente: ‚Wir sorgen (= <u>care</u>) uns liebevoll um euch Berliner Bürger, indem wir eure Straßen <u>kehren</u> und den Müll wegräumen.' In diesem Zusammenhang sei auf die Gesamtkampagne der BSR verwiesen, die viele Beispiele liefert und auf der homepage www.bsr.de eingesehen werden kann.

Für die Aufgabenstellung ist noch die Formulierung ‚Beziehen Sie sich auch auf die Materialien' zu beachten, die besagt, dass man bei der Bearbeitung zum einen die Texte und das Plakat nicht ignorieren darf und zum anderen daraus aber auch **nicht einfach abschreiben** soll. Die bloße (wörtliche) Wiedergabe der Argumente aus dem Material zeigt, dass man das Thema nicht eigenständig durchdrungen hat.

– Neben den Punkten, die sich aus der Aufgabenstellung ergeben, ist im Folgenden noch zusammengestellt, welche Informationen die beiden Textmaterialien enthalten: **Bußmann, Lexikon der Sprachwissenschaft:** *Definition von Sprachpflege als bewusster Lenkung des Sprachgebrauchs; Felder der Sprachpflege (Grammatik, Rechtschreibung, Stil ...); Institutionen der Sprachpflege. Ergänzen könnte man auch die privaten Bemühungen zur Sprachpflege, wie sie z. B. vom Verein der Deutschen Sprache betrieben werden.*

Jessen, Die verkaufte Sprache: *Der Journalist zitiert viele konkrete Beispiele, die durchaus übernommen werden dürfen (unpassende Begriffe aus dem Englischen, aber auch passende Übernahmen ins Deutsche, z. B. aus dem Französischen und dem Lateinischen). Jessen lehnt den Transfer vor allem aus dem Englischen immer dann ab, wenn er unbegründet ist oder zu falschen Wortbildungen führt, wenn er also einem anderen Zweck dient als der Verbesserung und Erweiterung der Ausdrucksmöglichkeiten. Positiv sieht er die Notwendigkeit, im Wissenschaftsbetrieb auf die globale Sprache Englisch zurückzugreifen (eine übertriebene Hinwendung zum Englischen an deutschen Universitäten wird aber ebenso abgelehnt).*

Jessen beschreibt die Entwicklung der deutschen Sprache als ständige Beeinflussung durch andere Sprachen (Deutsch ist eine „Hybridsprache"): Im Mittelalter hatte Latein einen großen Einfluss; im 18. Jahrhundert wurde viel aus dem Französischen importiert. Lange Zeit hat dies die deutsche Sprache auf allen Ebenen (Wortschatz, Grammatik) bereichert, erst mit der Modeerscheinung des sogenannten ‚Denglisch' verliert der Sprachaustausch an Wert.

Der Autor versucht diese Entwicklung zu begründen: Seiner Meinung nach wird vor allem in ökonomischen Zusammenhängen gerne auf englische Ausdrücke zurückgegriffen, weil die Sprachnutzer so ihre wirklichen Absichten verschleiern können. Über diesen Missbrauch erregt sich Jessen heftig. Er fordert die Leser schließlich dazu auf, sich den Tendenzen zur Verschleierung durch Sprache zu widersetzen.

Gliederung

1 Allgegenwärtigkeit des Sprachwandels
2 Notwendigkeit der Sprachpflege in der heutigen Zeit
2.1 Bedeutung von Sprache als Kommunikationsmittel
2.2 Verlust der allgemeinen Verständlichkeit und damit der Kommunikationsfunktion
2.2.1 durch falschen Gebrauch der eigenen Sprache
2.2.2 durch falschen oder übertriebenen Gebrauch von Anglizismen/Fremdwörtern
3 Das Problem der Sprachpflege in der heutigen Zeit
3.1 Möglichkeiten der Sprachlenkung
3.1.1 Staatliche Institutionen und Reglements
3.1.2 Spracherziehung in Kindergarten und Schule
3.2 Grenzen der Sprachlenkung
3.2.1 Einfluss der modernen Medien
3.2.2 Rolle der Globalisierung in Wissenschaft und Handel
3.2.3 Sprache als „lebendiges Objekt"
3.2.4 Künstlichkeit/mangelnde Präzision bei Übersetzungen
4 Relativierung des Sinns und der Möglichkeiten der Sprachpflege

Lösungsvorschlag

Wer über die Sprache nachdenkt, wird schnell merken, dass sich ihr Charakter durch ständigen Wandel auszeichnet. Sprachliche Veränderungen gehen häufig auf den Austausch mit fremden Sprachen zurück. Sprachwissenschaftlich unterscheiden wir bei diesem Vorgang zwischen **Lehnwort** und **Fremdwort**: Ersteres bezeichnet die Wörter, die aus fremden Sprachen kommen, aber stark an die deutsche Sprache angepasst wurden. Als Beispiel kann hier das ‚Fenster' genannt werden, das bekanntlich auf das lateinische ‚fenestra' zurückgeht, aber von keinem Muttersprachler als nichtdeutsches Wort wahrgenommen wird. Fremdwörter bleiben dagegen in Aussprache und Schreibweise fast unverändert und lassen so ihren Ursprung erkennen, wie z. B. ‚Fan' aus dem Englischen oder ‚Restaurant' aus dem Französischen. Wörter, die aus dem Germanischen (oder Indogermanischen) stammen, nennt man dagegen **Erbwörter**. Das Verhältnis zwischen den drei Wortgruppen ist nur sehr schwer zu bestimmen, da es keine Wörterbücher gibt, die den gesamten Wortschatz erfassen können. Es finden sich aber Hinweise darauf, dass der Fremdwortanteil im Deutschen bei 6 bis 10 Prozent liegt. **Sprachwandel** findet also grundsätzlich statt, denn es gibt keine Sprache, die sich im Laufe ihrer Entwicklung nicht mit anderen Sprachen austauscht. Das gilt selbstverständlich auch für das Englische, das

das deutsche Wort ‚Kindergarten' umstandslos übernommen hat. Neben einzelnen Begriffen wurden und werden auch grammatikalische Strukturen aus anderen Sprachen ins Deutsche übernommen.
Nicht nur Journalisten wie der *ZEIT*-Autor Jens Jessen stellen in jüngster Zeit allerdings bei den Übernahmen aus anderen Sprachen eine Tendenz zur Ungenauigkeit fest. Vor allem in der Werbung geht es ganz offensichtlich nicht um sprachliche Richtigkeit, sondern eher um einen wie auch immer gemeinten Effekt, der über verbale Zeichen Emotionalität hervorrufen soll. Interessant ist, dass auch die Kunden die sprachlichen Entgleisungen nicht entschlüsseln können. Bei einer Befragung wurde zum Beispiel das sprachliche Logo eines Fernsehsenders ‚powered by emotion' mit ‚Kraft durch Freude' übersetzt (vgl. hierzu Dagmar Deckstein: Werbung aus Kannitverstan, in: *Süddeutsche Zeitung*, 24. 5. 2004). Damit wird deutlich, dass die Frage nach der Pflege der deutschen Sprache aktuell ist. Notwendigkeit, Probleme und Grenzen der Sprachpflege sollen deshalb im Anschluss näher untersucht werden.

Sprache ist die **Grundbedingung der menschlichen Kommunikation**, auch wenn die nonverbalen Signale nicht vergessen werden sollten. Das soziale Leben könnte ohne Sprache gar nicht funktionieren. Darüber hinaus erlaubt uns die Sprache Welterkenntnis und Weltverständnis, die beide auf einem System von Symbolen basieren und deshalb über die bloße Anschauung hinausreichen. Der Philosoph Peter Bieri verbindet mit dem Sprachgebrauch auch die Fähigkeit zur Vernunft, denn nur mithilfe der Sprache kann der Mensch seine Handlungen und Haltungen begründen. Die philosophische Diskussion kann an dieser Stelle nicht vertieft werden, wichtig ist aber, darauf hinzuweisen, dass Sprache keine individuelle Angelegenheit ist, sondern von der Sprachgemeinschaft vorgegeben wird. Sprache ist per definitionem ein **soziales Phänomen**. 2 2.1

In ihrer Komplexität ist die Sprache immer in Gefahr, von den einzelnen Sprachteilnehmern falsch oder gar absichtlich manipulativ gebraucht zu werden. Auch das **Misslingen von Kommunikation** ist also durch die Sprache bedingt: Wörter können wahre Sachverhalte verschleiern, Begründungen können ungenügend oder irreführend sein, falsche sprachliche Bilder können die Dinge verklären. Sprache kann dann ihre Aufgabe, Verständigung herzustellen, unterlaufen und damit die Funktion als Kommunikationsmittel verfehlen.

Der **Verlust der Verständlichkeit** kann durch den falschen Gebrauch bzw. den Missbrauch der eigenen Sprache entstehen. Ein Beispiel dafür ist die fast schon vorhersehbare Interpretation von Wahlergebnissen, die so gedeutet werden können, dass die eigene Partei stets zum Sieger der Wahl erklärt wird. Ein weiteres Beispiel ist die euphemistische Umschreibung: Hier werden Ereignisse oder Absichten bewusst in einem falschen Licht dargestellt. Wer eine Mülldeponie zum Entsorgungspark umbenennt, hat eine beschwichtigende Botschaft an die Bevölkerung im Sinn. 2.2 2.2.1

Durch den – bewussten oder unbewussten – ‚schrägen' Einsatz von Fremdwörtern oder fremdsprachigen Wendungen kann der Verlust an Verständlichkeit noch gesteigert werden. Vor allem der **übertriebene Gebrauch von Anglizismen**, also Wörtern und Wendungen aus dem Englischen, belegt diese Tendenz. Wenn sogar ein deutsches Ministerium eine Kampagne mit dem kryptischen Titel ‚brain up' bewirbt, stellt sich die Frage, ob der Werbefachmann bewusst falsches Englisch verwenden wollte. Was er damit auf Deutsch sagen wollte, bleibt aber so oder so sein Geheimnis. Beispiele zum übertriebenen Gebrauch von Anglizismen finden sich noch viele: Überprüfen heißt grundsätzlich nur noch ‚checken'; ein Sonderling ist ein ‚freak' und ein Verlierer natürlich ein ‚loser'. Während bei den erwähnten Begriffen noch davon ausgegangen werden kann, dass die Sprachteilnehmer sehr wohl wissen, was gemeint ist, wird es bei den folgenden Beispielen schon schwieriger: Dass eine ‚corporate identity', die ja allgegenwärtig ist und selbst Schulverwaltungen beschäftigt, etwas mit der Selbstdarstellung und der Identität einer Organisation zu tun hat, ist zwar in den allgemeinen Wortschatz eingedrungen, aber nicht jeder wird damit auch konkrete Inhalte verbinden. Ob jeder weiß, was er in einem ‚manual' (Betriebsanleitung) suchen kann, ist zweifelhaft. Und dass mit ‚prob-value' die Wahrscheinlichkeit gemeint ist, wird die Mehrheit nicht parat haben. Das sind nur wenige Beispiele für die Verwendung von Anglizismen, die die deutsche Sprache gerade im Moment stark beeinflussen. Diese problematischen Übernahmen schlagen sogar auf die Grammatik durch. Wendungen wie ‚einmal mehr' (once more) oder ‚Sinn machen' (to make sense) haben einen festen Platz in der deutschen Sprache gefunden und belegen, wie ungenau eine wörtliche Übersetzung sein kann. ‚Einmal mehr' ist nämlich genau genommen ‚zweimal' und nicht ‚noch einmal' und der gemachte Sinn ist nicht besonders sinnvoll, denn es ist unklar, wie das Machen von Sinn überhaupt funktionieren soll.

Nach der These des Journalisten Jens Jessen kann durchaus unterstellt werden, dass die Verwendung von Anglizismen vor allem in der **Wirtschaft** und in der **Werbung** einen handfesten Grund hat. Die Ökonomen und die Werbestrategen wollen damit verschleiern, dass sie eigentlich nichts zu sagen haben. Es geht ihnen auch darum, die potenziellen Kunden zu übertölpeln. Wer Englisch spricht, so die Botschaft, ist modern und in der globalen Welt zu Hause. Oft sollen mit den englischen Begriffen auch die positiven Seiten eines Aspekts oder einer Sache hervorgehoben werden. In dieser Hinsicht kann der ‚Service Point' in den deutschen Bahnhöfen interpretiert werden. Mit dem Begriff ‚Auskunftschalter' verbindet der Bahnreisende unter Umständen eine Zeit, als man in langen Schlangen von unfreundlichen Beamten bedient wurde. Der Service-Gedanke wird durch den neuen Begriff betont, der Kunde ist jetzt in einer neuen Rolle. Das Problem bei dieser Umbenennung ist, dass hinter dem neuen Begriff nicht unbedingt eine neue Wirklichkeit stecken muss. Die **Verschleierungstaktik** ist in ökonomischen Zusammenhängen noch deutlicher auszumachen. In der Tat ist es ein kluger Schachzug, wenn der Lehrling als ‚Trainee' eingestellt wird, weil er sich auf diese Weise aufgewertet fühlt. Auch ein Freiberufler, der als ‚Freelancer' unterwegs ist, fühlt sich in sei-

2.2.2

ner manchmal schwierigen Situation vielleicht besser. Die Problematik ist jedoch immer, dass ja nicht die Tatsachen verändert werden, sondern nur das Sprechen über die Tatsachen. Und dieses Sprechen läuft durchaus Gefahr, die Verständigung eher zu behindern, als sie zu erleichtern.

Wenn sich die Sprachpraxis auf Abwege begibt, dann liegt es auf der Hand, dass gegengesteuert werden muss. Es stellt sich zunächst die Frage, wer die Sprachverwendung einer Sprachgemeinschaft überhaupt beeinflussen kann und welche Möglichkeiten sich dazu eröffnen. Nach der Definition des *Lexikons der Sprachwissenschaft* von Hadumod Bußmann geht es bei der **Sprachpflege** um eine **Normierung des Sprachgebrauchs**, also um den Versuch, feste Normen einzuführen, nach denen sich die Sprachteilnehmer zu richten haben. Zu diesen Normen gehören – neben Grammatik, Rechtschreibung und Aussprache – Regeln zur Wortbildung und zum Fremdwortgebrauch. Dass es aber in der konkreten Umsetzung von Vorgaben Schwierigkeiten geben kann, zeigt u. a. die deutsche Rechtschreibreform, die bis heute umstritten ist. Deshalb sollen in einem zweiten Schritt auch die Grenzen der Sprachpflege untersucht werden. — 3

Zunächst aber zu den **Möglichkeiten** der Sprachpflege: Denkbar ist, dass Sprachpflege zu den **Aufgaben des Staates** zählt. In bestimmten europäischen Ländern wird dies auch so gehandhabt. So kümmert sich die Académie Française seit dem 17. Jahrhundert um die Vereinheitlichung und die Pflege der französischen Sprache im staatlichen Auftrag. Da in Deutschland die Kulturhoheit bei den einzelnen Bundesländern liegt, gibt es diese übergreifende Instanz hier nicht. Vielmehr haben sich gleich mehrere Institutionen herausgebildet, die sich um Sprachpflege bemühen. Dazu gehören z. B. das Institut für Deutsche Sprache in Mannheim, die Dudenredaktion des Bibliographischen Instituts (ebenfalls in Mannheim), das Goethe-Institut in München und die Akademie für Sprache und Dichtung in Darmstadt. An dieser Vielfalt merkt man vielleicht auch, dass in Deutschland erst mit der Reichsgründung 1871 eine **institutionelle Vereinheitlichung** der sprachlichen Gepflogenheiten in Angriff genommen werden konnte. Dreißig Jahre nach der Reichsgründung einigte man sich auf eine einheitliche Rechtschreibung. Seit dieser Zeit werden z. B. die ‚Amtlichen Regeln für die deutsche Rechtschreibung' kontinuierlich fortgeschrieben. Die Verbindlichkeit dieser neuen Regeln, die von staatlicher Seite auf den Weg gebracht worden sind, wird aber in Frage gestellt, wenn z. B. Autoren die Anwendung verweigern. Dass so in einem Schulbuch alte und neue Rechtschreibung nebeneinander stehen, ist ein Beleg dafür, mit welchen Schwierigkeiten bei der Sprachpflege zu rechnen ist. — 3.1 / 3.1.1

Der Staat hat aber neben der Verwaltungsverordnung auch noch die Möglichkeit, über die Erziehungsinstitutionen Kindergarten und Schule Einfluss auf die Sprachpraxis auszuüben. Die Muttersprache erlernt man gleichsam automatisch durch die sozialen Kontakte. Es ist deshalb von großer Bedeutung, dass die Erzieher und die Lehrer sich darum bemühen, ihren Sprachausdruck — 3.1.2

so zu gestalten, dass er vorbildhaft wirken kann. In den Lehrplänen aller Schularten und aller Bundesländer wird dieser Zusammenhang deutlich formuliert. Die Erziehung zur sprachlichen Korrektheit ist ein zentrales Ziel der Schule.
In letzter Zeit ist viel über die **vorschulische Spracherziehung** geschrieben worden, hat man doch erkannt, dass die Sprachbeherrschung eine der wichtigsten Voraussetzung für Bildungserfolge ist. Eine Anleitung zum richtigen Sprechen kann schon im Kindergarten zielführend sein. Hier haben die Erzieher die Aufgabe, schon den ganz Kleinen neben der grammatikalischen Richtigkeit des Ausdrucks beizubringen, dass es auch andere Wörter wie ‚cool' und ‚easy' gibt. In diesem Zusammenhang kann übrigens auch darüber nachgedacht werden, ob die Pflege des Dialekts nicht dazu beitragen könnte, einen allzu leichtfertigen Gebrauch unsinniger Fremdwörter zu verhindern.
Zur Spracherziehung gehört in Kindergarten und Schule, dass die negativen Entwicklungen bewusst vermieden werden. Jede Erziehungs- und Unterrichtsstunde wird so zur Sprachpflege-Stunde. Erwähnt werden sollte zudem, dass der Deutschunterricht einen hohen Stellenwert einnimmt und deshalb entsprechend unterstützt werden müsste. Dies betrifft nicht nur die ausreichende Anzahl an Wochenstunden, sondern auch die Ernsthaftigkeit, mit der die Schülerinnen und Schüler am Unterricht teilnehmen. Nur durch die gute Praxis des Sprechens und Schreibens kann gewährleistet werden, dass die Sprachsensibilität wächst und die deutsche Sprache insgesamt vor falschen Einflüssen bewahrt wird. Allein die Auseinandersetzung mit den einschlägigen Texten aus Wirtschaft und Werbung trägt dazu bei, dass ein Bewusstsein für richtiges und falsches Deutsch entwickelt wird. Jessen weist in der Tat richtig darauf hin, dass die Texte der deutschen Literaturgeschichte den Sprachschatz aufbewahren. Es ist deshalb unabdingbar, diese Texte im Unterricht zu lesen und so die Leistungsfähigkeit der deutschen Sprache zu demonstrieren. Auch wenn die Lektüre von Dramen des 18. und 19. Jahrhunderts hohe Anforderungen stellt, lohnt sie sich doch, weil man nicht nur seinen Wortschatz erweitert, sondern insgesamt ein Gespür für die eigene Sprache bekommt.

Bei der Diskussion darf allerdings nicht vergessen werden, dass die Sprachpflege auch an **Grenzen** stößt. Wer von den Möglichkeiten der Erziehungsinstitutionen spricht, sollte nicht verschweigen, dass die Sprachpraxis in einem erheblichen Umfang durch die **Medien** bestimmt wird. Gerade Jugendliche verbringen oft mehr Zeit vor ihrem PC und/oder dem Fernsehgerät als in der Schule. Ein Blick in die Programmzeitschriften macht schnell deutlich, dass gerade hier hemmungslos Anglizismen verwendet werden. In den Sendungen werden die ‚Top of the Pops' gezeigt, die ‚Top Twenty der deutschen Single Charts'. Es gibt ein ‚World Newsquiz', ein ‚Exclusive Weekend' oder den ‚Money Trend', natürlich den deutschen ‚Comedy-Preis' und jeden Tag die ‚Highlights' in den ‚News'. Wer sich davon erholen möchte, kann abschließend ein ‚Summer Movie' anschauen.

3.2
3.2.1

Gegen diesen Trend in den Medien können staatliche Stellen nur schwer etwas unternehmen. Eine gesetzliche Regelung wäre hier kaum sinnvoll. Nur die

Medien selbst können gegensteuern. Dabei kann beobachtet werden, dass die öffentlich-rechtlichen Sender dem Bildungsauftrag durchaus nachkommen und sich zumindest bemühen, sprachliche Korrektheit ernst zu nehmen. Der Bayerische Rundfunk hat sogar einen Sprachpfleger eingestellt, der in regelmäßigen Abständen die Redakteure auf sprachliche Verfehlungen aufmerksam macht und gleichzeitig Verbesserungen vorschlägt.

Die Grenzen der Sprachlenkung ergeben sich aber, wie Jessen richtig anmerkt, auch aus den Tendenzen zur **Globalisierung**. Jessen konstatiert das für den Bereich der Wissenschaften, aber natürlich ist auch die wirtschaftliche Entwicklung ohne die lange Geschichte der globalisierten Märkte nicht mehr vorstellbar. Die Folge des Zusammenwachsens merkt man auch im sprachlichen Umgang miteinander. Die Tatsache, dass sich **Englisch als Weltsprache** durchgesetzt hat, mag man bedauern, es wäre aber naiv zu glauben, dass dies jederzeit umgekehrt werden könnte. 3.2.2

Jede Epoche wird geprägt durch kulturgeschichtliche Fakten. Ohne die Weltsprache Latein, die fast alle europäischen Sprachen entscheidend mitgeformt hat (z. B. auch das Englische), hätte sich die europäische Universität und damit die europäische Wissensgesellschaft im Mittelalter nicht ausbilden können. Sie hat das Erbe der Antike in die Neuzeit transformiert. Der französische Absolutismus ist Ausgangspunkt für den großen Einfluss des Französischen in Deutschland. Dass heute das Englische als Sprache der globalisierten Wirtschaft so starken Widerhall findet, muss in diesen Zusammenhang eingeordnet werden und ist nicht per se schlecht. Freilich gibt es Situationen, wo die Sprachteilnehmer weit über das Ziel hinausschießen. Aber die **Lebendigkeit der Sprache** wird immer dafür sorgen, dass aus jeweils fremden Sprachen Übernahmen stattfinden. 3.2.3

Es gibt auch gute Gründe zur Annahme, dass nicht jeder Begriff und nicht jede Wendung besser auf Deutsch gesagt werden kann. Ein gutes Beispiel dafür ist die digitale Welt, die sich innerhalb kürzester Zeit radikal entwickelt hat. Ob ‚Internet', ‚Browser' oder ‚Desktop', die Begriffe aus diesem Bereich sind nun einmal international ausgerichtet. Es wäre wenig sinnvoll, wenn wir uns für den heimischen Gebrauch jeweils eigene Wörter einfallen ließen. Anzumerken bleibt, dass sich die Gemeinschaft der Computernutzer sehr wohl verständigen kann, sogar über alle Ländergrenzen hinweg, die Sprache also ihre Funktion als Kommunikationsmittel erfüllt. 3.2.4

Als Fazit kann man festhalten: Ohne Zweifel sind in der alltäglichen Sprachpraxis Fehlentwicklungen festzustellen, die dringend korrigiert werden müssten. Die Aufgabe der Sprachpflege kann man dabei durchaus den staatlichen Stellen bzw. den bekannten Instituten überlassen, denn nichts wäre verheerender als die Forderung nach einer Reinheit der Sprache, wie sie manche privaten Organisationen stellen. Wenn der Verein Deutsche Sprache, der einen umfangreichen Auftritt im Internet hat, alle Fremdwörter aus dem Englischen 4 geradezu verteufelt, dann erreicht er damit wohl das Gegenteil. Die Verbindung von Sprachpflege und Rückwärtsgewandtheit stellt sich so nämlich rasch ein. Und wer will schon unmodern sein! Sicherlich kann man sich über manche Erscheinung lustig machen, wie das z. B. die *Wise Guys* in ihrem Lied „Denglisch" vorführen. Aber machen sich die Sänger nicht selber lächerlich, wenn sie fordern: „Ich will, dass beim Coffee-Shop ‚Kaffeehaus' oben draufsteht / oder dass beim Auto-Crash die ‚Lufttasche' aufgeht, / und schön wär's, wenn wir Bodybuilder ‚Muskel-Mäster' nennen / und wenn nur noch ‚Nordisch Geher' durch die Landschaft rennen …"?

Statt dieser absoluten Haltung sollte eine gewisse **Gelassenheit** eingenommen werden. Der bewusste Umgang mit der eigenen Sprache muss geübt werden und man muss wohl auch lernen, dass dies nicht ohne Anstrengung geht. Wenn jeder nur einen kleinen Beitrag dazu liefert, muss uns um die deutsche Sprache nicht bange werden.

Ihre Meinung ist uns wichtig!

Ihre Anregungen sind uns immer willkommen. Bitte informieren Sie uns mit diesem Schein über Ihre Verbesserungsvorschläge!

Titel-Nr.	Seite	Vorschlag

Bitte hier abtrennen

Die echten Hilfen zum Lernen ... **STARK**

19-VG8

Bitte ausfüllen und im frankierten Umschlag an uns einsenden. Für Fensterkuverts geeignet.

STARK Verlag
Postfach 1852
85318 Freising

Zutreffendes bitte ankreuzen!

Die Absenderin/der Absender ist:

☐ Lehrer/in in den Klassenstufen: _____
☐ Fachbetreuer/in
   Fächer: _____
☐ Seminarlehrer/in
   Fächer: _____
☐ Regierungsfachberater/in
   Fächer: _____
☐ Oberstufenbetreuer/in

☐ Schulleiter/in
☐ Referendar/in, Termin 2. Staatsexamen: _____
☐ Leiter/in Lehrerbibliothek
☐ Leiter/in Schülerbibliothek
☐ Sekretariat
☐ Eltern
☐ Schüler/in, Klasse: _____
☐ Sonstiges: _____

Unterrichtsfächer: (Bei Lehrkräften!)

Absender (Bitte in Druckbuchstaben!)

Name/Vorname

Straße/Nr.

PLZ/Ort/Ortsteil

Telefon privat   Geburtsjahr

E-Mail

Schule/Schulstempel (Bitte immer angeben!)

Kennen Sie Ihre Kundennummer?
Bitte hier eintragen.

Bitte hier abtrennen

Trainingsbände Oberstufe

Zugeschnitten auf die neuen G8-Bildungspläne.

Mathematik

Analytische Geometrie .... Best.-Nr. 940051
Stochastik .... Best.-Nr. 94009
Analysis .... Best.-Nr. 9400218
Kompakt-Wissen Analysis .... Best.-Nr. 900151
Kompakt-Wissen Analytische Geometrie .... Best.-Nr. 900251
Kompakt-Wissen Wahrscheinlichkeitsrechnung
und Statistik .... Best.-Nr. 900351
Klausuren Mathematik Oberstufe .... Best.-Nr. 900461

Physik

Kompakt-Wissen Physik 1
Mechanik, Wärmelehre, Relativitätstheorie .... Best.-Nr. 943012
Kompakt-Wissen Physik 2
Elektrizität, Magnetismus und Wellenoptik ..... Best.-Nr. 943013
Kompakt-Wissen Physik 3
Quanten, Kerne und Atome .... Best.-Nr. 943011

Chemie

Abitur-Wissen
Stoffklassen organischer Verbindungen .... Best.-Nr. 947304
Abitur-Wissen Protonen und Elektronen .... Best.-Nr. 947301
Abitur-Wissen Biomoleküle .... Best.-Nr. 947305
Abitur-Wissen
Biokatalyse und Stoffwechselwege .... Best.-Nr. 947306
Abitur-Wissen
Struktur der Materie und Kernchemie .... Best.-Nr. 947303
Abitur-Wissen Chemie am Menschen –
Chemie im Menschen .... Best.-Nr. 947307
Kompakt-Wissen Chemie – Organische Stoffklassen,
Natur-, Kunst- und Farbstoffe .... Best.-Nr. 947309
Kompakt-Wissen Chemie – Anorganische Chemie
Energetik, Kinetik, Kernchemie .... Best.-Nr. 947310

Biologie

Biologie 1 – Strukturelle und energetische Grundlagen
des Lebens, Genetik und Gentechnik, Neuronale
Informationsverarbeitung .... Best.-Nr. 947018
Abitur-Wissen Genetik .... Best.-Nr. 94703
Abitur-Wissen Neurobiologie .... Best.-Nr. 94705
Abitur-Wissen Verhaltensbiologie .... Best.-Nr. 94706
Abitur-Wissen Ökologie .... Best.-Nr. 94708
Abitur-Wissen Evolution .... Best.-Nr. 94707
Abitur-Wissen Zell- und Entwicklungsbiologie Best.-Nr. 94709
Kompakt-Wissen Biologie – Zellen und Stoffwechsel · Nerven,
Sinne und Hormone · Ökologie .... Best.-Nr. 94712
Kompakt-Wissen Biologie – Genetik und Entwicklung ·
Immunbiologie · Evolution · Verhalten .... Best.-Nr. 94713

Geschichte

Abitur-Wissen Nationalsozialismus
und Zweiter Weltkrieg .... Best.-Nr. 94786
Abitur-Wissen Die Ära Bismarck .... Best.-Nr. 94784
Abitur-Wissen
Deutschland von 1945 bis zur Gegenwart ...... Best.-Nr. 947811
Kompakt-Wissen Geschichte Oberstufe .... Best.-Nr. 947601

Deutsch

Epische Texte analysieren und interpretieren . Best.-Nr. 944093
Gedichte analysieren und interpretieren .... Best.-Nr. 944091
Dramen analysieren und interpretieren .... Best.-Nr. 944092
Erörtern und Sachtexte analysieren .... Best.-Nr. 944094
Abitur-Wissen Prüfungswissen Oberstufe .... Best.-Nr. 94400
Abitur-Wissen
Erörtern und Sachtexte analysieren .... Best.-Nr. 944064
Abitur-Wissen
Textinterpretation Lyrik, Drama, Epik .... Best.-Nr. 944061
Abitur-Wissen Deutsche Literaturgeschichte ... Best.-Nr. 94405

Englisch

Themenwortschatz .... Best.-Nr. 82451
Grammatikübung .... Best.-Nr. 82452
Übersetzung .... Best.-Nr. 82454
Grundlagen, Arbeitstechniken und
Methoden mit CD .... Best.-Nr. 944601
Sprachmittlung
Deutsch – Englisch, Englisch – Deutsch .... Best.-Nr. 94469
Abitur-Wissen Landeskunde USA .... Best.-Nr. 94463
Abitur-Wissen Englische Literaturgeschichte ... Best.-Nr. 94465
Abitur-Wissen Landeskunde Großbritannien ... Best.-Nr. 94461
Kompakt-Wissen Kurzgrammatik .... Best.-Nr. 90461
Kompakt-Wissen Themenwortschatz .... Best.-Nr. 90462
Kompakt-Wissen Landeskunde/Literatur .... Best.-Nr. 90463
Klausuren Englisch Oberstufe .... Best.-Nr. 905113

Französisch

Sprachmittlung · Übersetzung .... Best.-Nr. 94512
Abitur-Wissen
Französische Literaturgeschichte .... Best.-Nr. 94506
Kompakt-Wissen Kurzgrammatik .... Best.-Nr. 945011
Kompakt-Wissen Themenwortschatz .... Best.-Nr. 945010

Latein

Prüfungswissen Latinum .... Best.-Nr. 94608
Lateinische Literaturgeschichte .... Best.-Nr. 94602

Wirtschaft und Recht

Abitur-Wissen Rechtslehre .... Best.-Nr. 94882
Abitur-Wissen Volkswirtschaft .... Best.-Nr. 94881
Kompakt-Wissen Volkswirtschaft .... Best.-Nr. 948501

(Bitte blättern Sie um)

Fit für das G8-Abitur

- Die G8-Abitur-Prüfungsbände 2011 sind genau auf die Anforderungsbereiche der neuen Oberstufe zugeschnitten
- Anhand von Übungsaufgaben im Stil der neuen Abiturprüfung sowie offiziellen Musteraufgaben des bayerischen Kultusministeriums können Schülerinnen und Schüler den Ernstfall trainieren
- Zu allen Aufgaben Hinweise und Tipps zum Bearbeiten sowie schülergerechte Lösungen
- Zusätzlich wichtige Hinweise zur Abiturprüfung

Abiturprüfung NEU
Mathematik Bayern G8
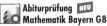
Der Band enthält das offizielle Musterabitur des Kultusministeriums und 4 Aufgaben im Stil der neuen Abiturprüfung (50 % Analysis, je 25 % Stochastik und Geometrie). Inkl. CD-ROM mit allen zentral gestellten, G8-relevanten Prüfungsaufgaben der letzten Jahrgänge samt Lösungen.
■ .... Best.-Nr. 95001

Abiturprüfung Physik Bayern G8 NEU
Umfangreiches Übungsmaterial zum neuen Abitur. Der Band enthält das offizielle Musterabitur des Kultusministeriums und Aufgaben im Stil der neuen Abiturprüfung, dazu weitere Übungsaufgaben zu den Themen elektromagnetisches Feld, Relativitätstheorie, Aufbau der Materie, Astrophysik.
■ .... Best.-Nr. 95301

Abiturprüfung Deutsch Bayern G8 NEU
Umfangreiches Übungsmaterial zum G8-Abitur. Der Band enthält zwei offizielle Musteraufgaben des Kultusministeriums und zehn weitere Übungsaufgaben im Stil der neuen Abiturprüfung Deutsch, auch zu den neuen Aufgabentypen „Materialgestütztes Argumentieren", „Vergleichende Analyse von Sachtexten" und „Verfassen eines Kommentars/einer Rede auf der Grundlage eines Sachtextes".
■ .... Best.-Nr. 95401

Abiturprüfung NEU
Englisch Bayern G8

Übungsaufgaben im Stil der neuen Abiturprüfung mit Hörverstehen und Sprachmittlung. Mit wertvollen Tipps und Hinweisen zur Lösung der Aufgaben und zum G8 Abitur. Zu allen Aufgaben finden Sie ausformulierte Lösungen in englischer Sprache zur Selbstkontrolle. Mit Audio-CD.
■ .... Best.-Nr. 95461

Abiturprüfung NEU
Französisch Bayern G8

Übungsaufgaben im Stil der neuen Abiturprüfung auch zu Hörverstehen und Sprachmittlung. Zu jeder Aufgabe ausführliche auf Französisch ausformulierte Lösungsvorschläge. Inkl. Audio-CD.
■ .... Best.-Nr. 95501

Abiturprüfung Biologie Bayern G8 NEU
Ideale Prüfungsvorbereitung für das kommende G8-Abitur in Biologie. Der Band enthält drei offizielle Musteraufgaben des ISB und zehn weitere, auf den Lehrplan des G8 abgestimmte Übungsaufgaben mit ausführlichen Lösungen.
■ .... Best.-Nr. 95701

Abiturprüfung Chemie Bayern G8 NEU
Zahlreiche Übungsaufgaben zu Themen wie aromatische Kohlenwasserstoffe, Farbstoffe, Biomoleküle, Kunststoffe u.a. Mit ausführlichen Musterlösungen und wertvollen Lösungstipps.
■ .... Best.-Nr. 95731

Abiturprüfung Wirtschaft und Recht Bayern G8 NEU
Der Band enthält zwei offizielle Musteraufgaben des Kultusministeriums und Übungsaufgaben im Stil der neuen Abiturprüfung, dazu weitere Übungsaufgaben zu den relevanten Themen aus den Bereichen BWL, VWL und Recht.
■ .... Best.-Nr. 95851

Abiturprüfung Geschichte Bayern G8 NEU
Übungsaufgaben zur neuen Abiturprüfung mit Musterlösungen zu allen Lehrplanthemen: *Gesellschaft im Wandel (15. bis 19. Jh.)*, *Demokratie und Diktatur – Probleme der deutschen Geschichte im 20. Jh.*, *Historische Komponenten europäischer Kultur und Gesellschaft* und *Konfliktregionen und Akteure internationaler Politik in historischer Perspektive*.
■ .... Best.-Nr. 95761

Abiturprüfung Latein Bayern G8 NEU
Der Band enthält die offizielle Musterklausur und vollständige Übungsaufgaben im Stil der neuen G8-Abiturprüfung rund um die Semesterthemen „*Vitae philosophia dux* – philosophische Haltungen", „*Ridentem dicere verum* – satirische Brechungen", „*Nunc aurea Roma est* – politische Perspektiven", „*Si in Utopia fuisses mecum* – staatsphilosophische Entwürfe". Alle Anforderungsbereiche sind vertreten.
■ .... Best.-Nr. 95601

Die echten Hilfen zum Lernen ...

STARK

Bestellungen bitte direkt an:
STARK Verlagsgesellschaft mbH & Co. KG · Postfach 1852 · 85318 Freising
Tel. 0180 3 179000* · Fax 0180 3 179001* · www.stark-verlag.de · info@stark-verlag.de
* 9 Cent pro Minute aus dem deutschen Festnetz, Mobilfunk bis 42 Cent pro Minute